D1997558

Herzsprung Verlag

Impressum:

Alle handelnden Personen, Orte sowie die Handlung selbst sind frei erfunden. Mögliche Ähnlichkeiten mit Personen, Orten oder Situationen sind rein zufällig und nicht beabsichtigt.

Band 2 zu
„Das Meer mit dir – eine junge Frau entdeckt sich selbst und die Liebe zu einer Frau“

Besuchen Sie uns im Internet:
www.herzsprung-verlag.de

Mühlstraße 10, D- 88085 Langenargen
Telefon: 08382/9090344
info@herzsprung-verlag.de

Erstauflage 2019

Lektorat: Redaktions- und Literaturbüro MTM
www.literaturredaktion.de

Coverfoto: Jakob Holle

Druck: Gedruckt in der EU

ISBN: 978-3-96074-039-1

Mitten ins Herz und unter die Haut

ROMAN

LISA RADTKE

Herzsprung-Verlag

Prolog

„Sarah, wach auf!“, schrie Alice und rüttelte mich wach. Schweißgebadet schreckte ich hoch und rang nach Luft. Wieder hatte ich von der Entführung geträumt. Wieder hörte ich den Schuss, der in meinem Kopf widerhallte, und spürte, wie die Kugeln sich in mein Fleisch bohrten. Wieder hatte ich Josefs kalte blaue Augen gesehen. Und wieder sah ich zu Alice herüber, die neben mir lag und mit zitternden Lippen gegen die Tränen kämpfte.

Langsam ließ ich mich in mein Kissen fallen und versuchte, mich zu beruhigen. „Ich will diesen Scheiß nicht mehr träumen. Egal was ich mache, es geht einfach nicht vorbei“, wisperte ich in die Nacht.

Neben mir schluchzte Alice leise, die ich tröstend in meine Arme zog. „Ich halte das nicht mehr aus. Wir müssen etwas tun, es frisst mich innerlich auf.“ Sie zitterte am ganzen Leib und drückte verzweifelt ihr Gesicht in meine Brust. Es waren bereits zwei Monate vergangen und uns ließ das Geschehene einfach nicht los.

„Ich habe schon alles, was mich bedrückt, aufgeschrieben, und habe eigentlich gehofft, dass es besser wird. Stattdessen mache ich das alles immer wieder und wieder durch.“ Meine Stimme war ohne jegliche Betonung, fast schon gleichgültig, so ausgelaugt und leer fühlte ich mich.

Alice umklammerte mich noch fester und sah zu mir auf. „Bitte lass uns eine Therapie machen. Deine Mutter hat doch bereits einen guten Therapeuten für uns kontaktiert. Ich will endlich wieder eine ruhige Nacht mit dir haben.“ In ihrer Stimme schwang die blanke Verzweiflung mit.

Ich atmete tief durch und streichelte Alice’ Rücken. Ich gestand mir ein, dass ich um eine Therapie nicht herumkommen würde. Fast jede Nacht plagten mich die Albträume, die mir das Leben immens schwer machten.

Erschöpft rieb ich mir die Augen. „Wir rufen morgen beim Therapeuten an. Anscheinend führt ja kein Weg herum“, verkündete ich trocken. Alice drückte mich noch fester an sich. Ich spürte, wie erleichtert sie war, dass ich endlich diese Entscheidung traf. Ich konnte es einfach nicht mehr mit ansehen, wie sie darunter litt. Meine sonst so starke

Alice zerbrach daran und ich war der Grund dafür. Sie hatte zwar auch Albträume, aber nicht in solchem Ausmaß, wie ich sie hatte.

„Danke", flüsterte sie, als ich mein Handy suchte. Es war fünf Uhr in aller Herrgottsfrühe. Was war ich froh, dass wir Wochenende hatten.

Seit der Entführung hatten wir kaum noch geschlafen, wodurch unsere Arbeitsweise litt. Sam sah mich immer mit einem besorgten Blick an, wenn ich wieder mit unglaublich dunklen Augenringen ins Büro oder zur Berufsschule kam. Er wollte auch, dass wir endlich eine Therapie machten, und nutzte jede Gelegenheit, um mir diese schmackhaft zu machen. Genervt von seinen Belehrungen, fuhr ich ihn an, was er sich überhaupt einmischte. Ich war ständig gereizt und ging sofort an die Decke, meistens auch vollkommen unbegründet. Im Bruchteil einer Sekunde tat es mir leid und ich entschuldigte mich schnell. Er konnte nichts dafür, dass uns so etwas passiert war. Unsere Mütter hatten uns eine Liste von guten Therapeuten der Stadt gegeben und uns eindringlich gebeten, sie zu kontaktieren. Immer wieder hatte ich die Liste in der Hand, konnte mir aber nicht vorstellen, wie ein fremder Mensch mir helfen könnte, alles zu verarbeiten. Unzählige Male hatten Alice und ich uns darüber gestritten. Wie viele Tränen geflossen waren, konnte ich nicht sagen, zumindest waren es viel zu viele.

Alice setzte sich auf die Bettkante und band ihre Haare zusammen. „Ich gehe joggen. Mein Kopf platzt sonst noch", informierte sie mich leise.

Ich stand auf und ging zu ihrer Bettseite. „Pass bitte auf dich auf. Ich will nicht, dass dir was passiert", flüsterte ich, als ich ihr über den Arm streichelte.

Sie schob mich beiseite und zog sich an. „Ich passe immer auf mich auf", brummte sie mir zu.

Ich seufzte deutlich hörbar. Die Albträume sorgten auch dafür, dass es in unserer noch so frischen Beziehung kriselte. Ich legte all meine Hoffnungen in diese verdammte Therapie. „Ich liebe dich", hauchte ich ihr zu.

Sie drehte sich kurz zu mir um. „Ich liebe dich auch."

Ich bekam einen Kuss auf die Wange gedrückt und sie verschwand aus der Tür. Sie hatte ihr Ventil für ihre Probleme gefunden, ich jedoch hing in der Luft und versuchte mich wieder auf das Zeichnen zu konzentrieren, was aber darin endete, dass ich den Stift durch die Wohnung warf und das Papier zerknüllte. Damals, als ich mich so verschlossen hatte, hatte das Zeichnen mir ungemein geholfen, meine Gefühle auszudrücken, doch jetzt herrschte in mir eine Unzufriedenheit und Unruhe, die ich einfach nicht zu Papier bringen konnte.

Lustlos trabte ich in die Küche, um die Kaffeemaschine einzuschalten, nur um mich danach vollkommen demotiviert unter die Dusche zu stellen. Ich zog den Vorhang zu und drehte das Wasser auf. Meine Gedanken kreisten um Alice, die wohl jetzt ziellos durch die Straßen joggte. Sie wirkte unruhig und betrübt, weil mich das Ganze so mitnahm. Eigentlich war ich doch ihre starke Schulter gewesen, an die sie sich anlehnen konnte, wenn es ihr nicht gut ging.

Jetzt war alles anders. Ich brauchte ihre ständige Zuwendung, selbst wenn es um einfache Dinge ging. Ich war schon froh, dass die äußerlichen Wunden verheilt waren und mich nur noch meine Narben an die Entführung erinnerten. Thea war bereits in Therapie und fühlte sich damit besser, was auch an der raschen Scheidung, die lief, lag. Nach unzähligen Gesprächen und Telefonaten mit ihrem jetzigen Ex-Mann hatte er der Scheidung zugestimmt und so konnte ein Eilverfahren veranlasst werden.

Ich wusste nicht, wie lange ich einfach dastand, als ich hörte, wie Alice die Tür aufschloss. Sie zog sich rasch aus und stand plötzlich mit mir unter dem heißen Wasserstrahl. Sie schlang ihre Arme um mich und küsste mich innig. Wir hatten momentan wirklich selten solche Momente wie diese. Umso mehr genoss ich es in vollen Zügen und presste meinen Körper an ihren. Alice stöhnte leise, als meine Hände zu ihrem Po herabglitten und ich fest zupackte.

„Seife mich ein", befahl sie mir leise. Ihre Blicke sprachen Bände. Ich grinste und griff zu meinem Duschgel. Quälend langsam verteilte ich es auf ihrem Körper, womit ich sie nur noch mehr provozierte. Ich entlockte ihr ein Stöhnen nach dem anderen. Meine Hände verharrten eine Weile auf ihren Brüsten. Alice sah mich fordernd an, doch ich ließ sie zappeln und kostete den Moment aus. Als sie es nicht mehr aushielt, nahm sie meine Hände und führte sie über ihren Körper. „So ungeduldig", lächelte ich, als sie sich umdrehte und an mich drückte.

„Du quälst mich. Schäme dich", knurrte sie.

Ich schlang meine Arme um sie und küsste ihre nassen Haare. „Alles zu seiner Zeit", entgegnete ich mit gedämpfter Stimme. Alice legte ihren Arm um meinen Hals und drehte ihren Kopf zu mir, sodass ich sie küssen konnte. Wie gerne hätte ich sie jetzt verwöhnt, doch mein Bauch schrie nach etwas Essbarem.

„Frühstück?", fragte ich sie, während ich ihren um mich gelegten Arm streichelte. Sie nickte kurz und spülte sich ab.

Alice schaltete den Fernseher ein, während ich den Tisch eindeckte. „Cornflakes?", rief ich über die Schulter. Als ich keine Antwort bekam, drehte ich mich um. Sie stand gegen den Türrahmen gelehnt und spielte mit ihrem Handy herum. „Engel? Cornflakes?", fragte ich nochmals und schüttelte den Karton mit den Cornflakes. Sie sah kurz auf und nickte. Ich nahm ein zwei Schalen aus dem Schrank und stellte sie auf den Couchtisch.

„Ich habe am Montag ein Meeting mit dem neuen Zulieferer", warf sie ein, als sie sich setzte und das Handy in die Sofaecke schmiss.

„Das heißt, ich darf dich wieder im Kostüm sehen?", hakte ich nach – nicht ohne Hintergedanken zu haben. Durch das viele Joggen hatte sie unheimlich schnell Muskeln aufgebaut, die sich dezent auf ihrem Körper abzeichneten und mich schwach werden ließen. Wenn sie nackt vor mir stand, konnte ich mich einfach nicht an ihr sattsehen.

In der Firma wussten alle, dass wir ein Paar waren, was für mächtig Gesprächsstoff in der Kantine sorgte. Einige meinten, Alice wäre nur die Assistentin der Geschäftsführung geworden, weil sie mit der Tochter der Geschäftsführerin zusammen ist. Andere böse Zungen behaupteten, dass es nur Show sei. Wir ließen das bestmöglich an uns abprallen und konzentrierten uns auf das Wesentliche: die Arbeit. Alice besuchte mich oft im Büro oder bestellte mich aus banalen Gründen in ihr neues Büro. Sex hatten wir jedoch nie in der Firma, was sie ein wenig ärgerte, doch dafür war ich einfach zu gut erzogen worden. Gelegenheiten gab es mehr als genug – und Alice war ja nun auch nicht die fromme Katholikin aus dem Lehrbuch. Abgesehen davon hatte ich Angst, man könnte uns erwischen. Zeitweise war Alice' Büro eher wie ein Bahnhof: Ständig kamen Mitarbeiter oder Abteilungsleiter zu ihr und stellten die Entscheidungen meiner Mutter infrage. Irgendwann war sie so genervt, dass sie sich kurzerhand im Büro einschloss und mit mir telefonierte.

„Damit du und der Vertriebsleiter um die Wette sabbern könnt? Träum weiter", zischte sie.

Ich zog eine Schnute und fand mich damit ab. Alice bemerkte dies und streichelte mir über die Wange. „Ein andermal, okay?", besänftigte sie mich.

„Ich mache dann Montag einen Termin für uns beim Therapeuten, wenn es für dich in Ordnung ist. Vielleicht bekommen wir zeitig einen", murmelte ich müde und rieb mir die Augen. Selbst eine heiße Dusche brachte meinen Körper nicht in Schwung. Alice rückte zu mir herüber und lehnte sich an mich.

„Ich bin so froh, dass du endlich einer Therapie zugestimmt hast. Es wird uns helfen, da glaube ich ganz fest dran. So wie es jetzt ist, kann es einfach nicht weitergehen."

Ich drückte sie an mich. „Wir haben schon so einiges geschafft, da sollte es an einer Therapie wirklich nicht scheitern. Außerdem vermisse ich den Sex mit dir sehr."

Alice hob den Kopf und sah mich mit einer hochgezogenen Augenbraue an. „Sex ist jetzt ja wohl unser geringstes Problem, oder? Ich will erst mal wieder ordentlich schlafen können, ohne Angst zu haben, dass du jeden Moment hochschrecken könntest oder im Schlaf meinen Namen schreist", gab sie vorwurfsvoll zurück.

Ich hob unschuldig die Hände und Alice setzte sich mit einer eleganten Drehung auf meinen Schoß. „Verstehe mich nicht falsch, Liebling. Ich vermisse doch auch unsere Liebeleien, aber momentan bin ich einfach nicht in Stimmung dazu", seufzte sie, während sie mein Gesicht in ihre Hände nahm.

Ich legte meine Hände an ihre Hüfte und biss mir auf die Lippe. Mein Taktgefühl war immer noch unterirdisch schlecht. „Sorry. Es sollte nicht so klingen, als wollte ich nur Sex von dir", rechtfertigte ich mich, ohne sie anzusehen. Sie hob meinen Kopf und in ihren Augen konnte man sehen, wie wenig Schlaf sie in den letzten Wochen gehabt hatte. Die Augenringe waren fast so dunkel wie meine Haare.

„Ich weiß, mein Schatz. Lass uns weiter frühstücken, sonst halte ich es nicht bis zum Mittagessen bei deiner Mutter aus", warf sie ein und rutschte von meinem Schoß. Ich wandte meinen Blick zum Fernseher, wo eine ziemlich miese Quizsendung lief.

Es musste einfach klappen.

Meine Mutter begrüßte uns und herzte uns ausgiebig, so wie sie es immer tat. Irgendetwas in ihrem Blick war aber anders als sonst. Martin, ihr Lebensgefährte, und mein Bruder Marco spielten, wie in der letzten Zeit üblich, Videospiele. Thea, Alice' Mutter, kam kurz zu uns herein und gab mir einen Kuss auf die Wange. „Wie geht es euch?", fragte sie vorsichtig nach, obwohl sie die Antwort kannte.

„Na ja, geht so. Das Übliche", antwortete ich kurz und zuckte mit den Schultern. Thea legte ihre Hand auf meine Schulter und besorgt ihre Stirn in Falten. Ihre Augen waren voller Mitgefühl, das sie wohl für mich empfand.

„Wir haben uns entschlossen, eine Therapie zu machen", warf Alice ein, die gerade ihre Jacke aufhing.

Mutti nahm mich in den Arm und drückte mich fest. „Endlich. Ich bin so froh, dass ihr diesen Schritt gehen wollt", seufzte sie sichtlich erleichtert und zog Alice in die Umarmung hinein. Ich stand einfach nur da und wusste nicht, wie ich reagieren sollte. Mutti ließ uns langsam los und in ihren Augen flackerte die Begeisterung auf. „Ich habe Kuchen gebacken, ihr könnt schon mal ins Wohnzimmer gehen." Sie verschwand in die Küche und ließ Thea, Alice und mich im Flur stehen.

„Du machst das Richtige, Sarah", sagte Thea aufmunternd, während sie meine Schulter tätschelte.

„Ich mache es für Alice und mich, sonst werden wir noch wahnsinnig. Es wird unserer Beziehung guttun", entgegnete ich, als ich mich aufs Sofa fallen ließ. Alice lächelte mich an. Ein seltener Umstand: Dieses Lächeln war echt und sie schien glücklich zu sein, dass wir diesen Schritt gehen wollten. Es war anders als das Lächeln, das sie wie eine Maske bei der Arbeit aufsetzte.

Mutters Kuchen war so sündhaft gut, dass ich mir den Bauch so vollschlug, dass mein Magen völlig berechtigt rebellierte und unentwegt rumorte und kniff. Ich ächzte unter dem Piken und Kneifen und Alice – die sich darüber ein wenig belustigte – ging in die Küche, um mir Tee zu machen, der hoffentlich bald meine Schmerzen abklingen lassen sollte.

Martin und Thea erzählten von ihrer neuen Wohnung, aber ich hörte nicht zu. Am liebsten hätte ich mich schlafen gelegt, aber die Angst, wieder unter Albträumen zu leiden, hielt mich davon ab. Ich vermisste es, mit Alice im Bett zu liegen und wegzudösen.

Sie stellte mir einen Tee hin und reichte mir eine mollig warme Wärmflasche, die ich mir gleich auf den Bauch legte. „Waren deine Augen größer als dein Magen?", feixte sie, als sie sich setzte und an mich lehnte.

„Anscheinend. Ich glaube, meine Hose platzt gleich", grummelte ich und genoss die angenehme Wärme auf meinem Bauch.

Mutti kam dazu und grinste mich an. „Ich dachte eigentlich, dass Alice so verfressen ist, dass du aber jetzt daliegst und eine dicke Murmel hast, ist für mich ein gewöhnungsbedürftiger Anblick.“

Ich verzog das Gesicht zu einer Grimasse. Scherze auf meine Kosten, so etwas liebte ich ja.

„Vielleicht bin ich ja auch schwanger“, giftete ich sie an.

Sie brach in Gelächter aus und Alice grinste mich an. „Dir würde ein Babybauch sehr gut stehen“, warf sie ein und streichelte mir über den mit der Wärmflasche bedeckten Bauch. Ich schmunzelte in mich hinein und konnte mir nur schwer vorstellen, wie ich mit einer großen Murmel wohl aussehen würde.

Martin setzte sich zu mir an den Küchentisch und gab mir einen Brief. „Die Vorladung für deine Aussage.“ Seine Stimme war ruhig und gefasst. In mir verkrampfte sich alles. Mir war klar, dass ich irgendwann wieder alles durchkauen musste, was wir erlebt hatten, aber jetzt schien es mir mehr als unpassend. Zugegeben, jeder andere Zeitpunkt wäre ebenso unpassend gewesen wie der jetzige. Ich konnte mich schließlich nicht davor verstecken, also öffnete ich den Brief und las ihn mir durch.

„Dienstag? Wie lange liegt der Brief hier schon?“, krächzte ich und sah erschrocken zu Martin herüber.

Er zupfte an seiner Nase herum und war sichtlich peinlich betreten. „Eine Woche, vielleicht auch zwei“, murmelte er kleinlaut.

„Willst du mich verarschen? Seit gut zwei Wochen liegt das hier und ihr sagt mir nicht Bescheid?“, brüllte ich ihn an, sodass er kurz zusammenzuckte. Ich war außer mir vor Wut. Ich brauchte wenigstens ein paar Tage, um mich vorzubereiten, und Mutti und Martin konnten mich nicht mal kurz anrufen, um mich zu benachrichtigen? Das erklärte auch, wieso sie mich vorhin so unsicher angesehen hatte.

Alice kam in die Küche und sah mich entgeistert an. „Was ist denn hier los?“, fragte sie und lehnte sich an die Arbeitsplatte. Ihre Blicke sprangen unruhig zwischen Martin und mir hin und her. Ich schob ihr die Vorladung herüber, die sie zögernd in die Hand nahm. Zaghaft faltete sie das Anschreiben auseinander und überflog es flüchtig.

„Dann können wir zusammen hinfahren.“ Sie sah mich mit ausdrucksloser Miene an und gab mir den Brief zurück.

„Was? Hast du etwa auch schon deine Vorladung?“ Ich wäre am liebsten über den Tisch gesprungen. Wieso war ich die Letzte, die von der Anhörung erfuhr? Verdammt, ich war doch noch gar nicht bereit. Ich knallte den Brief auf den Tisch und bedeckte mein Gesicht mit den Händen.

„Dir geht es sowieso total schlecht und ich wollte es dir schon längst sagen. ... Ich wollte doch nur Rücksicht nehmen“, rechtfertigte sich Martin, der aufstand und die Küche verließ.

„Hat ja super geklappt“, warf Alice nüchtern ein und wenige Augenblicke später spürte ich, wie sie sich neben mich setzte. Sie wollte mich trösten und mich ermutigen, doch ich wollte einfach nur irgendwas kurz und klein schlagen. Ich stand auf, ohne Alice eines Blickes zu würdigen, und verschwand in mein Zimmer. Ich ließ mich auf mein Bett fallen und starrte mutlos an die Decke. Meine Wangen glühten und langsam brach ein Strom von Tränen aus mir heraus. Ich machte mich ganz klein und weinte in mein Kissen hinein. Ich wollte das nicht. Reichte es nicht, dass ich schon mit diesen Albträumen zu kämpfen hatte? Jede verdammte Nacht hörte ich die Schüsse, die mich trafen und sich in meinen Körper hineinbohrten. Ich strich mir über die Narbe am Bauch und versuchte mich wieder zu beruhigen. Ich wünschte mir nichts mehr, als das dieser Mistkerl hinter Gittern käme und Alice und ich endlich wieder zur Ruhe kommen könnten, damit wir an unserer Beziehung, die momentan nur so vor sich hinplätscherte, arbeiten konnten. Sie hatte es nahezu perfektioniert die Starke zu spielen, nachts aber, wenn sie dachte, ich würde schlafen, drückte sie sich weinend an meinen Rücken und flehte mich leise an, endlich Hilfe zu holen. Es tat mir im Herzen weh, sie so zu erleben.

Ich hörte, wie die Tür knarrend aufging und sich jemand auf die Bettkante setzte. Trotzdem verharrte ich weiter in meiner Fötushaltung. Langsam schlangen sich Alice Arme um mich. „Liebling“, flüsterte sie mir ins Ohr, als sie sich an mich kuschelte.

Ich wusste nicht, was ich ihr sagen sollte und griff nach ihrer Hand, um sie auf mein Herz zu legen, dass wie wild schlug. „Ich habe Angst“, flüsterte ich in mein Kissen.

Sie vergrub ihr Gesicht in meine Haare und küsste mich sanft. „Die habe ich auch, aber wenn mein Vater seine gerechte Strafe bekommen soll, führt kein Weg an unseren Aussagen vorbei“, entgegnete sie mit ihrer sanften, einfühlsamen Stimme.

Ich drehte mich langsam zu ihr um und seufzte. „Womit habe ich eine so wundervolle Frau wie dich eigentlich verdient?“, flüsterte ich, als unsere Blicke sich trafen. Sie wurde ganz rot und ihre Lippen formten sich zu dem wohl schönsten Lächeln, das ich jemals gesehen hatte.

„Die Frage stelle ich mir schon seit knapp vier Monaten und ich habe immer noch keine Antwort darauf", lächelte sie schüchtern. Diese Momente ließen mich ganz kurz vergessen, was wir alles schon in der so kurzen Beziehung durchgemacht hatten. Ich zog sie an mich und presste meine Lippen auf ihre. Alice legte ihre Hand um meinen Hals, als wollte sie, dass dieser Kuss niemals endet. Mehr brauchte ich eigentlich nicht. Nur ihre Liebe.

Kapitel 1

Ein Schneeball klatschte mit voller Wucht an meinem Hinterkopf. Ich drehte mich um und sah das verschmitzte Lächeln von Alice. „Du kleines Biest!“, fluchte ich und stürmte auf sie zu. Sie kreischte, als ich sie in eine Schneewehe stieß und ihr Gesicht mit Schnee wusch.

„Ich gebe auf!“, rief sie und hob verteidigend die Hände. Lachend ließ ich von ihr ab und küsste ihre feuchte Stirn.

Unsere Ausbildung war beendet und wir genossen die kalten Wintertage bei einem Waldspaziergang. Wir konnten endlich mit dem Thema Entführung abschließen, waren aber trotzdem immer noch in Therapie, gingen aber kaum hin. Wir fühlten uns besser – vor allem ich – und waren froh, dass der Prozess gegen Alice' Vater durch war.

Die ersten Therapiesitzungen waren für mich der blanke Horror gewesen und die Aussage bei der Polizei hatte sich als einzige Tortur herausgestellt. Jedes einzelne Detail hatte ich den Beamten unter Tränen und mit zitternder Stimme erläutert, was ich im Prozessverlauf noch mehrmals durchleben musste. Ich hatte wie ein Schlosshund geheult und selbst Alice konnte mich nur schwer beruhigen. Mehrfach musste der Prozess für einige Minuten unterbrochen werden, weil ich wie ein Häufchen Elend im Gerichtssaal saß und schluchzte. Nachdem mir Beruhigungstabletten verschrieben worden waren, konnten wir auch endlich wieder die Nächte durchschlafen. Niemals hätte ich geglaubt, dass man so ausgeruht sein konnte, wie ich es jetzt war. Die Stille des Waldes tat uns gut und wir beschlossen, öfter hier spazieren zu gehen. Einfach den Alltag Alltag sein lassen und abschalten können. Seitdem wir diesen Entschluss gefasst hatten, waren zwölf Monate ins Land gezogen. Der Wald war zu jeder Jahreszeit auf seine Weise wunderschön und hatte eine beruhigende Wirkung auf uns. Ein Kurzurlaub für unsere Seelen.

Ich half Alice hoch, doch sie zog mich auf sich und küsste mich sanft. „Sind wir jetzt quitt?“, fragte sie und zupfte mit unschuldigem Blick an meinem Kragen herum. Ihre Augen leuchteten im spärlichen Licht, das durch die hohen Tannen strahlte. Mein Bauch kribbelte bei diesem Anblick. Diese wunderschönen grünen Augen, die mich so glücklich ansahen und mir so viel Liebe schenkten, bedeuteten mir mehr, als ich es jemals hätte beschreiben können. Anderthalb Jahre war sie jetzt schon an meiner Seite und ich liebte sie immer noch wie am ersten Tag, mit dem Unterschied, dass unsere Beziehung ruhiger wurde, worauf ich ganz stolz war. Unser Start war ja mehr als aufregend genug gewesen.

Ich küsste ihre Wange und zog sie behutsam an mich. Alice schlang ihre Arme um mich und legte ihre Stirn auf meine. „Träumst du schon wieder vor dich hin?“, murmelte sie. Abrupt zog sie mir die Mütze vom Kopf und rannte den unbefestigten Weg entlang, tiefer in den Wald hinein. Seufzend sah ich ihr nach. Man hätte meinen können, sie wäre noch ein Teenager und hätte nur Flausen im Kopf, doch diese Frau war eine knallharte Geschäftsfrau geworden und hatte für die Firma schon den einen oder anderen Deal herausgeschlagen, während Sam mit mir im Buchhalterbüro verstaubte.

Ich ging ihr langsam hinterher.

„Ein bisschen schneller, Frau Fischer!“, rief sie mir entgegen und ich beschleunigte ihr zuliebe mein Tempo. Immer dieser Befehlston. Sie kam auf mich zugelaufen und sprang mir lachend in die Arme. Ich drückte sie an mich und atmete den süßen Duft ihres Parfüms ein.

„Ich will dich heiraten, mein Liebling“, flüsterte sie mir ins Ohr.

Ich grinste verlegen in ihren Mantel und streichelte ihren Rücken. Es war nicht das erste Mal, dass sie diesen Wunsch äußerte, den ich nie beantwortete. Sie sollte einen wunderschönen romantischen Antrag von mir bekommen, den ich bereits plante, doch dafür musste es erst wieder Frühling werden. „Erst einmal müssen wir wieder zurück zum Auto, mein Engelchen. Meine Füße sind nur noch Eisklötze“, wich ich aus. Ich setzte sie ab und musterte sie kurz. Ihre langen blonden Haare hatte sie zu einem Zopf gebunden. Ihre wunderschönen grünen Augen lächelten mir entgegen, ihre Nase war knallrot und ich spürte wieder dieses Kribbeln im Bauch.

„Na gut, dann lass uns zurückgehen“, seufzte sie, gab mir meine Mütze zurück, die ich schnell wieder aufsetzte, und nahm meine Hand.

Geschlagene drei Stunden waren wir unterwegs gewesen, und als ich endlich meine heiße Kaffeetasse in der Hand hielt und Alice ihren Kopf auf meinen Schoß legte, hätte ich nicht glücklicher sein können. Wir schauten uns ein russisches Märchen an, was mich in meinen Kindheitserinnerungen schwelgen ließ. Die Nachmittage mit meinen Eltern, die mit mir Kekse gebacken hatten, um sie danach gleich wieder aufzuessen. Die Besuche auf dem Weihnachtsmarkt, die meine Augen leuchten ließen. Die Bratäpfel, die Oma mit mir gemacht hatte. Verträumt streichelte ich Alice' Hand, die auf ihrem Handy nachsah, wie das Wetter werden würde.

„Och nee, das soll morgen schon wieder tauen!", schmollte sie und schob ihre Unterlippe vor.

„Das habe ich mir schon gedacht. Wir sind hier nun mal nicht in den Bergen, da bleibt das nicht so lange liegen", versuchte ich, sie zu ermuntern, was kläglich scheiterte. Seufzend legte sie ihr Handy auf den Couchtisch und zusammen schauten wir das Märchen zu Ende.

Alice hatte ihre Wohnung den letzten Schliff mit unzähligen Bildern von uns gegeben. Eins davon war unser Bild von der Abschlussfeier unserer Ausbildung, auf dem wir um die Wette strahlten. Verträumt grinsend nahm ich es in die Hand und nippte an meinem frisch gekochten Kaffee. Mein blauer Anzug mit dunkelblauem Schlips und ihr dunkelblaues Chiffonkleid passten perfekt zusammen, obwohl wir uns nicht abgesprochen hatten, im Gegenteil, sie hatte mit Mutti ein riesiges Geheimnis darum gemacht. Ich durfte sie erst in dem Kleid sehen, als ich sie abgeholt hatte. Mir war bei ihrem Anblick alles aus dem Gesicht gefallen, als sie vor mir gestanden hatte, am liebsten hätte ich sie an Ort und Stelle geheiratet. Ihre hochgesteckten Haare hatten ihr wunderschönes Gesicht umspielt, und ich hatte wie versteinert vor ihr gestanden und keinen Ton herausbekommen.

„So sprachlos kenne ich dich gar nicht, mein Schatz", hatte sie mich angelächelt und mir über die Wange gestreichelt, als sie auf mich zugekommen war. An ihrem Handgelenk hatte das Armband gebaumelt, das ihre Mutter ihr zum 19. Geburtstag geschenkt hatte. Ihre silbernen mit Strass besetzten Pumps hatten mich neben ihr etwas klein wirken lassen.

Martin, der an diesem Abend einen weißen Smoking trug, chauffierte uns zusammen mit Mutti und Thea, die beide ein schlichtes schwarzes Kleid trugen, zum Ball. Marco zog es vor, sich in seinem Zimmer zu vergraben, und hatte die ganze Nacht wohl hinter der Konsole verbrachte.

Als Alice ausstieg, zog sie problemlos alle Blicke auf sich und ich platzte fast vor Stolz. Ich nahm ihre Hand. Mein Herz sprudelte über vor Glück. Sam, der einen klassischen schwarzen Anzug mit Fliege trug, stand mit Tim am Eingang und rauchte. Wahrscheinlich war Sam wieder so nervös gewesen, wie bei seinem ersten Date. Ich winkte ihnen zu, hinter mir quietschte Mutti, als sie Sam sah, und rief ihn zu uns herüber. „Meine Güte, ihr beide seht umwerfend aus", freute sie sich und betrachtete Tim eine Weile. Er trug einen cremefarbenen Anzug mit der dazu passenden Krawatte und schwarze Oxford Halbschuhe, die auf Hochglanz poliert waren. So hätte man ihn auch für einen Modekatalog ablichten können.

„Danke, Senta. Du siehst aber auch wundervoll aus", gab er zurück und küsste ihre Wange. Sam musterte meine Frisur, die ich – wie fast schon üblich – nach hinten geföhnt und mit Unmengen an Haarspray fixiert hatte. „Du hättest dir auch mal was anderes einfallen lassen können", mokierte er sich und warf seine Zigarette weg. Alice umarmte ihn und ich musste mir auf die Zunge beißen, um nicht loszulachen, als sie sich etwas zu ihm herunterbeugen musste.

Unsere Eltern gingen schon mal hinein, um sich gute Plätze zu sichern. Wir standen noch einen Augenblick draußen, bis Alice langsam nervös wurde.

„Hey, du bekommst mit Sam zusammen eine Auszeichnung, weil ihr mit 1,0 abgeschlossen habt. Da kann ich mit meiner 2,3 nicht mithalten", witzelte ich, doch Alice fand das überhaupt nicht lustig.

„Super, wie du mich beruhigst, das baut ja auch überhaupt keinen Druck auf!", keifte sie mich an. Sam und Tim kicherten über unsere sinnlose Diskussion, sodass sie sich zu den beiden umdrehte, die augenblicklich erschraken. „Es tut mir leid, aber ich bin verdammt noch mal nervös und brauche eigentlich einen Kurzen, damit ich überhaupt auf den Schuhen laufen kann", schnaufte sie verzweifelt.

Sam grinste, zog aus seiner Tasche vier kleine Flaschen heraus und verteilte sie in unserer Runde. „Wehe, du nennst mich noch einmal Schnapsdrossel! So eine Idee kann auch nur von dir kommen", giftete ich ihn grinsend an und öffnete das Fläschchen. Wir stießen an und kippten uns den nach Feige und Wodka schmeckenden Schnaps runter, der in meiner Kehle brannte. Was für ein ekelhaftes Zeug!

„Häschen, ich gehe schon mal hinein und versuche, den Rest unserer Bande zu finden", sagte Tim schließlich und küsste Sam auf die Wange, bevor er von dannen zog.

Wir machten uns unterdessen auf den Weg zum Nebeneingang, wo bereits zwei Dutzend Mitschüler standen, alle in feinen Zwirn gekleidet. Wir gingen zu unserer Tutorin, die Herrn Fürst ersetzt hatte. Sie hatte ihre langen pechschwarzen Haare zu einem strengen Zopf gebunden und trug ein verdammt enges Kostüm, welches ihre Rundungen stark betonte. Der Unterricht mit ihr ähnelte eher einer Übungseinheit der Bundeswehr. Sie gab die Befehle und wir mussten springen. Ihre kalten blauen Augen musterten Alice und mich kurz. „Sehr schick. Kommt mit!"

Ich widerstand der Versuchung, zu salutieren, und trabte ihr mit Alice an der Hand hinterher. Sie führte uns in die erste Reihe und setzte Alice zu den anderen Bürokaufleuten. Ich seufzte, ging an das andere Ende der ersten Reihe und zog meinen Schlips zurecht, als ich mich gesetzt hatte. Langsam drehte ich mich um und sah, dass Tim, Mutti und die anderen nur fünf Reihen von uns entfernt saßen. Neben Tim saß Frau Fechtner, Sams Mutter, die sich herausgeputzt hatte. Sie lächelte mich an und ich winkte ihr zu.

Die Aula füllte sich allmählich, und als das Licht abgedunkelt wurde und unser Schulleiter an das Rednerpult trat, verstummte das Murmeln. Anfangs hörte ich ihm noch zu, doch nach der Zeit war ich so nervös, dass Sam, der sich zu mir gesetzt hatte, beruhigend seine Hand auf meine legte. Er zwinkerte mir zu und ich fühlte mich ein wenig besser. Alice wurde von Chrisy, die ich tatsächlich lieb gewonnen hatte, besänftigt. Sie tuschelten etwas und grinsten zu mir herüber. Chrisy trug einen schwarzen Anzug, der ihre sonst so vorlaute und freche Art ganz artig wirken ließ, wenn da nicht ihre zerzauste Frisur gewesen wäre. Es hätte mich auch gewundert, wenn sie zu brav hierhergekommen wäre.

Als unser Schulleiter und seine nachfolgenden Redner endlich fertig waren, wurden Alice und Sam auf die Bühne gebeten. Sam, ganz Gentleman, half Alice die Treppen hinauf, die darüber mehr als glücklich war. Sie nahmen die gelben Rosen, das Buch und ihre Abschlusszeugnisse breit grinsend entgegen. Als sie sich aus dem Staub machen wollten, zog der Schulleiter sie zurück und sie mussten noch für ein paar Bilder posieren. Alice setzte ihr schönstes Lächeln auf, während Sam wohl nicht wusste, was er mit seinem Gesicht machen sollte. Er grinste schief in die Kamera. Ich drehte mich zu Mutti um, die wie wild mit der Spiegelreflexkamera herumhantierte. Ich schmunzelte und machte mich bereit, gleich aufgerufen zu werden.

Als meine Tutorin meinen Namen nannte, gefolgt von den anderen Buchhaltern aus meinem Jahrgang, ging ich, so elegant wie es mir möglich war, auf die Bühne. Bloß nicht stolpern oder hinfallen, meine Mutter würde dafür sorgen, dass ich es niemals vergessen würde. Ich zwang mich zu einem Lächeln und schüttelte die Hand von mir unbekannten Personen und nahm mein Zeugnis entgegen. Mein Blick schweifte durch das Publikum und ich fand meine Liebste, die aufstand und uns – oder vielleicht sogar nur mir? – applaudierte. Ich strahlte sie an und sie warf mir eine Kusshand zu.

Ich stellte das Bild, das ich die ganze Zeit dämlich angegrinst hatte, wieder auf seinen Platz zurück. Diese Erinnerung würde auf ewig bleiben.

„Ich hätte dich am liebsten sofort geheiratet. Du siehst in Anzügen einfach zum Anbeißen aus“, flüsterte Alice mir ins Ohr, die wohl mit mir zusammen in Erinnerungen geschwelgt hatte. Sie schlang ihre Arme um mich und streichelte mir geistesabwesend den Bauch.

„So ging es mir mit dir auch“, seufzte ich.

Eine ganze Weile standen wir einfach nur so da.

Wir schreckten zusammen, als es an der Tür klingelte und Alice zur Gegensprechanlage ging. Tim trällerte irgendein Lied hinein und Alice grinste, als sie den Türöffner betätigte. „Wäre ich nicht lesbisch und er nicht schwul, hätte ich den auch genommen“, wisperte sie mir grinsend zu, bevor Tim und Sam gemeinsam in unsere Wohnung stolperten.

„Alice, mein Schatz, du siehst ja richtig prima aus!“, lachte Tim gut gelaunt und drückte sie an sich. In einer Hand hielt er eine Tüte aus dem Supermarkt hoch, die ich ihm abnahm. Als ich genauer hineinsah, wurde ich fast traurig. Es waren nur vier Sektflaschen.

Sam schob sich an Tim und Alice vorbei und gab mir eine weitere Tüte. „Ich habe an dich gedacht und dir ein paar Bier gekauft. Tim ist nun mal eine Tussi“, feixte er neckisch und deutete mit einem Kopfnicken zu seinem Freund herüber, der bereits Alice in ein Gespräch über eine Modellserie verwickelt hatte.

Als er mich sah, huschte er zu mir herüber. „Ach Sarah, Mäuschen, dich habe ich ja noch gar nicht begrüßt. Nettes Parfüm, ist das neu?“, fragte er ganz quietschig, als er mich an sich drückte.

„Das ist von *Tom Tailor*, eigentlich gehört es Alice, aber ich durfte es heute ausnahmsweise benutzen“, zwinkerte ich ihm zu.

Sam holte die Sektgläser aus der Vitrine und öffnete mit einem lauten Knall die Sektflasche, wobei sich die Hälfte des guten Tropfens auf unserem Küchenboden verteilt.

„Das musst du aber noch üben, mein Lieber“, grinste ich spöttisch und wischte den verschütteten Schaumwein auf. Sam zog eine Grimasse und befüllte vorsichtig die Gläser. „Was haben wir eigentlich zu feiern? Am Telefon habt ihr beide euch ja sehr bedeckt gehalten", fragte ich. Tim und Sam grinsten sich an und zeigten uns ihre linken Hände, auf deren Ringfingern etwas Silbernes schimmerte.

„Oh mein Gott, herzlichen Glückwunsch!", quiekte Alice und umarmte die beiden gleichzeitig.

Sam und ich klatschten ab, wie wir es schon immer taten, wenn etwas wie am Schnürchen lief. „Als hätte ich es geahnt." Ich grinste über beide Ohren und umarmte die Jungs, als Alice sich von ihnen gelöst hatte.

Alice ging zu unserer Anlage und legte Musik auf. Tanzend kam sie zurück in die Küche und prostete uns zu. Tim tanzte mit Alice, sodass ich Sam fragen konnte, wer nun die Frage aller Fragen gestellt hatte.

„Es war total romantisch am Strand. Tim hatte mich dorthin gelockt und ein kleines Lagerfeuer gemacht. Als die Sonne fast untergegangen war, hat er mich gefragt, mit Kniefall und allem Tamtam", erzählte er mit verliebt leuchtenden Augen.

Ich freute mich sehr für ihn. „Wenn ich überlege, dass du am Anfang voller Zweifel und Angst warst. Und wenn ich dich jetzt so sehe, bist du ein komplett anderer Mensch", gab ich zu. Zusammen beobachteten wir unsere Partner, die ausgelassen tanzten. Ich beneidete Tim um seinen grazilen Hüftschwung und nippte am Sekt, der zu meiner Überraschung doch nicht so schlecht schmeckte, wie befürchtet.

Die Musik wurde ruhiger und wir spielten nach einigen Gläsern Sekt Poker. Mein Vorschlag, Strip-Poker zu spielen, wurde einstimmig abgelehnt. „Dafür sind wir noch nicht betrunken genug", kam es von Tim. Ich hatte schon einige Chips gewinnen können, doch Sam und Alice waren mir dicht auf den Fersen. Sam schob seine wenigen Chips zusammen und versuchte nebenbei, mich unter den Tisch zu trinken.

Einige Runden später waren Sam und ich raus und Alice' Pokerface trieb Tim in den Wahnsinn. Am Ende konnte Alice das Spiel für sich entscheiden und Tim raufte sich die Haare.

„Leg dich nicht mit einer Geschäftsfrau an", tröstete ich ihn, während Alice die Chips wieder in die Verpackung stopfte. Ihre Lippen wurden von einem triumphierenden Lächeln umspielt. „Es war einfach nur Glück", schlichtete sie bescheiden.

„Wenn es danach geht, habe ich mein Glück ja schon gefunden. Pech im Spiel, Glück in der Liebe", warf Tim ein und sah zu Sam herüber, der seine Lippen spitzte, um seinen Verlobten zu küssen.

Ich wollte mir ein Bier holen und Alice folgte mir in die Küche. Sie schloss die Tür und drückte mich an den Kühlschrank. Ihre Küsse waren so fordernd und leidenschaftlich, dass ich ein leises Stöhnen nicht unterdrücken konnte. „Ist dir der Alkohol zu Kopf gestiegen, Engel?“, flüsterte ich ihr zwischen unseren Küssen zu, doch ich bekam keine Antwort. Sie griff mir in die Haare und biss mir in den Hals. Erregt von ihrer Gier krallte ich mich an ihrer Hüfte fest und zog sie dichter an mich. „Wir haben Gäste, das ist unhöflich“, versuchte ich, sie zu bremsen, was zu meinem Erstaunen funktionierte. Langsam löste sie sich und schüttelte ihre Haare zurecht. Ich strich meine Haare wieder nach hinten, öffnete den Kühlschrank und beugte mich zum Bier herab.

„Wenn ich könnte, wie ich wollte“, seufzte Alice theatralisch und nahm eine Sektflasche heraus, die ein paar Fächer über dem Bier lag. Sanft drückte sie ihren Venushügel gegen meinen Po. Miststück! Sie öffnete die Sektflasche – ohne einen Tropfen zu verschütten – und ging mit einem breiten Lächeln auf den Lippen zurück ins Wohnzimmer.

„Wann wollt ihr eigentlich mal ernst machen?“, fragte Tim, der schon leicht einen im Tee hatte.

Alice, die auf meinem Schoß Platz genommen hatte, sah mich fragend an. „Genau, Liebling, wann willst du mich endlich mal fragen?“, wiederholte sie die Frage und sah mich erwartungsvoll an.

Ich zuckte mit den Schultern. Ich hätte sie lieber heute als morgen gefragt, aber ich wollte es so romantisch wie nur möglich machen. Das hatte sie verdient ... und nicht so einen schnöden Antrag zwischen Tür und Angel. Ich nahm einen Schluck Bier.

„Ich hoffe, wir sind zu eurer Hochzeit eingeladen“, zwinkerte Alice Tim zu, als sie mit ihm zum wiederholten Mal anstieß.

„Wir wollen euch eigentlich etwas fragen ...“ Tim sah zu Sam herüber, der uns angrinste. „Wollt ihr unsere Trauzeugen werden?“

Alice quiekte aufgeregt herum, sprang von meinem Schoß und fiel Tim in die Arme. „Was ist das für eine Frage?“ Sie sah mich freudestrahlend an.

„Logisch!“, gab ich grinsend zurück und leerte mein Bier in einem Zug. Sam sah zu mir herüber und nickte in Richtung Küche.

Sam rauchte neben mir und ich fror mir auf dem Balkon meinen Allerwertesten ab. „Er will mich am Valentinstag heiraten“, sagte er schließlich, als er einen tiefen Zug von seiner Zigarette nahm.

„Das ist in noch nicht mal drei Monaten“, krächzte ich angeheitert. Die frische Luft ließ den Alkohol durch meinen Körper schießen. Ich wippte von einem Fuß auf den anderen, wobei ich mir ein wenig dämlich vorkam. Als Sam endlich aufgeraucht und den Kippenstummel achtlos vom Balkon geschnippt hatte, sah er mich ernst an.

„Meinst du nicht, dass es doch etwas zu schnell geht? Ich liebe ihn über alles, aber ich will es nicht so übers Knie brechen."

Er schien mit sich selbst zu hadern, aber ich beschwichtigte ihn. „Ich finde das echt süß und romantisch von ihm. Du kannst ja noch mal mit ihm reden, wenn ihr wieder nüchtern seid." Ich drückte die Balkontür auf und fiel dabei fast hin. Verdammter Alkohol. Ich konnte mich noch gerade so an der Spüle abfangen und rappelte mich schnell wieder auf. „Komm, ein Bier trinken wir noch", nuschelte ich Sam zu, der sich vor Lachen fast in die Hose gemacht hatte. Er schoss an mir vorbei und das Knallen einer Tür verriet mir, dass er im Bad war.

Ich holte die letzten zwei Bier aus dem Kühlschrank und stellte sie ein wenig zu schwungvoll auf den Couchtisch, wo Alice und Tim bereits am Notebook nach Locations für die Hochzeit suchten. Sie schraken kurz zusammen und sahen mich verwirrt an.

„'tschuldigung", nuschelte ich und ließ mich auf das Sofa fallen.

Sam wankte aus dem Badezimmer zu mir herüber und setzte sich auf meinen Schoß. „Schätzchen, du wirst immer meine Nummer zwei im Leben sein", lallte er und spießte mit seinem Zeigefinger fast mein Auge auf.

„Ich liebe dich auch, Sam. Meine Mutter würde sich bestimmt freuen, wenn du ihr Schwiegersohn wärst", murmelte ich grinsend und drückte ihm einen Kuss auf die Wange. Alice und Tim sahen sich an und rollten fast synchron mit den Augen.

Nach einigen überschwänglichen Liebesschwüren zwischen Sam und mir verließen die beiden Verlobten uns und ich lag volltrunken auf dem Sofa.

„Liebling, komm duschen, du stinkst schlimmer als eine Brauerei", maulte Alice und versuchte mich vom Sofa zu hieven.

„Warum bist du so gemein zu mir? Ich habe dein Parfüm aufgelegt, ich rieche verführerisch!", lallte ich sie an und bekam kaum mehr die Augen auf. In meinem Kopf drehte sich alles. Es war wie in einem Kettenkarussell und die Fahrt wollte einfach nicht enden.

Als Alice mich endlich in die Wanne bugsiert und mich aus meinen Klamotten geschält hatte, drehte sie das Wasser auf und seifte mich ein. Ich lehnte mich an die Fliesen und grinste benommen vor mich hin.

„Du bist echt hübsch“, nuschelte ich, doch Alice funkelte mich nur böse an.

„Ich habe dich schon oft betrunken erlebt, aber heute hast du echt den Vogel abgeschossen“, knurrte sie mich an und drehte das eiskalte Wasser auf. Schlagartig fühlte ich mich wieder fit im Kopf, doch dieser Zustand wollte nicht lange anhalten. Alice spülte mich ab und ich stieg ganz langsam aus der Wanne. Ich wurde unsanft trocken gerubbelt und ins Bett geschubst. Sie war wirklich wütend auf mich. Wortlos schmiss sie sich auf ihre Seite des Bettes und brummte mir ein „Gute Nacht“ zu. Ich kuschelte mich an sie und schlief – noch bevor ich antworten konnte – ein.

Kapitel 2

Ich rührte verkatert in meinem Tee herum, anstatt die Lohnbuchungen zu machen. Sam war irgendwo im Büro unterwegs. Mein Schädel brummte unentwegt, obwohl ich mir bereits mehrere Tabletten eingeworfen hatte.

Alice riss die Bürotür auf und trat an meinem Schreibtisch heran. Ich konnte in ihren Augen sehen, dass sie immer noch böse auf mich war. Sie hielt mir ein Stück Papier vor die Nase. „Was ist das?“, fragte ich müde und sie knallte es auf meinen Tisch.

„Das sind deine Kalkulationen für den Fuhrpark. Bist du eigentlich wahnsinnig? Wenn ich das hier deiner Mutter gebe, dreht sie dir und mir den Hals um. Wir können uns nicht verkleinern, nicht jetzt, wo wir von Aufträgen erschlagen werden“, keifte sie mich an.

Ich überflog die Tabellen und sah zu Alice hoch, die ihre Lippen schürzte. Selbst wenn sie wütend war, war sie unwiderstehlich sexy. „Was soll ich denn deiner Meinung nach machen? Unsere Fahrer sind überlastet und irgendwann brauchen die auch mal Urlaub. Wenn die Personalabteilung es nicht gebacken bekommt, das ordentlich zu planen, kann ich auch nichts dafür“, rechtfertigte ich mich.

Alice schnaufte, nahm meine Kalkulationen und stapfte aus meinem Büro. Sie knallte die Tür zu.

Wenig später kam Sam herein. „Habt ihr Streit? Alice nimmt gerade die Personalabteilung auseinander.“ Er sah mich prüfend an und ich beneidete ihn, dass er so frisch und munter wirkte, während ich einfach nur auf den herannahenden Feierabend hoffte.

„Geht um die Kalkulationen für die Auftragsplanung. Ich glaube, heute sollte man sie meiden. Ich habe heute Morgen schon eine Standpauke von ihr bekommen, weil wir uns gestern so abgeschossen haben.“ Meine Stimme war mindestens genauso müde wie der Rest meines Körpers. Ich hing in meinem Stuhl und meine Brille, die ich nun immer tragen musste, hing schief auf meiner Nase.

Alice hatte mir morgens die Leviten gelesen und seitdem hatten wir nicht mehr miteinander gesprochen. Mehrmals hatte ich versucht, mit ihr zu reden, aber sie ignorierte mich. Sie sah mich immer nur mit ernster

Miene an und seufzte theatralisch. Die Autofahrt zur Firma war ein einziges Totschweigen von Dingen, die eigentlich gesagt gehörten, doch wenn sie einmal wütend war, spielte man mit seinem Leben, wenn man sie ansprach. Sie umklammerte ihr Lenkrad so sehr, dass ihre Fingerknöchel hervortraten, und sie fluchte ungewohnt viel, sogar über belanglose Sachen, über die sie normalerweise hinwegsah. Ich machte mich in meinem Sitz ganz klein und hoffte, dass wir bald in der Firma ankamen.

Sam übernahm die Lohnbuchungen und ich schrieb Alice eine Nachricht.

*Können wir nachher reden? :**

Ich überlegte kurz, ob ich noch etwas dazuschreiben sollte, entschloss mich aber, die Nachricht so abzusenden. Als Antwort bekam ich ein kurzes *Ja*. Ich ahnte Schlimmes, denn Nachrichten, bei denen kein Kuss-Smiley am Ende stand, bedeuteten immer etwas Schlechtes.

„Vertragt euch wieder. Die Spannung zwischen euch ist ja kaum auszuhalten", seufzte Sam, während er sich angestrengt auf seine Arbeit konzentrierte.

„Ich gebe mir Mühe. Sie ist nun mal ein absoluter Sturkopf."

„Ihr seid anderthalb Jahre zusammen und du schaffst es immer noch nicht, sie zu bändigen?", grinste er belustigt in seinen Monitor, als er irgendetwas eintippte. Er drehte sich zu mir. „Mach etwas Schönes mit ihr, bekoche sie, schenke ihr Blumen, geht aus, was weiß ich. Du bist doch sonst so kreativ", schlug er vor und gestikulierte wild herum.

In diesem Augenblick kam Alice in mein Büro und schien sich etwas beruhigt zu haben. Sie lächelte Sam an und wandte ihren Blick mir zu. „Kannst du kurz in mein Büro kommen?", fragte sie mich ruhig.

Ich stand langsam auf, um ihr zu folgen. Aus den Augenwinkeln konnte ich Sams Grinsen sehen. Dieser Schlingel hatte doch bestimmt wieder die Finger im Spiel. Ich folgte meiner Liebsten in ihr Büro und schloss die Tür. Auf ihrem Schreibtisch herrschte eine penetrante Ordnung, was man von meinem nicht behaupten konnte. Neben ihrem Bildschirm stand ein Bild von uns, das schon anderthalb Jahre alt war: unser gemeinsames Foto am Strand. Alice hing ihren Blazer über ihren Stuhl und sah mich erwartungsvoll an. Ich ging auf sie zu und sie schlang – zu meiner Überraschung – ihre Arme um meinen Hals. Behutsam legte ich meine Stirn auf ihre. „Ich will nicht mit dir streiten, ich hasse das so sehr", flüsterte sie und kraulte mir durch die Haare. Sie biss sich auf die Lippe, was sie seit Jahr und Tag so süß machte.

„Ich war ein absoluter Volldepp gestern Abend. Ich hätte es nicht so übertreiben sollen. Kannst du mir verzeihen?“, entschuldigte ich mich leise, ohne ihre Lippen aus den Augen zu lassen, die sich langsam zu einem Lächeln formten.

„Weil ich dich liebe.“

Ich schmeckte kurz darauf ihre liebevollen Küsse auf meinen Lippen, nach denen ich mich den ganzen Tag gesehnt hatte. Langsam schlang ich meine Arme um Alice und intensivierte unsere Küsse. Sie schob mich auf ihren Schreibtisch, während sie meine Hose öffnete. Kurz danach stand sie zwischen meinen Beinen und knöpfte mein Hemd auf. Ich wurde von Küssen übersät und versuchte, mich zusammenzureißen. Als sie jedoch meine Shorts von meiner Hüfte schob und ihre Hand meine Körpermitte berührte, was mir den Rest gab, stöhnte ich auf. Mein Körper stand unter Strom, als Alice' Kopf zwischen meinen Beinen verschwand.

Alice strich mir durch die Haare und küsste mich liebevoll. Ich rang um Luft und lächelte erschöpft. „Durchtriebenes Miststück“, keuchte ich, als ich meine Hose hochzog und sie beobachtete, wie sie spielerisch ihre Haare zurecht schüttelte.

„Vorsichtig, sonst gibt es Runde zwei schneller, als es dir lieb ist“, drohte sie mir verführerisch. Sie knöpfte mein Hemd zu und küsste noch einmal meine Brüste, die einige Kratzspuren aufwiesen.

„Wollen wir heute Abend etwas essen gehen?“, fügte ich hinzu, als sie den letzten Knopf geschlossen hatte.

Alice sah mich verwirrt an, doch dann grinste sie. „Heute ist doch Fleißspieße-Tag bei deiner Mutter und danach wollte ich mir mit dir einen romantischen Abend machen“, entgegnete sie, während ihr Zeigefinger über meine Wange zu meinem Kinn heruntterglitt.

Ich zog eine Schnute. „Na gut, vielleicht ein anderes Mal“, seufzte ich und sah auf die Uhr. Wir hatten bereits seit zehn Minuten Feierabend.

„Wo habt ihr denn solange gesteckt?“, fragte Mutti und sah uns prüfend an. Alice und ich mieden ihren Blick und kneteten unbeholfen unsere Hände. „Hätte ich mir auch denken können. Dafür habe ich dir aber nicht das Büro gegeben, Alice“, ermahnte sie ihre Assistentin mit vorwurfsvollem Blick.

„Tut uns leid“, antwortete sie kleinlaut.

Das Radio dudelte leise vor sich hin, als Marco in die Küche kam. Er war jetzt schon ein kleines Stückchen größer als ich und endlich im Stimmbruch angekommen.

„Bock auf Zocken?“, fragte er mich breit grinsend und lehnte sich am Türrahmen an.

„Du willst doch nur wieder verlieren“, seufzte ich, als ich ihm in sein Zimmer folgte.

„In 15 Minuten gibt's Abendessen!“, rief Mutti uns noch hinterher.

„Wer ist die Beste?!“, brüllte ich und riss triumphierend die Arme hoch, während Marco seinen Controller in die Ecke warf.

„War doch nur Glück, die letzten Runden hast du auch nur ganz knapp gewonnen“, maulte er mich an. Ich boxte ihm auf den Oberarm und zerstrubbelte seine Haare. „Eh, lass das! Ich habe nachher noch ein Date“, knurrte er mich an.

„Na, wer ist denn die Glückliche?“, fragte ich neugierig, doch Marco war schon aus dem Zimmer verschwunden und antwortete mir nicht mehr. Ich legte meinen Controller auf den Tisch und ging ihm nach.

Mutti erzählte uns später beim Essen, dass Martin und sie zusammenziehen wollten und sich bereits ein schönes Haus am Stadtrand angesehen hatten. „Es ist wunderschön und wir hätten viel mehr Platz für euch, wenn ihr uns besuchen kommt“, verkündete sie euphorisch.

Alice, die gerade ihren vierten Fleischspieß verspeist hatte, hob eine Augenbraue. „Na ja, wir sind ja jetzt nicht mehr so oft bei dir, seitdem Sarah bei mir eingezogen ist“, warf sie ein und strich sich eine Strähne hinters Ohr.

Mutti schmunzelte. „Stimmt schon, aber ihr werdet doch auch irgendwann Kinder haben wollen, oder?“, fragte sie kleinlaut. Ihre Mundwinkel zuckten nervös.

Oh nein. Ihr Lieblingsthema. „Ein Kind muss man sich erst einmal leisten können“, versuchte ich zu schlichten, doch Alice funkelte mich an. Schnell küsste ich sie, bevor sie mich mit ihren Blicken töten konnte.

„Ihr habt doch einen festen Job, verdient gut und habt eine schöne Wohnung. Ich verstehe euer Problem nicht. Eure Kinder wären bestimmt glücklich bei euch“, erwiderte meine Mutter, während sie sich einen Berg Salat auf den Teller lud.

„Mama, das ist doch die Entscheidung von Alice und Sarah. Vielleicht wollen die beiden noch keine Kinder“, mischte sich mein Bruder ein, der sein Essen verschlang. Er sah kurz Mutti an, die langsam rot wurde.

„Ich glaube, du solltest die Größe eures Hauses nicht an deinen Enkelkindern messen. Anbauen kann man immer noch.“ Alice sah Senta siegessicher an, doch die gab nicht auf.

„Wir können gerne über euer Gehalt verhandeln, wenn es der Punkt ist, der eure Familienplanung zum Platzen bringt“, schlug sie vor.

Ich legte mein Besteck beiseite. Ich war satt. Zumindest von diesem Gespräch. „Es geht uns doch nicht ums Geld. Es ist einfach noch zu früh. In zwei oder drei Jahren kann man über so etwas noch einmal reden, aber jetzt doch nicht“, platzte es aus mir heraus.

Alice sah mich ungläubig an. Sie wollte zwar Kinder, hatte diese Pläne aber sehr weit nach hinten geschoben. Wir wollten erst die Welt bereisen und andere Kulturen kennenlernen. Sie hatte sich eine Weltkarte in die Küche gehängt und an die Orte Stecknadeln gesteckt, die sie gerne einmal bereisen wollte – also grundsätzlich überall hin.

„Mir ist es egal, wann ich Onkel werde, ob nun in zwei Jahren oder in 20 Jahren, wichtig ist doch, dass es den beiden in den Kragen passt“, kam es von meinem Bruder.

„Ich bin schon 43! Meine Uhr tickt. Versteht doch bitte auch meine Ansicht“, beklagte sich meine Mutter mit in Falten gelegter Stirn.

„Wir verstehen dich, verstehe aber auch bitte, dass wir einfach noch nicht bereit sind, Kinder zu bekommen. Ich durfte gestern erst deine Tochter ins Bett schleifen, weil sie immer noch nicht weiß, wann bei ihr Schluss mit Alkohol ist“, brummte Alice, die sich gefrustet ein Stück Fleisch in den Mund stopfte.

„Alice, das Thema war schon durch. Wir hatten darüber gesprochen“, warf ich trocken ein. Innerlich war ich ein Vulkan, der drohte, gleich auszubrechen. Gestern Abend war bereits abgehakt und sie musste wieder die alten Kamellen aufwärmen. Ich verstand diese Frau manchmal nicht. Ich stand auf und zog mich an.

„Wo willst du hin?“, fragte Mutti, die scheinbar ihren Augen nicht traute.

„Nach Hause. Ich habe nicht die Muße, mir die Vorwürfe anzuhören, ich könnte nicht auf mich selbst aufpassen“, zischte ich ihr zu.

Alice sprang auf und stellte sich vor die Tür. „Du gehst nirgendwo hin.“ In ihren Augen spiegelte sich die Reue über ihre Aussage wider. Sie schob langsam meinen Mantel von den Schultern und hing ihn wieder an die Garderobe. „Es tut mir leid, was ich gesagt habe“, flüsterte sie betroffen.

Ich lächelte zögerlich. „Es tat mir weh.“ Ich nahm ihre Hand und legte sie auf meine linke Brust.

Alice schlang ihre Arme um mich und schaute mich traurig an. „Das wollte ich nicht, ich habe wohl nicht nachgedacht.“

Ich legte ihr meinen Zeigefinger auf die Lippen. „Ich verzeihe dir“, flüsterte ich mit einem kleinen Lächeln auf den Lippen.

Wir nahmen wieder unsere Plätze in der Küche ein und Mutti war sichtlich geknickt. Sie entschuldigte sich mehrmals.

Marco zog mich zu sich. „Sie ist schon seit Wochen so. Mach dir da keinen Kopf. Midlife-Crisis oder so“, flüsterte er mir mit seiner rauen Stimme zu. Ich nickte kurz und nippte an meiner Cola. Er stand auf und verschwand ins Badezimmer.

Alice lehnte sich an mich und streichelte meinen Rücken. „Wollen wir langsam nach Hause fahren?“

Alice zündete die Kerzen an und ich suchte die passende Musik heraus. Ich entschied mich für *James Bay* und legte die CD ein, etwas Ruhiges würde uns nach dem anstrengenden Tag bestimmt guttun. Alice nahm meine Hand und schaffte es wieder, mich zum Tanzen zu bewegen. Die Stirn an ihre gelegt, träumte ich vor mich hin. Ich schloss die Augen und stellte mir Alice in einem langen weißen Kleid vor, das ihre Figur umspielte. Ihre Kette, die ich ihr damals zum Geburtstag geschenkt hatte, hing tagtäglich um ihren Hals, den ich liebevoll küsste.

Meine Liebste schmiegte sich enger an mich und blickte mich verträumt an. „Das habe ich heute gebraucht. Nur du und ich“, flüsterte sie mir mit leuchtenden Augen zu. Ich verdrückte eine Träne. Balladen machten mich immer zu einem emotionalen Wollknäuel. Alice küsste meine Träne weg und strich mir durch die Haare. Ich schloss wieder die Augen und saugte diesen Moment auf. Die Zweisamkeit, die Musik, der Kerzenschein und die unausgesprochenen Worte zwischen Alice und mir machten den Augenblick so besonders. Ich liebte sie so sehr und fand einfach nie die richtigen Worte dafür, um das auszudrücken. Sie bedeutete mir so viel und war zum Mittelpunkt meines Lebens geworden. Ich konnte mich gar nicht mehr daran erinnern, wie mein Leben ohne sie gewesen war.

Ich öffnete die Augen und sah direkt in Alice zuckersüßes Lächeln. Sie hatte mich wohl die ganze Zeit beobachtet. Ich lächelte sie verträumt an, als sie unser Schweigen und unseren Tanz unterbrach.

„Ich weiß, es ist vielleicht nicht so, wie wir uns das alles vorgestellt haben, aber ich konnte einfach nicht mehr warten.“ Sie zog eine kleine Schachtel aus ihrem Blazer. Ich riss die Augen auf, als sie sich vor mich hinkniete, das kleine Kästchen öffnete und meine Hand nahm. „Ich möchte, dass du meine Frau wirst, mit der ich den Rest meines Lebens verbringen will. Ich kann mir keine andere Person an meiner Seite vorstellen, die mich so vervollständigt, wie du es tust“, flüsterte sie mir zu, während ihre Augen sich mit Tränen füllten. Ich kniete mich zu ihr herab und kämpfte mit dem Kloß in meinem Hals, der mir die Kehle zuschnürte.

Ich hauchte ein zittriges: „Wenn das ein Antrag war, dann will ich selbstverständlich deine Frau werden.“ Dann brach ich in Tränen aus. Alice zog mich an sich und presste ihre zitternden Lippen auf meine. Mein Gewissen stand mit offenen Mund da und wusste gar nicht, wohin mit sich. Sie wollte mich heiraten. Mich, den größten Vollidioten und anstrengendsten Menschen auf diesem Planeten.

Ich löste mich aus ihrem innigen Kuss und sah meine Liebste an. „Na los, mach mich zu deiner Verlobten“, flüsterte ich und hielt ihr meinen Ringfinger hin.

Mit zitternden Händen streifte sie mir den silbernen schlichten Ring über. Er hatte eine hauchdünne, matte Vertiefung, die sich wie eine Schnur um den Ring zog und mich daran erinnerte, was wir schon alles durchlebt hatten. Ich nahm den zweiten Ring und streifte ihn Alice über den Finger. Sie zog ihn wieder ab, was mich kurz verwirrte und zeigte mir die Gravur. „Nur mit dir. Ein Leben lang. Alice und Sarah“, las ich leise vor, bevor ich ihren Blick suchte.

„Diese sechs Worte werden uns wohl ewig begleiten“, schmunzelte ich, wischte mir die Tränen aus den Augen und streifte ihr den Ring wieder über. Alice hätte nicht glücklicher sein können. Sie strahlte abwechselnd mich und den Ring an meiner Hand an.

„Was unsere Mütter dazu sagen werden?“, fragte ich lachend, immer noch fassungslos, dass ich jetzt verlobt war.

Alice stimmte in mein Lachen ein. „Ich habe deine Mutter schon vor Wochen gefragt, was sie davon halten würde. Ihren Segen haben wir.“

Meine Kinnlade plumpste hinunter. „Sie wusste es schon?!“, krächzte ich, doch Alice drückte mir einen Kuss auf den Mund. Sie war ein kleines Biest, aber dies war mir in dem Moment egal. Eng umschlungen tanzten wir weiter, ohne die Blicke voneinander abzuwenden.

„Weiß deine Mutter es schon?“, fragte ich zögernd, was sie mit einem Kopfschütteln verneinte.

„Wir sind morgen zum Kaffee bei ihr eingeladen, zusammen mit deiner Familie. Wenn du möchtest, können wir es dann offiziell machen“, schlug sie vor, bevor ich sie eine Drehung vollführen ließ. Sie drehte sich wieder ein und nahm meine Hand, während wir weiter langsam tanzten.

„Woher wusstest du eigentlich meine Ringgröße?“, fragte ich plötzlich und küsste ihren Nacken.

„Du schläfst wie ein Stein, da konnte ich in Ruhe nachmessen“, kicherte sie und küsste meine Hand.

Lachend drückte ich sie fester an mich. „Du Fuchs. Anders hätte ich es auch nicht gemacht“, gab ich zu und vergrub mein Gesicht in ihren Haaren.

Alice löste sich von mir und ging in die Küche. Verwundert darüber setzte ich mich aufs Sofa und betrachtete meinen neuen Ring, der eigentlich der einzige war, den ich hatte. Alice kam mit zwei Bier in der Hand aus der Küche und setzte sich neben mich. „Auf uns", flüsterte sie. Ich küsste sie und stieß mit ihr an.

Kapitel 3

Thea sah unsere Ringe an und strahlte vor Glück. „Ich hätte mir keine bessere Schwiegertochter vorstellen können“, lachte sie, als sie mich in den Arm nahm.

Auch meine Mutter weinte vor Freude und tupfte sich die Tränen weg. „Da benutzt ich einmal Make-up und dann bringt mich die eigene Tochter so zum Weinen“, schluchzte sie und streichelte mir über den Rücken.

Wir standen in Theas Wohnzimmer, die ein paar Straßen von uns entfernt wohnte. Sie hatte es sich hier gemütlich gemacht und ich mochte ihren Einrichtungsstil, der eine gute und geschmackvolle Mischung zwischen modern und Landhausstil war. Selbstverständlich hatten sich hier auch Alice und meine Mutter ausgetobt, die aber von Thea ausgebremst worden waren. Das war schon eine Glanzleistung gewesen, ich hätte das nicht geschafft.

Marco saß im Schwingstuhl und grinste uns an. Er hatte zur Abwechslung ein Hemd an, das ihm etwas Seriöses verlieh. Alice klatschte mit ihm ab und Marco umarmte sie herzlich. Wo war nur der kleine Draufgänger hin, der er vorher immer gewesen war? Ich mochte den neuen Marco sehr. Er half meiner Mutter, wo er nur konnte, hatte bessere Noten in der Schule und lächelte auch viel mehr. „Meine Schwägerin“, lachte er nun und hob Alice hoch, die erschrocken aufschrie. Er wirbelte sie herum und drückte ihr einen Schmatzer auf die Wange.

„Marco, lass sie ganz, ich will sie noch heiraten!“, ermahnte ich ihn grinsend. Thea und Mutti umarmten sich und schmiedeten bestimmt schon klammheimlich Hochzeitspläne.

Marco stürmte auf mich zu und schwang mich über seine Schulter. Ich baumelte kopfüber an seinem Rücken herunter. „Ich freue mich so für dich, Schwesterherz. Eine bessere Braut hättest du dir nicht aussuchen können“, jubelte er und knallte mir seine Hand auf meinen Po.

Ich schrie und hämmerte mit den Fäusten auf ihn ein, bis er mich endlich runterließ und auch Martin uns gratulieren konnte.

„Meinen Glückwunsch euch beiden“, lachte der und umarmte mich.

Alice schmiegte sich an mich und küsste meine Wange. Sie zupfte meine Haare wieder zurecht, bevor wir am Esstisch Platz nahmen. „Ich liebe dich“, flüsterte sie mir zu und legte ihre Hand auf meine.

„Ich liebe dich auch." Ich beugte mich etwas zu ihr herüber. „Hast du es schon Sam erzählt?", murmelte ich ihr zu.

Sie zog ihr Handy aus der Tasche und zeigte mir den Chatverlauf mit ihm. Er war ganz aus dem Häuschen und hatte sich für heute Abend, zusammen mit Tim, angekündigt.

„Ich werde dieses Mal auch nicht so viel trinken, versprochen." Ich hielt ihr meinen kleinen Finger hin, den sie lachend mit ihrer Hand umschloss.

„Ich vertraue dir, mein Liebling", sagte sie und küsste sanft meine Hand.

„Wo wollt ihr denn heiraten? Habt ihr schon einen Termin ausgemacht? Sind die Gästelisten schon fertig?" Meine Mutter und Thea bombardierten uns mit Fragen und mir wurde ganz schwindelig.

„Wir haben uns gestern erst verlobt, gebt uns etwas Zeit, wir werden euch dann informieren", kicherte Alice, die sich mit Kuchen vollstopfte.

Ich war bereits satt und schlürfte grinsend meinen Kaffee. Mutti tippte mir auf die Schulter und ich drehte mich zu ihr um. „Ich bin sehr stolz auf dich, mein Kind. Ich glaube, dein Vater wäre mindestens genauso stolz auf dich." Ihre Augen füllten sich mit Tränen, doch sie schien sich zusammenzureißen.

Martin nahm sie in den Arm und drückte sie an sich. „Ich glaube, wir alle freuen uns sehr für euch beide. Ich wünsche euch alles erdenklich Gute", zwinkerte er und erhob seine Kaffeetasse.

Als wir zu Hause ankamen, riss Alice mir meine Klamotten quasi vom Körper. „In einer Stunde kommen Sam und Tim und ich will die Zeit sinnvoll nutzen", knurrte sie mir ins Ohr, als sie mir meinen Pullover auszog. Sie knabberte an meinem Ohrläppchen und stöhnte leise. Ich hob sie hoch und setzte sie auf unser Bett. Schnell zog ich ihre Hose aus, während sie ihr Hemd aufknöpfte. Mein Blick ruhte auf ihrer Unterwäsche und ich biss mir auf die Lippe. Sie trug einen schwarzen, fast transparenten BH, um sie herum schlang sich eine dünne Perlenkette, die die Stoffdreiecke zusammenhielten. Eine kleine Schleife zwischen den fast durchsichtigen Stoffstücken aus schwarzer Seide und ein breites Stück Spitze, dass sich um ihren Nacken schlang, hielten das Ganze zusammen. Auf ihrer Hüfte saß ein schwarzer String, der nur das Nötigste bedeckte und mindestens genauso transparent war wie das Oberteil.

Alice beobachtete mich und rekelte sich lüstern. „Du bist so unwiderstehlich in diesem Hauch von Nichts", wisperte ich und zog an der Schleife. Augenblicklich öffnete sich der BH, den ich ihr langsam abstreifte. Ich wusste, dass Alice mich beobachtete, ich konnte ihre Blicke auf meiner Haut spüren. Ich hauchte ihr unzählige Küsse auf ihre so gut duftende Haut, bis ich bei ihrem letzten Kleidungsstück ankam. Ich sah zu ihr hoch und zog ihr langsam den String runter. Sie drückte mir ihr Becken entgegen. Ich nahm eine Augenbinde aus ihrem Nachtschrank und legte sie ihr an. Sie vertraute mir, als meine Zunge zwischen ihre Beine wanderte. Kurz schreckte sie zusammen, entspannte sich aber sofort wieder und stöhnte leise auf. Meine zukünftige Frau wusste, wie sie mich immer wieder aufs Neue begeistern konnte.

Alice vergrub ihre Fingernägel in meinen Rücken und ich erlebte ihren kleinen Tod, wie ich es von ihr gewohnt war – laut und ungehemmt. Ihre Hände glitten von meinem Rücken und sie atmete schwer. Ich überhäufte ihren Hals mit zärtlichen Küssen, bis sie wieder zu Atem kam.

Sie drehte meinen Kopf zu sich und schenkte mir ein liebevolles Lächeln. „Du bist das Beste, was mir jemals passiert ist. Eine Frau wie dich finde ich kein zweites Mal." Verlegen bedeckte ich mein Gesicht mit den Händen. „Hey, das ist mein Ernst. Ich liebe dich", kicherte sie und zog meine Hände weg.

Ich streckte ihr die Zunge aus und stand langsam auf, um unsere Klamotten, die überall verteilt waren, zusammenzusuchen. „Willst du wieder das hier anziehen?", fragte ich Alice und hielt den BH und den String hoch, die mich beide fast um den Verstand gebracht hatten.

Sie sprang aus dem Bett und nahm mir die Kleidungsstücke ab. „Die werde ich für heute Nacht noch brauchen. Dann bringe ich dich vollends um den Verstand", flüsterte sie mir verführerisch ins Ohr. Meine Nackenhaare stellten sich auf und ich kniff ihr in den Po, bevor sie ins Bad verschwand. Ich atmete tief durch, suchte meine Klamotten zusammen und zog mich schnell an.

Einige Minuten später klingelte es bereits an der Tür. Es waren Sam und Tim, die eine Flasche Sekt mitgebracht hatten.

„Na, wo hast du denn deine Verlobte gelassen, Mäuschen?", fragte Tim, der mich herzte.

„Die steht unter der Dusche."

„Wart ihr etwa unartig?", fragte er nach.

Ich wurde rot und er lachte schelmisch. Der konnte das doch riechen! Mein Gewissen kicherte leise, scheinbar war es wirklich offensichtlich gewesen.

Sam umarmte mich und gratulierte uns zur Verlobung. „Das kam ja echt überraschend", gestand er grinsend und ließ sich aufs Sofa fallen.

Alice kam nur mit einem Handtuch bekleidet aus dem Badezimmer, ihre Unterwäsche in der Hand haltend. „Bin gleich für euch da!", rief sie, ohne ins Wohnzimmer zu sehen, und verschwand ins Schlafzimmer. Die Tür knallte zu und ich schüttelte grinsend den Kopf. Manchmal konnte sie auch noch schüchtern sein, obwohl ich erahnen konnte, dass sie die Unterwäsche auf der letzten Shopping-Tour mit Tim gekauft haben musste. Somit hatte er sie ja auch darin gesehen.

Alice saß auf meinem Schoß und unterhielt sich mit Tim über die Hochzeitsplanung, während ich am Etikett meiner Bierflasche herumzupfte.

„Wie wäre es, wenn wir zusammen heiraten würden?", schlug Alice vor, sodass ich kurz zu ihr aufsah. Hatte ich das gerade wirklich gehört oder hatte ich mir das nur eingebildet?

„Die Idee finde ich richtig super. Wir könnten uns die Kosten teilen und eine riesen Sause machen." Tim war total euphorisch. Meine Liebste sprang von meinem Schoß, um das Notebook zu holen. Zusammen durchforsteten sie das Internet, um einen großen Saal zu finden.

Sam stupste mich an. „Alles okay? Du wirkst so angespannt", fragte er vorsichtig nach, ohne den Blick von mir abzuwenden.

„Ich glaube, das ist ein bisschen zu schnell für mich", warf ich ein.

„Liebling, unsere ganze Beziehung fing ziemlich schnell an", meldete sich Alice zu Wort, die mir einen skeptischen Blick über das Notebook zuwarf.

Ich nahm einen großzügigen Schluck aus meiner Bierflasche. Ich wusste, dass dies eine lange, zähe Diskussion werden würde, doch es kam gar nicht erst dazu.

„Es war auch erst einmal nur eine Idee, ich werde nicht gleich zum Standesamt laufen und einen Termin machen", schlichtete sie und tippte wie wild auf der Tastatur herum.

Tim räusperte sich und ergriff das Wort. „Ich wollte euch beide wirklich nicht in Verlegenheit bringen. Tut mir leid", entschuldigte er sich und strich mir über die Schulter.

„Alles gut." Ich beendete damit die Diskussion und Tim wirkte etwas geknickt.

„Komm runter, es war doch nur ein Vorschlag. Uns ist klar, dass du noch ein bisschen warten willst. Alles zu seiner Zeit", schlichtete Sam, der seine Bierflasche in die Küche brachte.

„Können wir das Thema nicht einfach ruhen lassen?", warf Alice genervt ein, wofür ich niederschmetternde Blicke von ihr kassierte.

Da war jemand aber sehr genervt gewesen. Innerlich bedankte ich mich bei Sam, der zur rechten Zeit die Flucht in die Küche ergriffen hatte. Ich seufzte und rückte zu Tim auf, der mit Alice wie gebannt auf den Monitor starrte.

„Hey, nicht gucken, das ist geheim!", rief Tim, als er schnell das Notebook zuklappte.

Ich rollte mit den Augen, was Alice mitbekam. „Sei nicht so neugierig", grinste sie mich an. Sie schob sich an Tim vorbei und gab mir einen Kuss. Vielleicht war es so etwas wie ein Versöhnungskuss, weil sie mich noch nicht einmal fünf Minuten zuvor so angegiftet hatte. Langsam legte sie ihre Arme um meinen Hals.

„Also darf ich nicht wissen, dass ihr schon nach einem Kleid für dich guckt?"

Alice riss die Augen auf. „Woher weißt du das?", fragte sie zögerlich, ihre Stimme war voller Unsicherheit.

„Du hast dich gerade selbst verraten", lachte ich, während Alice eine Schnute zog.

„Dusselige Kuh!", fluchte sie leise und Tim schubste mich sanft.

„Du kleiner Schlingel! Das war echt gemein", schmunzelte er.

Sam kam aus der Küche wieder und roch nach kaltem Rauch.

„Wie stellst du dir denn dein Kleid vor, Engel?", fragte ich Alice, die ein wenig schmollte.

„Ich nehme einen Müllsack und schneide Löcher hinein", maulte sie und öffnete das Notebook wieder. Tim beugte sich zu ihr herüber und flüsterte ihr etwas ins Ohr, sodass Alice in schallendes Gelächter ausbrach. Die beiden sahen mich grinsend an.

Ich hob eine Augenbraue. Was war denn in die beiden gefahren?

„Nun zieht Sarah nicht so auf." Sam versuchte, mich zu beschützen, und wirkte dabei mindestens so niedlich wie ein riesengroßer Stoffteddy. Ich leerte mein Bier und brachte es in die Küche. Ich würde es wohl erst dann erfahren, wenn es so weit war.

Wir lagen im Bett und ich hatte mich eng an meine Verlobte gekuschelt. „Engel, bitte gib mir wenigstens einen Tipp", bettelte ich, doch sie blieb hart und lächelte mich nur sanft an.

„Schatz, hab doch einfach etwas Geduld. Du wirst dir keinen Arm brechen, wenn du es nicht weißt. Mach dir doch nicht so ins Hemd", seufzte sie und streckte sich genüsslich.

Ich brummte leise ins Kissen. „So gemein."

Alice rollte sich auf mich und küsste mich sanft. Ich nahm sie in meine

Arme. „Hast du schon über das Tattoo nachgedacht oder willst du es weiterhin eine halbe Ewigkeit auf die lange Bank schieben?", fragte sie mich plötzlich, als sie mir über die Schulter streichelte.

Ich haderte schon seit Monaten damit, die Vorlage war bereits gefunden und lag seitdem in einem Ordner, der irgendwo im Wohnzimmer stand. „Ich will das beste Studio finden, nicht, dass ich später einen Schandfleck auf meinem Oberarm habe", erklärte ich ihr, während wir unsere Hände ineinander falteten.

Alice nickte zustimmend. „Ich verstehe dich, aber du schiebst es schon wirklich lange vor dir her", entgegnete sie ruhig. „Wie wäre es, wenn wir am Montag nach der Arbeit zu diesem einen Studio gehen, das uns empfohlen wurde? Du kannst dir ja deren Arbeiten zeigen lassen und dann entscheiden, ob du es dir dort stechen lassen möchtest oder nicht", schlug Alice vor, während ihr Daumen meinen umkreiste.

Ich zuckte mit den Schultern. „Fragen kostet ja nichts."

Alice küsste sanft mein Schlüsselbein. „Es wird bestimmt toll aussehen. Vielleicht lasse ich mir ja auch ein Piercing machen ... oder ein kleines Tattoo", träumte sie vor sich hin, während ihr Kopf auf meine Brust sank.

„Wo würdest du dich denn piercen lassen wollen?", fragte ich, obwohl ich die Antwort schon kannte.

„Immer noch zwischen den Brüsten, ich habe aber viel zu viel Bammel davor, daher würde ich mir lieber ein kleines Tattoo stechen lassen, das ich mit dir in Verbindung bringen kann."

Ich lachte leise, während ich ihr den Kopf kraulte. „Aber bitte nicht meinen Namen oder so was. Vielleicht eine Art Schlüssel oder etwas in der Art."

Alice kicherte. „Ich kann ja mal schauen, was die für Vorlagen haben." Sie zog die Decke über uns und mummelte sich ein.

„Willst du etwa schon schlafen?", fragte ich sie, während meine Hände über ihren Rücken glitten. Sanft zog sie an meinem Piercing, sodass ich leise aufstöhnte. „Du bist so unersättlich", flüsterte ich leise, als sie zu mir hochsah. Ihre Augen wurden dunkler, lustvoll leckte sie sich die Lippen, bevor sie meine Brüste liebkoste. Ich spürte ihr Lächeln auf meiner Haut, als ich ihr meinen Oberkörper entgegenreckte.

„Unersättlich", flüsterte sie, bevor sie meinen Venushügel küsste.

Ihre Zunge vollführte kleine Kreise, die immer größer wurden. Ich krallte mich am Kopfteil des Bettes fest. Der kalte Stahl beruhigte mich nicht wirklich, also griff ich in Alice Haare und richtete mich auf. „Du gehörst mir", presste ich aus meinen Lippen. Ich konnte die Gier in ihren Augen sehen, die wie ein kleines Feuer tanzte.

„So besitzergreifend", hauchte sie mir ins Ohr.

Es fiel mir schwer, mich zu beherrschen. Ich ließ meine Hände über ihren Körper wandern, ganz langsam, bis sie mich zurück ins Kissen drückte. „Ich will dich verwöhnen, und wenn du dich nicht beherrschen kannst, dann muss ich zu besonderen Maßnahmen greifen." Ihre Stimme war ruhig und dennoch bestimmt. Wie mich das anmachte. Sie beugte sich zu ihrem Nachtschrank herüber und holte die Augenbinde, die ich ihr vorhin angelegt hatte, und ein langes schwarzes Seil heraus. „Gib mir deine Hände", befahl sie mir. Ich tat, wie sie mir gesagt hatte, und beobachtete sie dabei, wie sie das Seil um meine Handgelenke wickelte, darauf bedacht, dass sie es nicht zu straff anlegte. Sie fesselte mich ans Gestänge des Bettes über meinem Kopf, danach legte sie mir die Augenbinde an. „Vertraust du mir?", hauchte sie mir ins Ohr, sodass ich erschauderte.

Ich nickte und spürte wenig später, etwas Kaltes, Metallisches zwischen meinen Brüsten. Langsam führte sie den Gegenstand über meinen Körper. Ich war so erregt davon, mich nicht wehren zu können – oder zu wissen, mit was sie mich da eigentlich streichelte, dass ich beinahe den Verstand verlor. Alice streichelte mir über die Oberschenkel, bevor ich laut aufstöhnte.

Ich zitterte am ganzen Körper und klammerte mich an meine Liebste, die mich sanft berührte. Ich vergrub mein Gesicht in meinem Kissen und versuchte, wieder Herr meiner Sinne zu werden. Geduldig streichelte Alice mich, bis mein Zittern abklang.

„Das war zu viel für meinen Körper. Oh mein Gott, es war einfach der Wahnsinn", keuchte ich und küsste Alice Stirn.

Sie zog mich näher an sich und schmiegte sich in meine Arme. Sie rieb ihre Nase an meiner. „Ich liebe dich so sehr", flüsterte sie mir zu.

Ich war trunken vor Glück. Am liebsten hätte ich sie an Ort und Stelle geheiratet. „Ich freue mich auf den Tag, wo dir mein Nachname gehört", murmelte ich müde. Ich wusste, dass sie nicht länger den Nachnamen ihres Vaters tragen wollte, was sie mir schon vor dem Prozess verkündet hatte. Sie wollte zu keinem Zeitpunkt mehr mit ihm in Verbindung gebracht werden.

„Alice Fischer. Klingt für mich ein bisschen nach einer seriösen Journalistin", stellte sie lächelnd fest.

„Stimmt", grinste ich in ihr Haar.

Kapitel 4

„Deine Vorlage ist echt schön, so etwas habe ich auch nicht täglich." Alice und ich standen am Tresen eines Tattoostudios und Lara, die mich mit ihren knallrot gefärbten Haaren und dem atemberaubend schönen Lächeln ansah, hielt meine Vorlage hoch. Das Studio war sehr gemütlich eingerichtet und im Hintergrund lief Rockmusik, was schon ein riesiger Bonuspunkt war. Ich mochte den Laden sofort.

Und auch Lara.

„Willst du gleich Nägel mit Köpfen machen oder brauchst du Bedenkzeit?", fragte sie mich ganz unverblümt. Ihre Stimme ließ mich erschaudern. Das schaffte sonst eigentlich nur Alice.

„Wir machen es jetzt, wenn du Zeit hast."

Alice sah mich mit aufgerissenen Augen an. „Was?", fragte sie erstaunt.

„Ich habe monatelang überlegt, ich will es und ich glaube, dass Lara es so macht, wie ich es mir vorgestellt habe", rechtfertigte ich mich.

„Ich bringe dir deine Freundin im Ganzen wieder oder möchtest du zusehen? Es wird schon eine Weile dauern."

Alice fuhr sich grübelnd durch die Haare und entschied sich, währenddessen einige Erledigungen zu machen. Sie küsste mich flüchtig und verschwand aus dem Studio.

„Wollen wir?", wandte sich Lara mir lächelnd zu. Ich musste kurz schlucken. Sie war einen ganzen Kopf größer als ich und irre schlank. Ihre stahlblauen Augen sahen mich erwartungsvoll an. Ich nickte langsam und ging mit ihr ins Hinterzimmer. Mein Herz schlug schneller. Jetzt wurde es ernst.

„Zieh schon mal dein Oberteil aus, ich mache die Vorlage fertig." Sie zeigte auf einen gemütlich aussehenden Lederstuhl, der mitten im Raum stand. An den Wänden hingen Dutzende Vorlagen von Tattoos. Ob die alle von Lara waren, wusste ich nicht, aber sie waren echt gut. Lara hatte mir schon einige ihrer Arbeiten gezeigt und ich war sofort hellauf begeistert gewesen. Alice gefielen sie auch, obwohl sie heute irgendwie seltsam war.

Ich zog also meinen Pullover aus und hing ihn über die Lehne.

Lara kam gerade herein und lächelte mich an. „Du machst Sport?", fragte sie mich neugierig, während sie einige Utensilien zusammensuchte.

„Nein. Gar nicht. Meine Freundin hält mich so auf Trab, dass ich keinen Sport brauche."

Ein kleines Lächeln huschte über ihre Lippen. Gut, dass ich saß, meine Knie wären sonst sicherlich weich geworden. „Das erklärt die Bissspuren an deinen Rippen", lachte sie schüchtern und zog sich schwarze Einmalhandschuhe an.

Ich wurde langsam nervös und wünschte mir Alice her, die wohl gerade am Shoppen war. Ich schrieb ihr eine Nachricht, auf die ich prompt eine Antwort bekam.

*Sei mir nicht böse, aber ich glaube, diese Lara macht dich an. Ich würde ausflippen, wenn ich sehe, wie sie dich berührt. Schreib mir, wenn du fertig bist. Ich liebe dich. :**

„Warum um alles in der Welt bist du dann gegangen, wenn du merkst, dass sie mich anmacht?", ging es mir durch den Kopf. Ich verstand meine Verlobte nicht mehr.

„Alles in Ordnung? Du guckst so skeptisch."

Schnell steckte ich mein Handy weg. „Nee, nee, alles gut", wich ich aus. Lara hob eine Augenbraue, sagte aber nichts. Ich stellte mich hin, damit sie mir die Vorlage auf den linken Oberarm auflegen konnte.

„So? Oder mehr auf die Schulter?"

Ich guckte kritisch in den Spiegel, der fast bis unter die Decke reichte. „Perfekt. Genau da."

Sie griff nach dem Desinfektionsmittel und besprühte die ausgewählte Stelle damit, bevor sie es wieder mit einem Tuch wegwischte. Sie legte die Vorlage auf die gewünschte Stelle und zog das Papier herunter. Die vielen lilafarbenen Linien gaben mir eine vage Vorstellung davon, wie es später aussehen würde.

Das Summen der Tätowiermaschine nahm ich schon gar nicht mehr richtig wahr. Die ersten Minuten waren sehr aufregend gewesen, doch mit der Zeit überhörte ich das monotone Geräusch und nickte ein.

„Dafür, dass es dein erstes Tattoo ist, bist du verdammt entspannt", schmunzelte Lara, als ich wach wurde. Sie zog gerade konzentriert die Linien nach.

Ich beobachtete sie verschlafen, wie sie die winzigen Nadeln in meine Haut vertiefte und diese zu einer schwarzen Schnur verband, die einen Koi ergaben. Um ihn herum waren Lotusblüten und kleine, gefaltete Papierschiffe, die auf der endlosen See schwammen. Ich wusste nicht, wie lange ich geschlafen hatte, aber Lara war mit den Outlines fast fertig. „Erzähl mir etwas über dich. Wir brauchen wohl noch eine Weile“, warf sie plötzlich ein.

Angestrengt dachte ich über ein Gesprächsthema nach. „Was möchtest du denn wissen?“, entgegnete ich ihr müde grinsend.

„Die meisten meiner Kunden erzählen mir von der Bedeutung der Vorlage“, antwortete sie kess.

Ich erzählte ihr von meinem Vater und von den Dingen, die ich mit ihm erlebt hatte.

„Ein richtiges Küstenkind also. Ich komme eigentlich aus Berlin, aber irgendwie hat es mich nach Rostock verschlagen. Die Ostsee hat nun mal einige Vorzüge.“ Sie zog die Augenbrauen zusammen, setzte die Nadel ab und wischte die überschüssige Farbe weg. „Jetzt kommt die Farbe ins Spiel.“ Vorsichtig füllte sie die Farben in kleine Tiegel ab und wechselte die Nadel aus.

Ich nutzte die Zeit, um auf mein Handy zu schauen. Alice hatte mir zweimal geschrieben. Schnell las ich die beiden Nachrichten, die sehr besorgt klangen.

*Hey sorry, bin eingeschlafen. Lara macht jetzt alles noch farbig und dann sollte ich fertig sein. :**

„Vermisst deine Liebste dich schon?“, fragte sie nach.

Ich war mir nicht sicher, ob ich es mir nur eingebildet hatte, aber mir war so, als hätte ich etwas Spöttisches in ihrer Stimme gehört. War sie etwa eifersüchtig oder sogar neidisch auf Alice? „Ja, aber lange wird es ja nicht mehr dauern“, winkte ich ab.

„Je nachdem, wie schnell ich arbeite. Wie lange seid ihr schon zusammen?“ Sie sah kurz zu mir hoch, bevor sie die erste Lotusblüte in sanftem Blau erleuchten ließ.

„Im Sommer sind es zwei Jahre und ich bereue keinen einzigen Tag mit ihr“, sprudelte es aus mir heraus.

Lara lachte schnaufend. „Da ist jemand aber schwer verliebt.“ In ihrer Stimme schwang die Enttäuschung mit.

Was hatte sie erwartet? Hatte sie Alice überhaupt mal angesehen? Andererseits wäre ich von Lara auch nicht abgeneigt gewesen, optisch zumindest. Ich lächelte vorsichtig und lehnte mich an die Kopfstütze. „Wir haben schon verdammt viel durchgemacht und vor Kurzem haben wir uns verlobt“, versuchte ich, das Gespräch am Laufen zu halten.

„Herzlichen Glückwunsch. Sie hat einen sehr guten Fang gemacht", grinste sie.

„Danke für die Blumen", bedankte ich mich freundlich, als Lara aufstand.

„Ich gehe mir schnell was zu trinken holen, möchtest du auch etwas?", fragte sie höflich. Ihre Blicke huschten über meinen Körper und verharrten an meiner Narbe am Bauch. Scheinbar war sie von mir auch nicht abgeneigt, das Funkeln in ihren Augen hatte sie viel zu schnell und viel zu leicht verraten. „Zu der Narbe würde ich gerne die Geschichte erfahren, wenn das für dich in Ordnung ist." Sie drehte sich um und ich saß alleine da.

Ich nutzte die Zeit, um zum Spiegel zu gehen und mein halb fertiges Tattoo zu betrachten. Ich liebte es jetzt schon. Lara hatte bis zu diesem Punkt hervorragende Arbeit geleistet. Nur der Koi und die Papierschiffe mussten noch farbig werden.

„Hey! Du bist doch noch gar nicht fertig!" Sie stellte die Becher ab und schob mich sanft zurück auf den Stuhl. Ihre Augen ließen mich nicht los, irgendwas hatte sich in ihrem Blick verändert. Sie wurde etwas rot und reichte mir den Becher mit Mineralwasser.

„Entschuldige, aber ich war so neugierig", schlichtete ich langsam rückwärtsgehend, bis ich in meinen Sitz plumpste.

Lara biss sich auf die Lippe und trank einen Schluck. „Dann erzähle mal, wie du zu dieser Narbe gekommen bist", versuchte sie, schnell auszuweichen.

Ich hatte nicht das Bedürfnis, ihr die komplette Story zu erzählen, und hielt sie so kurz wie möglich. „Wir wurden entführt und ich wurde zweimal angeschossen", antwortete ich ihr trocken.

Lara sah mich erschrocken an. „Oh." Sie schien mit der Fassung zu kämpfen, bevor sie den Becher abstellte und wieder die Farbe in meinen Körper stach.

„Lange Geschichte, und wenn ich ehrlich bin, möchte ich nicht darüber reden. Es ist schon sehr emotional."

Sie seufzte und ich hörte, wie jemand in den Laden kam. „Liebling?" Es war Alice, die um die Ecke sah, worüber ich mehr als froh war. Es lenkte mich von dem Prozess ab, dessen Erinnerung sich gerade in den Vordergrund schleichen wollte. Ich lächelte ihr zu, als sie zu mir kam und mich leidenschaftlich küsste.

Lara verwies sie darauf, dass sie bitte vorne warten solle und es noch ungefähr eine halbe Stunde dauern würde. Überrascht, wie forsch Lara zu meiner Liebsten war, rutschte ich nervös auf meinem Sitz hin und her.

Lara schloss die Tür, und als sie sich umdrehte, hatte sie wieder ein süßes Lächeln auf den Lippen. „Hygiene. Wir wollen doch nicht, dass dein Tattoo sich entzündet." Sie setzte sich und das Summen der Maschine ertönte erneut.

„So, fertig", verkündete Lara, während sie die restliche Farbe wegwischte.

Ich ging zum Spiegel, um das Kunstwerk auf meinem Arm zu begutachten. Ich war sprachlos und kämpfte mit den Tränen. Ein strahlend roter Koi sprang aus dem Wasser, das türkis schimmerte. Um ihn herum kleine weiße Papierschiffe, die in Richtung Horizont schwammen, umrahmt von blauen, purpurfarbenen und rosafarbenen Lotusblüten. So hatte ich es mir vorgestellt ... und kein bisschen anders. „Danke. Meinem Vater würde es sehr gefallen", flüsterte ich, als ich zu Lara herübersah.

Sie nahm ein Taschentuch und wischte mir die Tränen aus den Augen. „Es steht dir. Das Meer und deine Augen haben fast die gleiche Farbe." Zögernd kam sie näher, ihr Blick ruhte auf meinen Lippen. Langsam beugte sie sich zu mir und legte ihre Hand auf meine Wange.

„Wie es wohl sein würde, eine andere Frau als Alice zu küssen und ihr nah zu sein?", schoss mir durch den Kopf. Verdammt, wie konnte ich nur so etwas denken! Ich drehte meinen Kopf weg und wollte mich anziehen. Schnell weg von hier, wo mich meine ungebremste Neugier noch ins Verderben treiben würde.

„Warte! Es tut mir leid. Komm her, ich muss dir noch den ganzen Kram mit der Hygiene erklären und dir eine Folie aufkleben." Lara war auf einmal wieder ganz bei der Sache und ging zu einem Schrank, aus dem sie die besagte Folie und eine Rolle Heftpflaster nahm.

„Es ist ja nichts passiert", schlichtete ich lächelnd, den Pullover in der Hand haltend.

Ich hätte die Chance nutzen können, doch ich tat es nicht. Vor einigen Tagen hatte ich einen Antrag von Alice bekommen und ich wäre ein Idiot gewesen, wenn ich sie betrogen hätte. Trotzdem ließ mich der Gedanke nicht los, ich wollte wissen, wie es sich anfühlte, eine andere Frau zu lieben oder wenigstens intimer zu berühren.

Lara bedeckte mein frisch gestochenes Tattoo, das noch gerötet und geschwollen war, mit Folie und fixierte es mit Heftpflaster. „Dusche am besten erst einmal nur und benutze kein Duschgel mit Duftstoffen. Ich würde dir zur Kernseife raten. Bitte nicht mit schmutzigen Fingern anfassen und ziehe nicht die Haut ab, wenn sich welche löst. Besorge dir eine Wund- und Heilsalbe, die du morgens und abends dünn aufträgst", ratterte sie herunter, ohne mich anzusehen. Scheinbar war ihr die Situation ein wenig peinlich.

Ich versuchte, mir alles zu merken, doch mein Kopf war ganz woanders. „Wolltest du mich küssen?", fragte ich ganz unverblümt.

Lara schreckte zusammen, als sie das letzte Heftpflaster befestigte. Ihre Finger glitten über meiner Schulter und über meinen Rücken. „Es hat nichts zu bedeuten. Du bist eine sehr schöne Frau, von der ich nicht abgeneigt wäre", gab sie schüchtern zu und räumte nebenbei auf. Unsere Blicke trafen sich. Ein flaues Gefühl machte sich in der Magengegend breit. Nein, ich könnte Alice das nicht antun. Ich liebte sie.

Ich riss die Tür auf und Alice sprang vom Sofa auf. Stolz zeigte ich ihr das frisch gestochene Tattoo.

„Das ist wirklich wunderschön geworden", lächelte sie, als sie es begutachtete und mich dann liebevoll küsste. Ich ahnte, dass sie das machte, um Lara zu zeigen, dass ich ihr gehörte.

„Willst du bar bezahlen oder mit EC-Karte?", fragte Lara, die mir den Pullover reichte. Alice zückte ihre Kreditkarte und gab sie ihr, ohne sie auch nur eines Blickes zu würdigen.

„Wir nehmen keine Kreditkarten an. Nur EC-Karten."

Böse Zungen würden jetzt behauptet, dass sie das mit einer gewissen Eifersucht in ihrer Stimme gesagt hatte.

Alice schnaufte und gab ihr die EC-Karte – zusammen mit einem vernichtenden Blick – und steckte die Kreditkarte wieder ein.

Lara steckte die Karte in den Schlitz des EC-Kartenlesegerätes und drehte es zu Alice, die ihren PIN in die Tastatur hämmerte.

„Hier, die habe ich noch gefunden. Betrachte es als kleines Geschenk", lächelte mich Lara an und hielt mir eine Tube hin. Ich bedankte mich und zog mir vorsichtig den Pullover und meinen Mantel an. Die Tube glitt in Alice' Handtasche, die auf den Tresen stand.

„Komm in einer Woche noch mal vorbei, damit ich nachsehen kann, ob alles gut verheilt und um eventuell etwas nachzustechen. Das ist dann kostenlos." Sie sah kurz Alice an, die bereits meine Hand gegriffen hatte. Es war schon fast wie ein Kampf der Amazonen, wie die beiden sich anstarrten.

Alice quetschte mich während der Fahrt nach Hause aus, wie es war und ob es wehgetan hatte. Ich gab mir Mühe, so wahrheitsgetreu wie nur möglich zu antworten, ich ließ aber Laras Versuch, mich zu küssen, weg.

„Warum bist du so eifersüchtig?", platzte es aus mir heraus.

Alice schürzte die Lippen und raste bei Gelb über die Ampel. „Weil sie dich die ganze Zeit angemacht hat, hast du das etwa nicht mitbekommen? Die wäre doch am liebsten gleich über dich hergefallen. Ich habe mir Robert geschnappt und habe den ganzen Frust abgelassen", knurrte Alice mit zusammengepressten Lippen.

Robert war ihr Fechtpartner im Verein, in dem sie jetzt schon ein Jahr war. Ab und zu war ich mitgekommen und hatte ihr zugesehen. Sobald sie sich in ihre Fechtklamotten geschält hatte, war sie vollkommen anders, disziplinierter und konzentrierter als sonst.

„Das ist mir doch egal. Ich habe doch eine wundervolle Frau an meiner Seite, die ich heiraten will. Ich liebe dich und keine andere." Ich nahm Alice' Hand, die auf ihrem Schoß ruhte und küsste sie liebevoll.

Alice entspannte sich etwas. „Ich vertraue dir, mein Liebling. Ich wollte dich nicht wegen so einer so anfahren. Sei mir nicht böse", entschuldigte sie sich bei mir und küsste jeden einzelnen meiner Finger, ohne den Blick von der Straße zu nehmen. „Ich habe uns etwas zu essen gekauft, mir ist heute nicht so nach kochen", wechselte sie schnell das Thema.

„Du kochst doch schon vor Wut, weil Lara mich berührt hat, die mich küssen wollte." Mein Gewissen gab mir einen Tritt. „Man belügt seine Verlobte nicht", brüllte es mich an, doch ich beschloss, es Alice nicht zu sagen. Sie würde explodieren vor Wut und würde augenblicklich umdrehen, um Lara die Hölle heiß zu machen. Mein Magen zog sich zusammen. Lara. Sie schwirrte immer noch in meinem Kopf herum.

Ich saß auf dem Sofa und sah immer wieder auf das Tattoo herab. Ich liebte es jetzt schon. Alice grinste mich an und biss von ihrem Ciabatta ab. „Senta wird es auch lieben und Marco wird vor Neid platzen, weil er erst mit 18 ein Tattoo haben darf", schmatzte sie und strich mir über die Wange. Leise spielte Musik im Radio und meine Gedanken kreisten wieder um Lara. Sie war eine wirklich hübsche Frau, die mir, offen gestanden, sehr gefiel. Gerne hätte ich gewusst, wie es ist, eine andere Frau als Alice zu küssen, doch ich schüttelte den Gedanken ab. Wie konnte ich nur so etwas denken! Ich würde sie nur noch einmal wiedersehen und dann war's das.

„Worüber denkst du nach?", riss Alice mich aus meinen Gedanken. Sie sah mich skeptisch an.

„Wie ich wohl heute Nacht schlafen soll. Es tat ja schon etwas weh, als ich den Pulli ausgezogen habe", log ich.

Alice seufzte und ging zu ihrer Handtasche. „Ich schmiere dir die Creme hier nachher auf das Tattoo, dann mache ich eine neue Folie darüber. Das Einrollen in die Decke wird wohl erst einmal nicht drin sein." Sie hielt die Tube hoch und ging damit ins Schlafzimmer. Ich räumte den Tisch auf und ging ins Bad, um mich bettfertig zu machen.

„Aua!", rief ich, als Alice die Salbe vorsichtig über das Tattoo strich.

„Ich bin schon so vorsichtig, wie möglich", verteidigte sie sich und küsste mich flüchtig. „Also Tattoos stechen kann sie schon mal. Warten wir ab, wie es aussieht, wenn es verheilt ist." Kritisch drehte sie meinen Arm hin und her.

Ich seufzte und gab Alice die Rolle Frischhaltefolie. „Ich bin müde. Machst du die noch rauf und danach kuscheln wir ein wenig?", bat ich sie liebevoll.

Sie riss ein Stück Folie ab, legte es behutsam auf mein Kunstwerk und fixierte es mit kleinen Pflastern. „Ich muss morgen noch eine Rolle Heftpflaster holen. Das wird sonst nicht lange halten", jammerte sie und begutachtete ihr mehr oder minder gutes Werk.

„Wird schon halten", baute ich sie auf und legte die Utensilien weg. Ich kuschelte mich an Alice, die sich gerade zudeckte.

„Und sie hat wirklich nichts Unanständiges mit dir angestellt?", hakte sie noch einmal nach.

„Engel, sie hat mich tätowiert und wir hatten ein wenig Small Talk. Mehr nicht", stöhnte ich augenrollend.

Alice kuschelte sich wortlos an meine Brust. Ich belog meine Verlobte und fühlte mich elendig dabei.

Kapitel 5

„Wieso darf ich noch kein Tattoo haben?“, maulte Marco und sah neidisch auf meins, dass ich stolz wie Oskar herumzeigte. Wir waren zum Abendessen bei meiner Mutter eingeladen, nachdem wir uns das Haus, was sie und Martin kaufen wollten, angesehen hatten.

Das war für meinen Geschmack schon fast zu groß für drei Personen, doch ich mochte es sehr. Alles wirkte sehr edel und unglaublich schick, was einfach zu meiner Mutter passte, die wohl doch keine Lust mehr auf unser Mehrfamilienhaus hatte. Alle Räume waren lichtdurchflutet und ich stellte mir die Frage, wer nur die ganzen Fenster putzen würde. Berechtigt, oder?

Als ich meine Mutter das fragte, lachte sie nur und zog uns auf die kleine Dachterrasse, die auf der Südseite lag. Man konnte die Felder, die sich vor uns erstreckten, überblicken und uns umgab eine himmlische Stille. Alice plante bereits mit Mutti die Farbgestaltung der Wände und die Möbel, die man besorgen könnte. Marco freute sich, sein Zimmer umzubauen, und schmiedete bereits mit Martin Pläne.

Ich wanderte durch das noch leere Haus und stellte mir vor, wie es wäre, wenn Alice und ich irgendwann so eins hätten und unsere Kinder, die wir auch irgendwann einmal haben würden, durch die Zimmer rannten. Ich lächelte in mich hinein und sah in den brachliegenden Garten.

„Irgendwann wird dort eine Schaukel stehen und unser kleiner Spross jammert lauthals, dass einer von uns beiden ihn anstoßen soll.“ Alice stand auf einmal neben mir und träumte vor sich hin. „Ich freue mich jetzt schon darauf. Du bringst ihm all die handwerklichen Sachen bei und ich mache den Rest.“ Alice lächelte mich an und atmete tief durch. Ich stand einfach nur da und ließ diese Ruhe auf mich wirken. Kinder. Ich hoffte, es würde nicht zu schnell passieren, dass wir Mütter würden. Wir hatten doch noch so viel vor.

„Marco, wenn du 18 bist, kannst du dir so viele Tattoos machen lassen, wie du willst!“, keifte Mutti zurück, die ein Foto von meinem Tattoo machte.

Ich zog mich wieder an und Marco diskutierte weiter mit Mutti. Ich beobachtete das Schauspiel und Alice griff schließlich schlichtend ein. „Pass auf, wenn du 18 bist, bezahle ich dir dein erstes Tattoo bis 100 Euro, okay?“, schlug sie ihm vor. Er überlegte kurz und stimmte mit einem zufriedenen Grinsen auf den Lippen zu.

Mutti hatte wieder für eine ganze Fußballmannschaft gekocht und Thea ebenfalls eingeladen. Die begrüßte uns nun und bat mich und Alice ins Wohnzimmer.

„Ich möchte unser Haus in Rosenheim verkaufen. Ich möchte dorthin nicht mehr zurück und ich glaube, dass du es auch nicht möchtest“, verkündete sie ruhig.

Alice und ich sahen uns erschrocken an. Laut Alice’ Aussage war das Haus in einer gefragten, ruhigen Lage und würde bestimmt ein stolzes Sümmchen einbringen, wenn man es verkaufen würde. „Ich habe nichts dagegen einzuwenden“, antwortete Alice kurz. Auf Schlag war sie vollkommen angespannt und zupfte nervös an ihrem Pullover herum.

„Ich weiß, du willst nicht gerne darüber reden, aber ich wollte dich nicht übergehen. Es war ja auch dein Zuhause.“ Thea redete sehr vorsichtig und einfühlsam auf Alice ein, die meine Hand genommen hatte und mit meinem Ring herumspielte. Keine zehn Pferde würden sie dorthin zurückbekommen, wo sie wie in einem goldenen Käfig gelebt hatte.

„Verkauf es einfach, am besten so schnell wie möglich, damit wir endlich mit diesem Lebensabschnitt abschließen können“, wich Alice aus und stand auf. Sie wollte wohl einfach nur weg, was ich ihr nicht verübeln konnte.

„Wenn du das möchtest, dann werde ich einen Makler beauftragen, dass er das Haus so schnell wie möglich verkauft.“ Thea wirkte etwas betrübt und Alice verschwand aus dem Wohnzimmer.

„Sie meidet das Thema, so gut es geht. Das Fechten lenkt sie ganz gut ab, aber manchmal spüre ich auch, dass es ihr noch nicht so gut geht, wie sie vorgibt“, warf ich ein.

Thea streichelte mir über die Schulter. „Ich weiß, Sarah. Ich bin froh, dass sie dich hat und du sie unterstützt, obwohl du auch unter der ganzen Sache sehr gelitten hast.“

„Ich komme durch die Therapie ganz gut damit klar, vergessen werde ich es aber nie. Die hier werden mich immer daran erinnern.“ Ich zeigte auf meine Narben und lächelte ein wenig.

Thea sah mich betrübt an, in ihren Augen konnte man den Anflug von Traurigkeit erahnen. Es war genau der gleiche Blick wie der, als Josef verhört worden war und darauf beharrt hatte, dass er das Richtige getan hatte. „Sie hat es nicht anders verdient. Sie und ihre Andersartigkeit haben auf Gottes Boden nichts zu suchen!", hatte er durch den Gerichtssaal gebrüllt.

Mit viel Mühe konnte ich diesen Gedanken schnell wieder abschütteln. „Du kannst nichts für deinen Ex-Mann. Dir mache ich da absolut keine Vorwürfe. Er hat seine Strafe bekommen und wir haben nun ein ruhigeres Leben", versuchte ich, die Stimmung noch herumzureißen, doch es klappte nicht.

„Ich hätte mich besser um Alice kümmern sollen. Ich sehe mich als Teilschuldige", flüsterte sie enttäuscht.

„Thea, du hast sie immer in Schutz genommen. Du hast alles richtig gemacht. Josef war einfach nur krank im Kopf, er war besessen von der Vorstellung, eine perfekte Familie zu haben, die in seine Traumvorstellung passte. Das ganze Kapitel ist abgeschlossen." Meine Stimme bebte. Ich hasste es, die Story immer wieder und wieder durchzukauen und alles wieder und wieder zu erzählen. Ich ballte meine Hände zu Fäusten und versuchte, Ruhe zu bewahren.

„Du hast ja recht, es fällt mir aber nicht leicht. Ich hoffe, du verstehst das." Thea stand auf und verließ den Raum.

Ich saß da und versuchte, meine Wut herunterzuschlucken. Ich boxte in ein Kissen und ließ mich aufs Sofa fallen. Verdammt, hörte das denn nie auf? Ich schloss die Augen und atmete ein paar Mal tief durch. Meine Gefühle lagen irgendwo zwischen wütend und frustriert. Ich probierte, meine Gedanken zu sortieren, und spürte, wie sich jemand aufs Sofa setzte. Ich sah kurz auf und stellte fest, dass es Alice war, die mich besorgt musterte.

„Was war los?", fragte sie vorsichtig, als sie sich langsam auf mich legte.

„Deine Mutter gibt sich immer noch die Schuld an allem, was passiert ist. Und das regt mich immer wieder aufs Neue auf", raunte ich. Ich klammerte mich an Alice, die mich nachdenklich ansah. Sie sagte nichts und streichelte mir sanft über die Wange. Sie versuchte, mich zu beruhigen, so wie sie es immer machte, wenn es mir zu viel wurde und alles drohte, mich aus der neu errungenen Fassung zu bringen. Ich schmiegte meine Wange an ihre Hand und bemühte mich, meine Tränen zurückzuhalten, was natürlich nicht klappte.

„Nicht weinen", flüsterte Alice und wischte die Tränen weg. Ihre Stimme war so beruhigend und voller Liebe.

Ich atmete tief durch und strich Alice durch die Haare. „Ich hoffe, dass der ganze Mist einfach bald vorbei ist und euer Haus schnell verkauft wird. Ich will endlich Ruhe haben. Mir dauert das alles viel zu lange."

Alice brachte mich mit einem Kuss zum Schweigen, wofür ich auf eine Art sehr dankbar war. Andererseits stellte ich mir vor, es wäre Lara. Ihre Zunge bahnte sich stürmisch den Weg in meinen Mund und so schnell, wie der Kuss anfing, war er auch wieder vorbei. Sie lächelte mich liebevoll an und rutschte von mir herunter. „Lass uns essen und kein Wort mehr darüber verlieren, verstanden?“, schlug sie mit eindringlichen Blicken vor.

Ich nickte und stand auf. Sie wusste, wie sie mich auf den Boden der Tatsachen zurückholen konnte. Und ja, manchmal musste der Ton auch etwas harscher werden. Manchmal brauchte ich das. Dennoch schwirrten meine Gedanken um den längst vergangenen Prozess.

Alice streichelte sich über den Bauch und ich hatte Angst, dass sie gleich platzen würde. Sie hatte so viel Auflauf in sich hineingestopft, dass mir alleine beim Zusehen schlecht wurde. Ich half Mutti beim Abräumen und war froh, dass Thea mich nicht weiter auf das Thema von vorhin angesprochen hatte.

Grundsätzlich war ich froh, wenn ich einfach nur meine Ruhe hatte und ich die Zeit mit Alice genießen konnte. Sie würde bald mit meiner Mutter auf Geschäftsreise gehen und ich wäre drei Tage ohne meine Verlobte. Der Gedanke quälte mich sehr. Ich wusste nicht mehr, wie es war, ohne sie zu sein, und plante schon mal, was ich währenddessen anstellen könnte, doch es fiel mir nichts ein. „Vielleicht werde ich mich in Muttis Wohnung einquartieren und mit Marco zocken, wenn er von der Schule kommt und ich Feierabend habe“, überlegte ich. Ich musste diese Leere, die ich in mir spürte, wenn Alice nicht bei mir war, irgendwie ausfüllen oder ich fiel in eine Art Loch, aus dem nur sie mich herausziehen konnte. Ich sah kurz zu ihr herüber und lächelte ihr zu. Ihre dunklen Strähnen waren schon lange rausgewachsen und ihre langen Haare erstrahlten wieder in hellem Blond. Ich liebte es, wie ihre Spitzen sich immer ein wenig lockten, nachdem ihre Haare getrocknet waren. Sie konnte es nicht ausstehen und griff immer wieder zum Glätteisen, was mir gar nicht in den Kram passte. Vor einigen Wochen hatte ich es versteckt und Alice suchte wie wahnsinnig danach, bis ich es wieder an den ursprünglichen Platz auf dem Waschbeckenunterschrank legte. Sie war mir noch Tage später böse gewesen.

Als ich die Wohnungstür aufschloss und ins Badezimmer ging, verschwand Alice gleich ins Schlafzimmer. Ich dachte mir nichts dabei und machte mich bettfertig. Als ich wenig später ins Schlafzimmer ging, stand ich in einem Meer von Kerzen und Rosenblättern, die überall verstreut waren. Auf dem Bett saß meine Liebste und beobachtete, wie mein Blick durchs Zimmer schweifte.

„Womit habe ich das verdient?“, fragte ich sie gerührt von dieser romantischen Geste.

Langsam stand sie auf und kam zu mir. „Muss man sich immer alles verdienen? Ich wollte dich überraschen – und das ist mir anscheinend gelungen.“ Langsam hauchte sie mir zärtliche Küsse auf die Haut.

Ich rührte mich nicht und genoss es, bis sie abrupt aufhörte. Erschrocken sah ich sie an, doch sie lächelte mich an. „Ich kann nicht. Die monatliche Misere“, seufzte sie, doch ihr Körper sagte mir etwas anderes. Ich zog sie näher an mich und küsste sie innig. Wir fielen ins Bett und überhäuften uns mit Küssen und Streicheleinheiten. Mir ging es nicht um den Sex. Ich wollte einfach nur ihre Liebe spüren, die ich brauchte, um meine Gedanken von etwas anderem abzulenken. Lara.

Kapitel 6

Wenn es etwas gab, das eine Beziehung belasten konnte, war es eine Person, für die du schwärmst und die du gerne bei dir haben wolltest, während deine Partnerin neben dir schlief. Ich versuchte immer wieder, Lara aus meinem Kopf zu verbannen, aber es wollte mir einfach nicht gelingen. Hatte ich es geschafft, war sie auch gleich wieder da. „Das ist wie eine nicht auskurierte Grippe: Du denkst, du bist wieder gesund und wenige Tage später sitzt du beim Arzt, weil die Krankheit nochmals ausgebrochen ist", ging es mir immer wieder durch den Kopf. Ich fing an, mich dafür zu hassen, spielte aber weiterhin mit dem Feuer, was meine Beziehung mit Alice bestimmt gefährdete.

Ich tat das alles zunächst als einfache Schwärmerei ab, was ein absoluter Fehler war. Die Sehnsucht zu Lara, die ich eigentlich gar nicht kannte und zu der mein einziger Bezug mein Tattoo war, diese Sehnsucht flammte immer wieder in mir auf und ebbte einfach nicht ab. Ich hatte nicht mal in meinen Träumen Ruhe vor ihr und ihren stahlblauen Augen. Immer wieder schreckte ich hoch und hoffte, dass ich nicht im Schlaf ihren Namen gerufen hatte. Selten war ich so frustriert in meinem Leben gewesen wie in diesen Augenblicken.

Ich hatte Angst, es würde mich die Beziehung kosten, was ich absolut nicht wollte. Mit Alice hatte ich schon so viel durchgemacht und ich liebte sie so sehr. Ich sah auf meinen Verlobungsring, der auf meinem linken Ringfinger thronte. Ich lächelte in die Nacht hinein. Der Antrag war so unverhofft und doch so wunderschön gewesen. Alice hatte mich damit total überrascht und würde sie mich noch mal fragen, würde ich wieder Ja sagen. Das glaubte ich zumindest.

Oder ließ ich mich das glauben? Ich fand keine Antwort darauf. Ich sah zu meiner Liebsten herüber, die tief und fest schlief. Ihre langen blonden Haare hingen ihr ins Gesicht, die ich ihr vorsichtig beiseiteschob. Ihr Mund war einen spaltbreit geöffnet und ihre Augenlider bewegten sich ein wenig. Ich nahm ihre Hand und legte sie auf meine linke Brust.

„Ich will dir nicht wehtun. Ich werde es klären. Für uns. Für dich. Du bist doch meine große Liebe, nach der ich mich so lange gesehnt hatte. Ich will das alles nicht für jemanden aufgeben, den ich gar nicht kenne. Ich liebe dich, okay? Ich schwärme nur für sie, mehr nicht. Sie hat keinerlei Bedeutung für unsere Beziehung. Bitte sei nicht eifersüchtig, weil es keinen Sinn machen würde. Es ist, als würde ich für eine Schauspielerin schwärmen, mehr nicht. Bitte glaube mir das“, flüsterte ich ihr zu.

Sie rührte sich nicht. Ihr Atem war immer noch so regelmäßig wie vorher. Ich verdrückte eine Träne und wischte diese schnell weg. Warum machte ich das hier eigentlich? „Verdammte Scheiße noch einmal, Sarah! Du liebst Alice und du bist glücklich mit ihr. Lass diese Tätowiererin endlich aus deinem Kopf verschwinden und konzentriere dich auf deine Beziehung“, meckerte mein Gewissen. Es schnaufte vor Wut und stampfte mit dem Fuß auf, wie ein kleines bockiges Kind. Würde ich Alice für Lara verlassen, würde meine Mutter ausrasten. Abgesehen davon, würde ich Alice immer noch tagein, tagaus bei der Arbeit sehen und dann würde es auch unsere Jobs beeinflussen. Es würde bestimmt total verkrampft ablaufen, zumal sie die Assistentin der Geschäftsführung war. Ich musste jemanden um Rat fragen. Ich stand so leise wie möglich auf und nahm mein Handy mit.

Ich schlich mich aus dem Schlafzimmer, setzte mich aufs Sofa und schrieb Sam eine SMS.

Hey, bist du noch wach? Ich brauche deinen Rat.

Ungeduldig wartete ich auf eine Antwort. Es war bereits Mitternacht und morgen, besser gesagt heute, war Freitag. Kurz danach blinkte mein Display vom Handy auf. Er war tatsächlich noch wach. Er schrieb:

Hey, was ist denn los? Soll ich anrufen?

Ich ging in die Küche, schloss die Tür leise und wählte seine Nummer.

Sam ging sofort ans Handy. „Was ist los?“, sagte er nur kurz. Er klang besorgt und ich haderte mit mir. Wo sollte ich überhaupt anfangen? Er wusste ja gar nichts von der ganzen Lara-Geschichte.

„Ich habe mir doch das Tattoo machen lassen und seitdem bekomme ich Lara, die Tätowiererin, nicht mehr aus meinem Kopf“, flüsterte ich ins Telefon. Ich hörte, wie Sam ins Telefon seufzte und wusste, dass er sich die Stirn rieb. Er machte das immer, wenn es Probleme gab.

„Das ist jetzt nicht dein Ernst, oder? Verdammt, Sarah, du hast Alice und ihr habt euch vor Kurzem erst verlobt. Schlag dir das andere Mädel aus dem Kopf!“, murmelte er.

Im Hintergrund konnte ich Tim hören, der irgendetwas fragte, was ich aber nicht verstand. Meine Hand umklammerte die Arbeitsplatte, an die ich mich gelehnt hatte. „Das sagst du so einfach, aber ich kann keinen klaren Gedanken mehr fassen, es macht mich irre. Ich muss Dienstag noch einmal zu ihr, sie will sehen, ob das Tattoo ordentlich verheilt und ob sie noch etwas nachstechen muss." Meine Stimme brummte nur so ins Telefon, ich wollte nicht, dass Alice wach wurde und alles mitbekam. Sie sollte es nicht wissen.

„Wenn sie ihren Job ordentlich gemacht hat, muss sie nichts nachstechen und du bist da ruckzuck raus. Ich werde dich begleiten, Alice ist ja mit Senta in Frankfurt. Wenn ich merke, dass sie dich anmacht, ziehe ich dich da raus", knurrte mich Sam an.

Ich seufzte. „Danke. Könnt ihr beide das für euch behalten? Ich will nicht unbedingt einen Streit mit Alice vom Zaun brechen", bettelte ich ins Telefon.

„Na gut, weil du es bist. Geh wieder zu deiner Verlobten ins Bett. Wir reden noch einmal im Büro. Gute Nacht."

Die Leitung war tot und ich starrte auf mein Display. Sam war stocksauer auf mich und ich konnte ihn eigentlich nur besänftigen, wenn ich die Lara-Geschichte so schnell wie möglich wieder auf Eis legte. Ich öffnete die Küchentür und zuckte zusammen. Mein Herz stand für eine Sekunde still und ich schluckte.

Vor mir stand Alice und rieb sich müde die Augen. „Warum bist du nicht im Bett und schläfst?", murmelte sie gähnend.

Ich suchte nach einer Ausrede. Verdammt, sonst schlief sie doch auch immer wie ein Stein, selbst wenn irgendwo im Haus Krach war. „Ich habe mit Sam telefoniert. Mir ließ das ganze Gespräch mit deiner Mutter keine Ruhe. Ich hatte zuerst überlegt, spazieren zu gehen, aber dann hättest du dich erst recht um mich gesorgt, und das wollte ich nicht", log ich sie an. Gut, spazieren gehen im Mondschein war schon toll, aber draußen waren zweistellige Minusgrade, die ich mir nicht zumuten wollte.

Alice strich mir durch meine verwuschelten Haare und seufzte leise. „Komm ins Bett, Schatz. Denk einfach nicht mehr daran. Meine Mutter muss sich jetzt alleine darum kümmern. Ich will mit der Hausverkaufssache nichts zu tun haben", flüsterte sie und griff nach meiner Hand.

Zusammen legten wir uns wieder ins Bett und mein Gewissen tobte vor Wut. Ich hatte ihr schon das zweite Mal, ohne mit der Wimper zu zucken, ins Gesicht gelogen. Mein Magen zog sich schmerzhaft zusammen und ich legte mich zu Alice, die mich besorgt ansah.

„Du machst dir viel zu viele Gedanken um andere", flüsterte sie schließlich.

Ich kuschelte mich an sie und schloss die Augen.

„Bitte lass sie ganz schnell einschlafen, ich will sie nicht mehr anlügen müssen“, hämmerte es in meinem Kopf. Es tat mir so weh, als würde jemand ein heißes Schwert in mein Herz bohren. „Es tut mir leid. Ich wollte dich nicht wecken“, flüsterte ich und kämpfte mit den Tränen.

Ich bekam keine Antwort. Alice war wieder eingeschlafen und meine Tränen ergossen sich still und leise über meine Wangen. Ich hasste mich so sehr und war von mir so enttäuscht, dass ich mich selbst ohrfeigen wollte. Immer wieder hallten Sams Worte in meinem Kopf wider: „Vergiss das Mädel. Du hast Alice. Ihr seid verlobt. Du liebst sie.“

Ich drückte mein Gesicht ins Kissen und versuchte, so mein Schluchzen zu ersticken. Die Angst kroch durch meinen Körper und ließ mich erzittern. Langsam und schleichend wurde es immer schlimmer, sodass ich etwas von Alice wegrückte. Ich nahm mein Handy und öffnete die Webseite von Laras Studio. Ganz unten stand eine Handynummer, die ich mir kopierte und einspeicherte. Ich überlegte, ob ich ihr eine SMS schreiben sollte, und entschied mich gegen mein Bauchgefühl, das mich vehement davon abhalten wollte, und tippte folgenden Text ein:

Hey, ich bin's, Sarah. Wollte nur fragen, ob der Termin am Dienstag noch steht? Du wolltest ja noch einmal einen Blick aufs Tattoo werfen.

Minutenlang starrte ich aufs Display und drückte schließlich auf *Senden*. Mein Herz hämmerte in meiner Brust und ich wartete ungeduldig auf eine Antwort. Es war bereits ein Uhr und ich erwartete einfach keine Rückmeldung, doch ich wurde eines Besseren belehrt. Ich öffnete die gerade empfangene SMS, die mein Herz ins Stolpern brachte.

*Da konnte jemand wohl nicht bis zum Morgen warten. Na klar steht der Termin noch ;-) Ich freue mich schon sehr darauf. Gute Nacht. :-**

Ich lächelte mein Handy an und drehte mich auf die Seite. Alice schlief tief und fest. Ich summte eine beruhigende Melodie, bis ich endlich meine Nachtruhe fand.

Kapitel 7

Ich saß im Büro und erzählte Sam von Lara, die mir heute noch nicht geschrieben hatte. Das ganze Wochenende hatte ich alles, im wahrsten Sinne des Wortes, in mich hineingefressen, jetzt musste es einfach raus. Einerseits war ich froh darum, mir meine Sorgen von der Seele reden zu können, andererseits wollte ich ehrlich zu Alice sein, die heute nur durch die Gegend huschte. Zwischendurch kam sie immer mal kurz herein und verschwand danach gleich wieder – und mich ließ das Gefühl nicht los, dass sie etwas ahnte. Sie hatte mir heute schon mehrmals gesagt, dass sie mich lieben würde und nicht verlieren wolle, was sie bereits am Wochenende ebenfalls mehrfach betont hatte.

Sams vernichtender Blicke ruhte auf mir, als Alice aus dem Büro war. „Sarah, sie spürte es, merkst du das nicht?" Seine erbarmungslose Ehrlichkeit zwang mich in die Knie, sodass ich mich immer kleiner auf meinem Platz machte. Mein Magen zog sich krampfend zusammen, als ich darüber nachdachte, Alice die Wahrheit zu sagen. Ich schüttelte den Gedanken ab, es würde unsere Beziehung zerreißen.

„Rede mit ihr", warf Sam ein und widmete sich seiner Arbeit.

Ich sah auf meinen Verlobungsring hinab. War es das wirklich wert, dass ich das, was ich mit Alice aufgebaut hatte, für eine Frau, die ich gar nicht kannte, über Bord warf? Ich verdrängte den Gedanken und ging zur Toilette. Eine kleine Auszeit für meine Sorgen und mich musste jetzt einfach sein.

Als wäre es abgesprochen gewesen, meldete sich Lara gerade jetzt bei mir.

Hey, alles klar bei dir? Ich musste an dich denken, du gehst mir irgendwie nicht aus meinem Kopf.

Ich lehnte mich ans Waschbecken und grinste blöd. Schnell tippte ich ihr eine Antwort.

Bei mir ist alles in Ordnung, der alltägliche Wahnsinn auf Arbeit eben. Ich freue mich auf morgen.

Man, wieso konnte sie mich so einfach um den Finger wickeln? Ich verstaute mein Handy wieder in meiner Tasche und warf mir etwas Wasser ins Gesicht. In diesem Augenblick kam Alice herein und lächelte mich an. Ich erwiderte ihr Lächeln und küsste sie liebevoll.

„Ist alles in Ordnung, mein Schatz? Du bist heute irgendwie seltsam“, fragte sie besorgt und sah mich eindringlich an.

„Na ja, ich bin ab heute Abend drei Tage lang alleine, das kenne ich nicht mehr. Ich weiß gar nicht, wie es ist, ohne dich einzuschlafen“, log ich. Verdammte Scheiße, was machte ich da eigentlich? Was war ich nur für eine desaströse Freundin, die ihrer Verlobten so dreist ins Gesicht log? Ich biss mir auf die Lippe und wandte meinen Blick ab.

„Für mich wird es auch nicht leicht, glaube mir. Wenn ich könnte, würde ich bei dir bleiben, aber der Kunde ist eben sehr wichtig und ich muss mit. Ich werde bestimmt schlecht schlafen.“ Ihr Daumen streichelte über meine Lippen. Sie hatte, ohne dass ich es wirklich merkte, meinen Kopf zu sich gedreht. In ihren Augen konnte ich den Anflug von Traurigkeit sehen. Ich küsste sie liebevoll und verschwand zurück ins Büro.

Alice schob ihren Koffer vor sich her, den sie am Fahrstuhl abstellte, um dann zu uns ins Büro zu kommen und sich zu verabschieden. Sie hatte schon am Wochenende gepackt und alles vorbereitet, dass sie auch ja nichts vergaß.

Mutti kam eilig hinterher und verabschiedete sich von Sam und mir. „Passt hier gut auf, ja? Wenn etwas ist, ruft mich oder Alice an.“

Wir versicherten ihr, dass wir alles schon hinbekommen würden und sie ging voran zum Fahrstuhl. Alice sah mich traurig an. Schnell nahm ich ihre Hand und zog sie an mich. Ihre Stirn ruhte auf meiner und ein bitterer Schmerz durchzog meinen Körper.

„Drei Tage. Zweimal ohne mich schlafen und du hast mich wieder. Wir können ja heute Abend telefonieren“, tröstete ich sie. Sie drückte ihre Lippen auf meine, während sie ihre Arme um mich legte. „Ich liebe dich, mein Engel“, flüsterte ich ihr wehmütig zu.

„Ich dich auch. Mach kein Unsinn, ja?“

In diesem Moment schoss mir Lara durch den Kopf. Ungünstiger ging es eigentlich gar nicht mehr. „Soll ich dich noch hinunterbringen?“, schlug ich ihr vor, doch sie schüttelte den Kopf.

„Ich glaube, dass das zu emotional wird, und das möchte ich nicht“, wich sie aus und nahm die Türklinke in die Hand. Sie umarmte Sam, der ihr eine gute Reise und viel Erfolg wünschte, und ging aus meinem Büro. Sie sah noch einmal zu mir und zwang sich zu einem Lächeln, bevor sie ihren Koffer nahm und in den Fahrstuhl stieg. Mir war zum Heulen zumute, als ich Feierabend machte. Ich hatte Marco eine Nachricht geschrieben, dass ich die Tage bei ihm sein würde. Vielleicht konnte er mich ein wenig ablenken und wir würden Unmengen an Fast Food in uns hineinstopfen, bis uns ganz schlecht würde. Ich stieg in den Bus und war überrascht, dass Gerd fuhr. Er begrüßte mich und nahm mich lachend in den Arm. Seitdem ich mit Alice zusammen war, hatte ich keinen Kontakt mehr zu ihm.

„Mann, du siehst ja so adrett aus! Aus dir ist ja eine richtige Geschäftsfrau geworden!", lachte er und musterte mich. Er erzählte mir von sich und seinem Mann, der jetzt für eine große Werbeagentur arbeitete.

Ich hatte Probleme, ihm zuzuhören. Meine Gedanken kreisten um Alice, die jetzt mit meiner Mutter auf dem Weg zum Flughafen war. Wäre Marco volljährig, würde ich mit ihm in eine Bar gehen, aber nein, er war erst zarte 15. Dazu kam, dass ich morgen Lara wiedersah und ich nicht wusste, ob es für mich gut sein würde oder nicht. Ich kräuselte meine Stirn. Verdammter Zwiespalt. Für einen Augenblick wünschte ich mir die Gleichgültigkeit, die ich einmal hatte, zurück.

„Hey Kleine, was bedrückt dich?" Gerd riss mich aus meinen Gedanken und sah mich besorgt durch den Rückspiegel an.

„Lange Geschichte. Wir können uns gerne mal auf einen Kaffee in der Stadt treffen, dann kann ich dir alles erzählen, aber ich will dich damit auch nicht behelligen", seufzte ich und sah auf meinen Verlobungsring hinunter. Ich liebte Alice, doch ich hatte auch Gefühle für Lara, die wie aus dem Nichts gekommen waren. Was hatte diese Frau, was Alice nicht hatte?

„So ein Quatsch! Ich helfe gerne, wenn ich kann. Komm, ich diktiere dir meine Nummer, dann können wir uns ja auf einen Kaffee verabreden und du kannst mir alles erzählen."

Ich zog mein Handy aus der Tasche und tippte die Ziffern ein, die er mir zuwarf. Ich speicherte die Nummer ein und wählte ihn an, damit er auch meine Nummer hatte.

Ich holte ein paar Sachen aus meiner – besser gesagt *unserer* Wohnung – und sah auf das Bild vom Abschlussball, bevor ich ging. Wir waren so glücklich miteinander, ich wäre ein Idiot, wenn ich das aufs Spiel setzen würde. Dann stapfte ich aus der Wohnung und schloss die Tür ab. Wie konnte man für zwei Menschen zeitgleich Gefühle haben? So etwas war mir noch nie passiert und ich wusste auch nicht, wie ich damit umgehen sollte. Ich steckte meine Kopfhörer in mein Handy und ging zu Marco.

Der Bass dröhnte in meinen Ohren und übertünchte meine widerspenstigen Gedanken über Gefühle und Liebe. Ich wollte gerade einfach nur dämliche Konversationen führen und stumpf irgendwelche Videospiele spielen. Ich schloss die Tür auf und sah ein Mädchen mit schwarzen langen Haaren, die ihre Arme um meinen Bruder schlang. Die beiden sprangen auseinander, als ich die Tür ins Schloss fallen ließ. Die kleine zierliche Gestalt sah beschämt weg und Marco kratzte sich hilflos am Kopf.

„Ich wollte euch nicht erschrecken, macht ruhig weiter", grinste ich und ging in mein Zimmer.

Dort stellte ich meine Tasche auf den leeren Schreibtisch und sah mich um. Es hatte sich in den ganzen Monaten, in denen ich hier nicht mehr wohnte, rein gar nichts verändert. Mein Sofa, das Bett, der Kleiderschrank, mein selbst gebauter Tisch und mein Nachtschrank standen immer noch am gleichen Fleck. Die Poster hingen immer noch an der Wand – als wäre die Zeit stehen geblieben. Langsam ging ich zu meinem Sofa herüber und erinnerte mich an das Gespräch mit Alice, nachdem wir in der Dusche rumgemacht hatten. Wir wollten alles langsam angehen und jetzt, bald zwei Jahre später, waren wir verlobt und schmiedeten Pläne für unsere Hochzeit.

Mein Handy vibrierte, sodass ich es neugierig aus der Tasche zog. Lara. Verflucht! Mein Bauch kribbelte.

*Hey Hübsche, wann sehen wir uns morgen? Ich plane für dich ein wenig mehr Zeit ein. :-**

Ich grübelte einen Moment. Sam würde mitkommen, mich wie seinen Augapfel hüten und jeden Flirtversuch unterbinden. Vor vier Uhr würden wir die Firma nicht verlassen können. Viel Zeit hatte ich also nicht mit ihr.

Wenn hier einer hübsch ist, dann bist du das. :- Ich werde gegen fünf Uhr da sein. Ein Kumpel wird wohl mitkommen.*

Ich sendete die Nachricht ab und bekam im selben Moment eine Nachricht von Alice, die mir ein Selfie von Mutti und sich geschickt hatte. Sie grinsten mir entgegen und beim genauen Hinsehen konnte ich erkennen, dass Alice' Augen leicht gerötet waren. Sie hatte definitiv geweint, da bestand kein Zweifel. Mein Gewissen verpasste mir einen Schlag und murrte mich an, wie ich nur diese wundervolle Frau so sehr verletzen konnte. Mutti sah wie immer frisch und jung aus. Sie hatte ihre langen Haare zum Zopf gebunden. Man hätte auch meinen können, die beiden wären Geschwister. Im Hintergrund konnte man den Flughafen erkennen. Ich seufzte und strich verträumt über das Bild.

Hey mein Schatz, wir sind gut angekommen. Du fehlst mir so sehr. Ich liebe dich!

Ich schrieb ihr eine Antwort.

*Mein Engel, du hast geweint, oder? Sei nicht traurig, du hast meine Mutter dabei, die wird dich aufmuntern, da bin ich mir sicher. Ich bin gerade bei Marco und habe ihn beim Knutschen mit seiner Freundin erwischt. Sah schon witzig aus, wie die beiden auseinandergesprungen sind. Du fehlst mir. Pass auf dich auf. Ich liebe dich. :**

Lara hatte mir bereits geantwortet und ich las ihre Nachricht.

Hm, okay. Dann bis morgen.

Ich vermutete, dass ihr meine Begleitung nicht zusagte, und legte das Telefon beiseite. Dann ging ich in die Küche, wo das Mädchen, das Marco so innig geküsst hatte, stand. Es zuckte zusammen und drehte seinen Kopf weg. Am Hals hatte es einen riesigen Knutschfleck, der mir ins Auge stach. Ich grinste und war froh, dass Alice nicht den Hang zu so etwas hatte.

„Ich bin übrigens Sarah“, stellte ich mich vor und holte eine Tasse aus dem Schrank.

„Lena“, antwortete sie kurz und wirkte vollkommen überfordert.

Ich versuchte, sie zu beruhigen. „Dir muss es nicht peinlich sein, dass ich euch erwischt habe. Mir ist das auch oft passiert, mach dir da einfach keine Gedanken, das gehört dazu. Sei froh, dass unsere Mutter es nicht gesehen hat. Sie würde hier freudig herumhüpfen und dich mit Fragen bombardieren“, zwinkerte ich Lena zu.

Sie lächelte ein wenig und verschwand mit einer Flasche Mineralwasser in Marcos Zimmer. Scheinbar war sie nicht das erste Mal hier. Ich kochte mir einen Kaffee und schaltete das Radio ein. Waren Alice und ich auch so schüchtern gewesen? Ich konnte mich nicht daran erinnern. Klammheimlich schmiedete ich einen Plan, damit die beiden etwas lockerer wurden.

„Hey ihr beiden, was wollt ihr zu Abend essen? Ich will schon mal bestellen", rief ich eine Weile später der Tür vor mir entgegen. Ich hielt es für unangebracht, die traute Zweisamkeit der beiden zu stören. Wenn man frisch verliebt war, wollte man lieber unter sich bleiben.

Marco öffnete mir die Tür und setzte sich wieder zu Lena, die mich zögerlich anlächelte. Sie hatten sich ein paar Kerzen angezündet und ein penetranter Duft von Vanille lag in der Luft. Ich trat ein und ließ mich in Marcos Sessel fallen.

Als ich mich umsah, war ich erstaunt, wie aufgeräumt es war. Ich zückte mein Handy und starrte die beiden gespannt an.

„Also ich nehme eine Peperonipizza und du, Schatzi?"

Ich tippte die gewonnene Info in mein Handy ein und wartete geduldig, bis Lena mir antwortete.

„Ich nehme eine Pizza Hawaii", entgegnete sie leise.

Ich grinste in mein Telefon und sendete die Bestellung ab, bevor ich es wieder weglegte.

„Das war also dein Date, Bruderherz." Ich lehnte mich etwas vor.

Marco war die Situation etwas unangenehm und er starrte mich an. Er nickte kurz und legte den Arm um Lena, die ein knallrotes Gesicht hatte. „Ihr könnt machen, was ihr wollt, ich werde euch nicht verpetzen. Hier schlafen ist aber nicht drin." Ich wandte meinen Blick zu Lena, die sich an Marco schmiegte.

„Das ist uns klar. Wir wollen ja nicht so in eine Beziehung hineinstolpern, wie du und Alice", warf er trocken ein.

Lenas Augen wurden plötzlich ganz groß. „Du bist mit einer Frau zusammen?!", krächzte sie und beäugte mich kritisch.

„Ja." Ich versuchte, nicht zu trocken zu klingen, was mir auch recht gut gelang.

Sie verzog das Gesicht und suchte Marcos Blick. „Mich stört es nicht, aber ich habe noch nie mit einer Lesbe gesprochen."

Ich schnaufte und konnte mein Lachen gerade so unterdrücken. Die Kleine hatte also noch nie mit einer Lesbe gesprochen. Soso. Ich war doch nicht anders, als alle anderen Menschen, die auf diesem Planeten herumliefen.

„Es ist ja auch egal, ob Sarah lesbisch ist oder nicht. Sie wird immer meine Schwester sein", warf Marco ein, während er mich angrinste.

„Danke, kleiner Bruder, genau das habe ich gerade gebraucht", lächelte ich ihn an. In diesem Moment klingelte mein Handy und ich nahm den Anruf an.

„Hey, mein Liebling."

Ich stand auf und verließ Marcos Zimmer. „Hey Engel, alles okay bei euch?“ Mein Magen krampfte und kniff mich unentwegt.

Alice seufzte ins Telefon. „Na ja, das Hotel ist schön und das Bett ist total bequem, aber ohne dich ist es einfach nur ein Bett.“

Ich schloss die Augen. Mein Herz wollte zerspringen. „Es sind doch nur zwei Nächte. Ich kann euch ja mit Martin zusammen vom Flughafen abholen, was hältst du davon?“, schlug ich vor.

„Das wäre toll, wenn ihr das einrichten könntet. Senta geht gerade noch einmal alle Unterlagen durch. Sie ist so aufgeregt, so kenne ich sie gar nicht. Sollte es tatsächlich klappen und wir kriegen den Auftrag, dann müssen wir das unbedingt feiern.“ Alice’ Stimme war kaum mehr als ein Flüstern, was mich beunruhigte. „Gehst du morgen zum Nachstechen zu der Tätowiererin?“, fragte sie plötzlich mit zittriger Stimme.

Ich ließ mich auf mein Sofa fallen. Und da war es wieder, mein leidiges Gefühlschaos. „Ja, Sam begleitet mich“, antwortete ich kurz. Ich hatte Mühe, mich zusammenzureißen und mir nicht Alice vorzustellen, die wohl kurz davor war, zu weinen. Ich hörte, wie sie erleichtert ausatmete.

„Das freut mich. Sie ist mir nicht ganz geheuer. Schickst du mir ein Bild, wenn sie etwas nachstechen musste?“, fragte sie zögernd.

„Aber natürlich, mein Engel! Ich werde aufpassen, dass sie mir nicht näher kommt, als nötig. Bitte mache dir keine Sorgen.“ Verdammt, ich wusste ganz genau, dass das erstunken und erlogen war. Klar hatte Alice das Recht, sich zu sorgen, sogar aus gutem Grund. Ich rieb mir die Stirn und hörte, wie es an der Tür klingelte. „Marco, geh mal zur Tür, das sind die Pizzen!“, rief ich durch den Flur und setzte mich auf mein Bett.

„Oh ja, Pizza, das wär’s jetzt und danach in deinen Armen liegen“, seufzte Alice mir ins Ohr.

„Das wäre echt schön. Ich muss Schluss machen, wir wollen jetzt essen. Soll ich dich danach noch einmal anrufen?“, fragte ich zaghaft nach.

„Wir gehen gleich ins Restaurant und futtern uns auf Firmenkosten voll.“

Ich hörte ihr Grinsen in der Stimme. „Ich liebe dich so sehr. Denkt daran, Sam und ich müssen das abrechnen, nehmt die Belege mit.“ Ich wusste, dass Alice mit den Augen rollte.

„Ja, Frau Fischer, das werden wir tun. Ich liebe dich auch. Ich melde mich, wenn wir wieder im Hotel sind. Ciao, ciao.“ Sie legte auf und ich ging mit einem mulmigen Gefühl in die Küche.

Ich stopfte die Funghipizza in mich hinein und Marco und Lena sahen mich ungläubig an.

„Sarah, nun mach mal langsam!“, ermahnte mich Marco und zog meinen Teller weg. Ich starrte ihn böse an und würgte mir das Stück, das ich in der Hand hatte, herunter. Lena biss langsam von ihrer Pizza ab und sah mich skeptisch an. Sie verstand es wohl nicht, wie man so schnell drei Stücke Pizza in sich hineinstopfen konnte. Ich war einfach nur frustriert über das Telefonat mit Alice, den Fakt, dass ich mich wohl in Lara verliebt hatte und mich insgesamt benahm, wie ein totaler Schwachkopf. Morgen würde ich mit Sam zu Lara ins Studio gehen, sie würde nachsehen, ob alles gut verheilt war und ob sie noch etwas nachbessern musste.

Danach würde ich nach Hause fahren und wartete, dass es endlich Mittwochabend war und ich meine Verlobte mit einem Strauß Rosen vom Flughafen abholen. Ich würde Lara nie wiedersehen.

Kapitel 8

Meine Nervosität, Lara bald wiederzusehen, stieg von Stunde zu Stunde. Ich musste ständig zur Toilette und Sam hatte mich mit seinen Blicken schon gefühlte 23 Mal getötet.

„Das Nachsehen wird nicht lange dauern. Und wenn doch, soll das Mädel gefälligst Gas geben. Danach schlägst du dir die Frau aus deinem kleinen süßen Kopf, verstanden? Du gehörst zu Alice!", fuhr er mich an, als ich kurz vor Feierabend total hibbelig wurde. Da heute nicht viel zu tun war, konnte ich meinen Fokus vollkommen auf den Termin bei Lara lenken. Alice hatte mir bereits geschrieben und ich konnte – oder besser gesagt –, wollte ihr noch nicht antworten. Sie machte sich bestimmt schon Sorgen, das mit mir etwas nicht stimmte oder warum ich ihr nicht antwortete. Damit ich mein Gewissen beruhigen konnte, schrieb ich ihr eine kurze Nachricht.

Hey Engel, wir fahren gleich zum Studio. Ich hoffe, bei euch ist alles in bester Ordnung. Ich liebe dich.

Ich bekam schneller eine Antwort, als ich es erwartet hatte.

Ich vertraue dir.

Ich las die drei Worte mehrmals. Sie ahnte etwas. Gab es so etwas, dass man in einer Beziehung die Gedanken des Partners irgendwann hören oder fühlen konnte? Ich schaltete meinen Rechner aus und wartete am Fahrstuhl auf Sam.

„Schön, dass du da bist. Komm gleich einmal mit nach hinten durch." Lara lächelte mich strahlend an und Sam beobachtete jede einzelne Bewegung von ihr. Mein Bauch kribbelte wie verrückt und ich ging in den Raum, wo ich schon vor einer Woche gesessen hatte. Ich zog meinen Blazer und mein Hemd aus, damit Lara, die mich erwartungsvoll ansah, mein Tattoo begutachten konnte.

„Im Anzug siehst du unglaublich sexy aus", flüsterte sie mir zu.

Ich grinste verlegen, als sie sich den Hocker nahm und zu mir herüberrollte. Ich sah ihr dabei zu, wie sie kritisch ihr Werk begutachtete. Sie drehte und wendete meinen Arm, rutschte mit dem Hocker hin und her und sah dann zu mir hoch. „Hat deine Freundin dir einen Aufpasser an die Seite gestellt?“, fragte sie spöttisch. Sie kam näher und ich konnte ihren Atem auf meiner Haut spüren.

„Er ist mein bester Freund und weiß, im Gegensatz zu meiner Freundin, alles, was beim Tätowieren in der vergangenen Woche vorgefallen ist“, platzte es aus mir heraus. Ich zog sie an mich und drückte ihr einen Kuss auf die Lippen. Ihre Nähe machte mich wahnsinnig und – zugegeben–, für diesen einen Moment warf ich alle meine Prioritäten über Bord. Jetzt oder nie war die Devise. Mir war in dem Moment auch vollkommen egal, dass Sam jederzeit hineinplatzen konnte und er mich hier wahrscheinlich sofort hinauszerren würde.

Lara erwiderte meinen Kuss, und als ich mich von ihr löste, sah sie mich mit weit aufgerissenen Augen an. „Warum machst du das? Du hast doch deine Alice, die dir mehr bieten kann, als ich, die nur eine Tätowiererin ist“, fragte sie stotternd. Sie war auf einmal voller Unsicherheit, die sie im ganzen Raum versprühte.

„Ich kann seit einer Woche nicht mehr schlafen, ohne von dir zu träumen“, flüsterte ich und sah auf mein Tattoo herab. „

Du kannst dich nicht in mich verlieben, das geht einfach nicht.“

Ich stand auf und zog sie wieder an mich. „Ich kann nichts dafür, dass meine Gefühle verrückt spielen“, rechtfertigte ich mich.

Sie biss sich auf die Lippe und mein Unterleib zog sich zusammen. „Ich will keine Beziehung.“

„Ich auch nicht. Ich will aber dich, und wenn es nur für eine Nacht ist“, flüsterte ich ihr zu, bevor sie mich küsste.

Ich war überrascht, dass sie so gut küssen konnte und von der Tatsache, dass sie wohl mit mir schlafen wollte. Das kam alles so spontan in meinem Kopf, dass ich fast einen Rückzieher gemacht hätte, aber meine Neugier war einfach viel zu groß. Ich löste mich von ihr und verstand erst jetzt, dass sie die ganze Zeit nicht mehr gewollt hatte als Sex. Irgendwie war ich froh darüber.

Sie atmete tief durch und rieb mein Tattoo mit Melkfett ein. „Es ist perfekt“, schmunzelte sie und küsste meine Wange.

Mein Gewissen schäumte vor Wut, aber was sprach dagegen? „Komm heute Abend um 23 Uhr in die Jahnstraße 13. Ruf mich an, wenn du da bist.“

Sie sah mich fragend an, verstand dann aber wohl, was ich damit sagen wollte. „Ich freue mich darauf. Soll ich etwas mitbringen?“, wollte sie wissen. Ich schüttelte den Kopf und zog mich wieder an. Sam sah mich an, als ich die Tür öffnete und zog mich aus dem Studio. Ich rief noch ein „Ciao“ über die Schulter und verschwand in einem Taxi, das er bestellt hatte. Ich schluckte kurz und stieg ein.

Seit dem Vorfall mit Alice' Vater war ich nicht mehr Taxi gefahren. Unruhig rutschte ich auf meinem Sitz hin und her und hoffte, dass wir bald Zuhause waren.

„Alles okay? Kannst du jetzt damit abschließen und deiner Frau wieder treu sein?“, knurrte Sam mich an. Seine Augen funkelten bedrohlich, was ich nicht von ihm kannte.

Ich nickte kurz und war froh, als wir in die Straße einbogen, in der meine Mutter wohnte. Sam blieb sitzen und verabschiedete sich von mir. Ich stieg aus und wartete, bis das Taxi weg war, um mich dann auf den Weg zu der Wohnung von Alice und mir zu machen. Während ich durch die dunklen Straßen lief, schrieb ich Alice eine Nachricht.

*Sie musste nichts nachstechen und es heilt hervorragend ab. Ich bin total müde, werde schnell was essen und dann ins Bett gehen. Morgen haben wir uns wieder :**

Ich bog in die Jahnstraße ein und bekam eine Antwort von meiner Verlobten.

*Ich bin so froh, wenn ich wieder bei dir bin und deine Nähe spüren kann. Freut mich, dass sie nichts ausbessern musste. Ruh dich aus, wir sehen uns morgen. Träum was Schönes. Ich liebe dich :**

Ich leerte den Briefkasten, in dem nur Werbung war. Dann ging ich hoch in unsere Wohnung und in meinem Kopf entstanden die wildesten Sexfantasien, die man nur haben konnte. Ich schaltete das Licht im Wohnzimmer ein und überlegte, was ich mit Lara anstellen könnte. Es ging ja nicht um einen DVD-Abend, sondern ausschließlich um Sex. Ich räumte etwas auf und machte mir eine Kleinigkeit zu essen.

Ehe ich mich versah, war es 23 Uhr und mein Handy klingelte. Ich drückte den Türöffner und murmelte ihr die Etagennummer zu. Als sie vor mir stand, lächelte sie mich an und küsste mich leidenschaftlich. Ich schlug die Tür zu und streifte ihr den Mantel ab.

„Du bist eine von der ganz schnellen Sorte, oder?“, murmelte ich ihr zu und musterte sie kurz. Sie trug ein verboten kurzes Cocktailkleid, das gerade so ihren Po bedeckte und meine Fantasie übersprudeln ließ. Ihre schlanke Figur wurde noch mehr betont, als sonst schon. Ich hing ihren Mantel weg und führte sie ins Wohnzimmer.

„Ich habe leider nur Wasser hier“, entschuldigte ich mich, doch sie hörte nicht zu. Sie zog mir den Blazer aus und küsste meinen Hals.

„Dieses Warten hat mich verrückt gemacht. Ich liebe deinen Körper“, wisperte sie in mein Ohr, während ihre Hände mein Hemd aufknöpften. Sie schob diese zu meinen Brüsten und streichelte sie. „Habe ich also doch richtig gesehen, als du vorhin im Laden warst“, lachte sie leise, als sie meine Piercings berührte.

Ihre Berührungen erregten mich ungemein. Ich griff zum Verschluss ihres Kleides und öffnete ihn. Mir fiel die Kinnlade runter, als das kleine Stück Stoff zu Boden fiel. Sie trug keine Unterwäsche. Mein Gewissen zerrte an mir und versuchte, mich zu bremsen, doch es gelang ihm nicht. Ich betrachtete Lara eingehend und versuchte, die ganzen Tattoos zu zählen, die ihren Körper bedeckten, doch es waren einfach zu viele. Ich zog mein Hemd aus und begann sie zärtlich zu küssen. Sie stöhnte leise auf, als ich sie hochhob, um sie auf den Esstisch zu setzen. Sie schreckte kurz zusammen und bibberte einen Augenblick, bevor sie sich mir voll und ganz hingab. „Hör nicht auf“, flehte sie, als ich zwischen ihren Beinen verschwand und sie stöhnend den Kopf in den Nacken legte.

Lara legte sich – nachdem sie duschen war – noch neben mich. Als ich aufwachte, war es sechs Uhr und die Bettseite neben mir war leer. Ich stand langsam auf und machte mich fürs Büro fertig. Als ich auf dem Sofa saß und müde das Müsli in mich hineinschaufelte, realisierte ich erst, dass ich am Abend zuvor den größten Fehler meines Lebens gemacht hatte. Ich ließ den Löffel klirrend in die Schüssel fallen und brach in Tränen aus. Warum hatte ich das getan? Ich hatte doch eine tolle Frau an meiner Seite, die mir alles gab, was ich brauchte! Und ich war so egoistisch und schlief mit einer anderen Frau, die mir jetzt im Nachhinein absolut nichts bedeutete. Und das Ganze nur, um zu wissen, wie es war, mit einer anderen Frau zu schlafen. Es war einfach nur Sex gewesen, ohne jegliche emotionale Bindung, auch wenn ich ständig das Kribbeln im Bauch gehabt hatte, wenn ich nur an Lara dachte.

So sehr es mich auffraß, es war alles nur ein Schwärmen gewesen, was völlig ausgeufert war. Ich wusste nicht, ob ich Alice so überhaupt unter die Augen treten konnte. Mein Handy klingelte und ich las die Nachrichten, die von Lara und Alice waren. Lara hatte sich für die schöne Nacht bedankt und wünschte keinen weiteren Kontakt mit mir. Am liebsten hätte ich sie durchs Telefon gezogen und sie angeschrien, aber es hätte sowieso nichts gebracht. Ich konnte nicht rückgängig machen, was passiert war, zumal die Initiative auch von mir ausgegangen war. Mein Gewissen plagte mich, ich löschte ihre Nachricht und öffnete die von Alice.

*Guten Morgen Liebling, Marco meinte, du warst die Nacht nicht da. Ist alles in Ordnung? :**

Oh nein, das hatte ich vollkommen vergessen. Ich betete, dass er keinen Unsinn angestellt hatte und die Wohnung noch ganz war.

Hey mein Engel, ich bin nach der Arbeit zu uns gefahren und habe die ganze Nacht mit deiner Decke gekuschelt. Du hast mir so schrecklich gefehlt. Ich hoffe, du hast dir keine Sorgen gemacht. : Wann kommt euer Flug aus Frankfurt an? Ich habe dir ja versprochen, dich abzuholen. Ich liebe dich.*

Ich sendete die Nachricht ab und kippte den Rest Müsli, den ich absolut nicht mehr hinunterbekam, in die Toilette. Dann nahm ich mein Handy wieder und sah noch einmal nach, ob Alice geantwortet hatte. Sie hatte mir die Ankunftsdaten des Fluges geschickt und ich plante schon mal, wann ich Feierabend machen musste, um sie mit Martin abzuholen. Kurz danach machte ich mich auf dem Weg zur Arbeit und trabte gedankenverloren ins Büro.

Sam war bereits da und musterte mich. „Du siehst echt mies aus. Ist alles in Ordnung?“, fragte er besorgt, doch ich antwortete ihm nicht. Ich startete meinen Computer und holte mir einen Kaffee. Ich war immer noch fassungslos, wie ich nur so dumm sein und meine Freundin betrügen konnte. Mein Gewissen biss mich und hielt mir eine Standpauke nach der anderen. Alice würde merken, dass etwas nicht stimmte und dann wäre ich gezwungen, ihr alles zu erzählen.

Herr Bachmann begrüßte mich überschwänglich und erzählte mir den neusten Klatsch und Tratsch, doch ich schenkte ihm keine Aufmerksamkeit. Ich entschuldigte mich höflich und schleppte mich zurück ins Büro.

Sam und ich schwiegen uns den ganzen Tag an. Würde ich ihm sagen, dass ich mit Lara geschlafen hatte, könnte ich mir auch gleich mein eigenes Grab schaufeln. Ich machte zwei Stunden früher Feierabend als sonst und umarmte ihn zum Abschied.

„Grüß die beiden von mir, ja?“, bat er mich mit einem gezwungenen Lächeln.

Ich nickte kurz, nahm meinen Mantel und ging zum Fahrstuhl.

„Sarah, du siehst ja gar nicht gut aus, bedrückt dich etwas? Du holst doch immerhin deine Verlobte vom Flughafen ab. Das ist doch eher ein Grund zur Freude.“ Frau Ritter sah mich misstrauisch an.

„Geschwätziges Weib, du wolltest doch nur wissen, was mit mir nicht stimmt, damit du wieder etwas zum Tratschen hast“, ging es mir durch den Kopf. Laut sagte ich: „Ich habe nicht gut geschlafen, ansonsten geht es mir gut“, und stieg in den Fahrstuhl, dessen Türen sich gerade öffneten.

Martin fuhr auf die Autobahn und sah mich besorgt an. „Mensch Sarah, hast du die Nacht überhaupt geschlafen? Deine Augenringe sind ja pechschwarz.“ Er versuchte die ganze Zeit, herauszubekommen, was mich bedrückte, doch ich wich seinen Fragen aus.

Ich fühlte mich so schäbig, obwohl ich mich auf Alice' Heimkehr so sehr freute. Sie hatte bisher nicht gesagt, ob sie den Kunden an Land ziehen konnten oder nicht. Ich lehnte meinen Kopf ans Fenster und beobachtete, wie wir unter Brücken hindurchfuhren, bis wir endlich am Flughafen waren. „Ich will für Alice noch Blumen kaufen“, warf ich ein und Martin tippte sich mit dem Finger ans Kinn. „Gute Idee, ich werde auch noch einen Strauß für Senta kaufen“, antwortete er schließlich.

Ich stand am Arrival-Terminal und wartete ungeduldig, dass Alice endlich mit ihrem Koffer durch die Tür kommen würde. Dutzende Menschen strömten heraus, einige in Anzügen und telefonierend, andere fielen ihren Verwandten in die Arme und herzten sich ausgiebig. Ich drehte nervös den Strauß Rosen hin und her, als Alice endlich durch die Tür kam und mich mit ihren Blicken suchte. Als sie mich sah, lief sie zu mir und zog ihren Koffer klappernd hinter sich her. Sie sprang in meine Arme und presste ihre Lippen auf meine.

Ich saugte ihre Küsse auf und drückte sie an mich. „Mein Engel, endlich habe ich dich wieder“, flüsterte ich und schloss die Augen. Sie duftete nach meinem Lieblingsparfüm.

„Du hast mir so gefehlt, mein Liebling. Ich bin so froh, dass du mich abholst.“

Ich öffnete die Augen und Alice lächelte mich strahlend an. „Engel, ich habe Mist gebaut und mein Gewissen macht mich irre“, schoss es mir durch den Kopf. Was hatte ich nur angestellt und wie konnte ich sie nur küssen, obwohl meine Lippen letzte Nacht noch an Laras hingen?

„Warum weinst du denn?“, fragte Alice und wischte meine Tränen, die ich nicht bemerkt hatte, weg.

„Ich bin einfach nur glücklich, dich wieder in meinen Armen zu halten. Die Tage ohne dich waren für mich die reinste Hölle." Mein Gewissen trat mich und explodierte fast vor Wut. Ich setzte Alice ab und gab ihr den Strauß Rosen.

„Du bist so süß. Danke", bedankte sie sich und küsste mich.

Ich umarmte Mutti, die endlich aufgehört hatte, Martin zu knutschen, und nahm Alice' Koffer. Hand in Hand gingen wir zum Auto und verstauten die Koffer.

„Habt ihr eigentlich jetzt das Geschäft eures Lebens machen können?" Ich sah Mutti fragend an, als wir uns in den Verkehr einfädelten. Alice seufzte und Mutti erzählte uns, dass sie die andere Firma nicht hatten überzeugen können.

„Wir haben uns aber eine schöne Zeit gemacht und ich habe Alice die Stadt gezeigt. Sie wurde ständig von irgendwelchen Männern angegraben, als wir in einer Bar waren, ich habe sie allesamt verscheucht. Das wird meine Schwiegertochter!", lachte Mutti und lächelte mir durch den Rückspiegel zu.

Alice drückte meine Hand und küsste meine Wange. „Kein Mann oder keine Frau kann mich so sehr lieben, wie du. Danke noch einmal für die Rosen, mein Schatz, die sind wunderschön." Sie sah auf den Strauß, den sie in der Hand hielt, hinab und lächelte glücklich.

Alice stand unter der Dusche und ich lag bereits im Bett, völlig erschöpft von meinen unzähligen Gewissensbissen. Sie hatte für uns Sushi bestellt und erzählte mir alles von der Geschäftsreise. Ich hörte ihr zu, obwohl ich mich unglaublich schlecht fühlte, hier mit ihr zu sitzen, als wäre nichts passiert.

„Liebling, was ist los mit dir? Du bist total komisch, bedrückt dich irgendwas?" Sie riss mich aus meinen Gedanken und ich sah sie verdutzt an.

„Nein, alles gut, ich bin nur müde. Die letzte Nacht hat mir zu schaffen gemacht", wich ich ihr aus und griff mir unbeholfen an die Nase.

Alice zog eine Augenbraue hoch, beendete aber die Unterhaltung, indem sie den Tisch abräumte. Hier, wo wir gerade gegessen hatten, hatte ich Sex mit Lara. Ich fühlte mich eklig und schüttelte mich etwas.

Kapitel 9

Später im Bett streichelte sie mich und überhäufte meinen Oberkörper mit Küssen. „Ich bin so froh, dich wieder schmecken zu können", flüsterte Alice mir zu. Ich lag einfach nur da und starrte die Decke an.

„Ich habe einen Fehler gemacht."

Abrupt hörte sie auf, mich zu küssen, und sah mich fragend an. „Was meinst du?" Ihre Blicke fixierten mich und ich holte tief Luft. Sie stand langsam auf und sagte nichts. „Nein. Das hast du nicht wirklich getan, oder?" Ihre Stimme war voller Enttäuschung, ihre Augen glühten vor Zorn.

Ich brach in Tränen aus und sah sie nur an.

„Hast du mit ihr geschlafen?", flüsterte sie mit bebender Stimme.

Ich biss mir auf die Lippe und war starr vor Angst. Ihre Worte hallten in meinem Kopf nach. Die Tränen rollten über meine Wangen, die sie vorhin noch geküsst hatte.

Alice ging am Fußende auf und ab und nuschelte etwas Unverständliches. „Sarah, hast du diese verdammte Tätowiererin gefickt?!", kreischte sie plötzlich so laut, dass ich zusammenzuckte.

Ich nickte schluchzend, rollte mich auf den Bauch und heulte in mein Kissen. Mein Herz tat weh und wollte in unzählige Teile zerspringen. Ich kauerte mich zusammen und wusste, ich hatte den größten Fehler meines Lebens gemacht. „Ich wollte dir niemals wehtun, das musst du mir glauben", presste ich heraus.

„Ich habe dir vertraut!" Alice Stimme war von Tränen erstickt und ich sah langsam zu ihr herüber. Sie stand immer noch am Fußende, doch ihr Körper war vollkommen erschlafft. Ihre Arme baumelten träge herunter und ihre Augen waren feuerrot. Ihr hing eine Strähne im Gesicht. Ihr ganzer Körper spiegelte das Entsetzen und die Enttäuschung in ihr wider.

Ich setzte mich auf und wollte ihre Hand nehmen, doch sie zog sie weg. „Ich habe dir gesagt, dass sie dich will. Und dir fällt nichts Besseres ein, als du wolltest mir nicht wehtun, hast dich aber mit ihr vergnügt? Wo habt ihr es getrieben? Hier?" Sie zeigte auf das Bett, in dem ich saß.

Wieder nickte ich stumm, meine Unterlippe zitterte ununterbrochen.

„Bitte geh. Ich will dich nicht mehr sehen."

Ich hatte in den ganzen Jahren, in denen ich nun schon bei ihr war, noch nie so viel Abneigung und Ekel in ihren Augen gesehen. Ich raffte mich langsam auf und ging zu ihr. „Bitte lass es mich erklären. Bitte", jammerte ich, doch sie wich vor mir zurück.

„Ich weiß nicht, was man da noch erklären soll."

„Alice, bitte, ich wollte wissen, wie es ist, mit einer anderen Frau zu schlafen. Und es war der größte Fehler meines Lebens", schluchzte ich.

Alice lachte spöttisch. „Erwartest du jetzt etwa Applaus von mir? Super Sarah, du hast mich mit diesem Miststück betrogen und weißt nun endlich, wie es ist, mit einer anderen Frau herumzuvögeln. Super gemacht! Soll ich dir noch freudestrahlend in die Arme springen? Wie konnte ich mich nur so in dir täuschen." Ihre Blicke waren vernichtend.

Mein Herz zerplatzte wie eine Seifenblase.

Alice zog sich an und ging zur Tür. „Wenn ich wiederkomme, bist du hier verschwunden. Ich will dich nicht mehr sehen", zischte sie mir zu. Noch bevor ich fragen konnte, wo sie hinwolle, war sie verschwunden. Ich lief ins Wohnzimmer zum Fenster. Sie parkte aus und raste davon. Ich ließ mich aufs Sofa fallen und weinte mir die Augen aus dem Kopf. Ich hatte die Liebe meines Lebens verloren.

„Du hast was gemacht?!"

In meiner Verzweiflung hatte ich Sam angerufen und ihm gebeichtet, was passiert war. „Ich kann es nicht rückgängig machen und ich weiß gerade nicht, was ich tun soll, ich war noch nie so verzweifelt wie jetzt", wimmerte ich ins Handy. Ich lag auf den kalten Fliesen im Bad, um Herr meiner Sinne zu werden.

„Sarah, ich bin maßlos enttäuscht von dir. Ich hatte dir gesagt, die Frau ist nicht ganz ordentlich im Kopf. Mädel, was machst du nur für Unsinn?" Er seufzte mir ins Ohr und ich wusste nicht, was ich darauf antworten sollte. Er hatte nun mal recht. „Du kannst erst mal bei uns auf dem Sofa schlafen, wenn du magst."

Ich brach wieder in Tränen aus und wimmerte ihm ein „Danke" ins Telefon. Er legte auf und ich versuchte, mich aufzurichten. Ich zog mich am Waschbecken hoch und klatschte mir kaltes Wasser ins Gesicht.

Mein Handy vibrierte. Lara hatte mir geschrieben. Ich öffnete die Nachricht und las diese langsam.

Deine zuckersüße Alice kam gerade in mein Studio und hat einen Aufstand gemacht, dass wir Sex hatten. Die Hälfte meiner Einrichtung ist hinüber. Streich mich aus deinem Leben!

Ich warf mein Handy gegen die Wand und schrie mir die Seele aus dem Leib. Ich war wütend, verzweifelt und fassungslos. Was hatte ich mir bei der Aktion nur gedacht?

Wenige Augenblicke später kam Alice zur Tür herein. Sie sah mich wütend an und knallte die Tür zu. „Eigentlich hatte ich es geahnt, dass du nicht gehen würdest. Sarah, bitte geh. Ich will dich nicht sehen!"

„Ich pack meine Tasche und verschwinde dann." Zu meiner Überraschung war meine Stimme recht ruhig. Ich ging ins Schlafzimmer, zog mich an, packte mir ein paar Klamotten ein und zog mir meinen Mantel über.

Alice stand die ganze Zeit in der Tür und würdigte mich nicht eines Blickes. Diese kühle Art kannte ich nicht. Ich legte meine Hand auf die Türklinke und sah sie noch mal an.

„Ist das das Ende?", fragte ich leise.

Alice biss sich auf die Lippe und hauchte mir nur ein „Geh" entgegen.

Ich verließ die Wohnung und zog die Tür hinter mir zu. Ich hörte, wie sie in Tränen ausbrach und weinte.

„Was habe ich getan, dass du mir so etwas antust?", schrie sie.

In meinem Hals bildete sich ein gewaltiger Kloß, den ich nicht herunterschlucken konnte. Ich rannte die Treppen hinunter und ging heulend zu Sam und Tim.

Kapitel 10

Sam öffnete mir die Tür und sah mich vorwurfsvoll an. Ich nuschelte ihm ein „Hallo“ zu, stellte meine Tasche ab und zog meinen Mantel aus. Als ich in das Wohnzimmer ging, holte Sam mir einen Tee, den ich mit zitternden Händen dankend entgegennahm. Tim schwieg mich an und ging wenig später ins Schlafzimmer.

„Er ist wütend auf dich.“ Sam sah mich an und in seinen Augen konnte ich so etwas wie Mitgefühl sehen.

Ich biss mir auf die Lippe und wieder plagte mich mein Gewissen. Ich wollte nicht, dass Sam und Tim sich meinetwegen in die Wolle bekamen. So erzählte ich Sam alles, was mein Herz bedrückte, und trank meinen Tee, während er mir aufmerksam zuhörte. Als ich endlich mein Herz ausgeschüttet hatte, seufzte er und rieb sich die Stirn.

„Ich verstehe immer noch nicht, was du an dieser Lara findest. Sie hat dich doch letzten Endes nur benutzt, um ihre Lust zu stillen und sich eine weitere Kerbe ins Holz zu schlagen. Hätte ich vorher gewusst, dass du genau in dieses Studio gehst, hätte ich dich gewarnt. So einen Mist hat sie schon bei mehreren abgezogen. Erinnerst du dich an Chrisy, die in Alice' Klasse war? Bei der hat sie genau das Gleiche gemacht. Danach war Chrisy zwar um ein Tattoo reicher, aber ihre Freundin war sie los. Warum seid ihr nicht zu Wolf gegangen? Ich hoffe für dich, dass Alice dir irgendwann verzeihen kann. Gib ihr Zeit, so etwas kann man nicht von heute auf morgen verarbeiten.“

Ich sah ihn entsetzt an und suchte nach Worten. So eine war Lara also. Sie nahm sich das, was sie brauchte, und verschwand wieder, egal ob die Person in einer Beziehung war oder nicht. Ich ballte die Hände zu Fäusten und stand auf.

„Sarah, nein. Du wirst jetzt nicht zu Lara gehen“, ermahnte mich Sam und zog mich zurück aufs Sofa.

Nach so vielen Jahren Freundschaft konnte er wohl meine Gedanken lesen. Mutlos ließ ich mich wieder ins Sofa fallen. „Was habe ich Alice nur angetan? Ich werde sie verlieren“, wimmerte ich, als Sam mich in den Arm nahm.

„Sie liebt dich mehr, als alles andere.“

„Sie hat mich rausgeschmissen, Sam. Wenn meine Mutter das erfährt, werde ich auch noch enterbt, schlimmer noch, von der Familie verstoßen, nur weil ich so einen Bockmist verzapft habe", jammerte ich in seine Schulter.

Er tätschelte meinen Rücken und seufzte leise. „Nun mach mal halblang. Ich hol dir eine Decke und ein Kissen, du brauchst Schlaf."

Ich zog mich um und legte mich aufs Sofa. Immer wieder sah ich auf mein Handy, in der Hoffnung, Alice würde mir schreiben, doch es passierte nichts. Ich rollte mich ein und schloss die Augen. Vor meinem inneren Auge sah ich immer wieder Alice, die verzweifelt vor mir stand und weinte. Ich versuchte, mich zu entspannen, und verdrängte die Geschehnisse des heutigen Abends, um wenigstens ein wenig Schlaf zu bekommen.

Doch immer wieder schreckte ich hoch und rief nach Alice. Verwirrt sah ich mich um und ließ mich zurück ins Kissen fallen. Meine Augen brannten wie Feuer und mein Hals fühlte sich an, als hätte ich eine Drahtbürste verschluckt. Ich wimmerte leise ins Kissen und schmeckte meine salzigen Tränen. „Ich will dich nicht verlieren, ich liebe dich doch, Alice", flüsterte ich in die Nacht.

Sam weckte mich am nächsten Morgen. „Sarah, du musst aufstehen, sonst kommen wir zu spät", murmelte er mir ins Ohr.

Ich drehte mich zu ihm und er sah mich erschrocken an. Offensichtlich sah ich katastrophal aus.

„Die Dusche ist frei, Tim fährt uns nachher zur Arbeit."

Ich nickte und rieb mir die Augen. Die Nacht über hatte ich kaum geschlafen und fühlte mich schrecklich. Ich schleppte mich ins Badezimmer, zog meinen Pyjama aus, stellte mich unter die Dusche und drehte das Wasser kalt auf. Einige Minuten stand ich unter dem Strahl, ohne mich zu regen. Meine Knie schlotterten, doch ich nahm die Kälte nicht wahr. Ich fühlte mich leer. Mein Gewissen saß im Schaukelstuhl und beobachtete mich ausdruckslos, als wolle es mir sagen, dass ich an meiner Misere ja selbst schuld war. Ich seifte mich ein und versuchte, mich zu beeilen. In gut einer Stunde würde ich Alice wiedersehen. Mein Herz zerschellte bei diesem Gedanken.

Nachdem Tim uns zur Arbeit gefahren hatte – und immer noch nicht mit mir sprach –, fühlte ich mich noch schlechter als ohnehin schon. Alice war seine beste Freundin und er würde sie zu jedem Zeitpunkt in Schutz nehmen und behüten.

Es tat mir leid, dass Sam so zwischen den Stühlen stand, und ich beschloss, mir für die nächste Nacht eine andere Bleibe zu suchen. Ich ging in unser Büro und schaltete den Computer ein, während ich meinen Mantel ablegte. Mein Magen knurrte, ich hatte nicht gefrühstückt und auch keinen wirklichen Hunger.

Wenig später riss meine Mutter die Tür auf und sah mich an. „In mein Büro. Sofort", zischte sie mich an und verließ augenblicklich wieder den Raum. Ich seufzte.

„Jetzt werde ich enterbt", schmunzelte ich sarkastisch.

Sam verdrehte die Augen. „Halt mal den Ball flach. Sie braucht ihre Buchhalter", entgegnete er.

Ich ging in das Geschäftsführerbüro und sah ganz kurz Alice, wie sie im Kopierraum etwas suchte. Man hätte mir auch ein heißes Messer ins Herz bohren können, es wäre erträglicher gewesen, als die Frau zu sehen, die ich kürzlich betrogen hatte. Alice sah mich nicht an und Mutti zog mich ins Büro.

„Hinsetzen", keifte sie und knallte die Tür zu. Sie drehte die Jalousien zu und ich ließ mich auf einen Stuhl fallen. „Was habe ich nur bei deiner Erziehung falsch gemacht? Wie konntest du ihr das nur antun?" Sie schäumte vor Wut und sah mich umso wütender an.

Alice hatte es also gleich meiner Mutter erzählt. Verstehen konnte ich es nicht, aber sie hatten ja von Anfang an ein gutes Verhältnis zu ihr.

„Alice ist fix und fertig und du bist daran schuld! Du hast sie mit irgendeiner dahergelaufenen Tätowiererin betrogen. Ich war noch nie so enttäuscht von dir", warf sie mir vor.

Ich sah sie mit leerem Blick an. Ich wusste, dass so etwas kommen würde, aber dass es gleich am nächsten Tag so kommen musste, hatte ich nicht erwartet. Wenn Alice und ich Probleme hatten, versuchten wir stets, diese alleine zu lösen, ohne dass jemand sich einmischte.

„Dann hat sie dir also schon alles erzählt." Meine Stimme war monoton, beinahe schon kühl.

Muttis Augen verengten sich zu Schlitzen. „Sarah, du hast vermutlich den größten Fehler deines Lebens begangen. Alice trägt ihren Verlobungsring nicht mehr."

Diese Information traf mich wie ein Schlag. Entsetzt sah ich zu meiner Mutter herüber. Panik machte sich in mir breit. „Mutti, ich will sie nicht verlieren. Ich kann es doch nicht mehr rückgängig machen." Meine Panik wechselte sich mit der Verzweiflung ab und wieder brach ich in Tränen aus.

Mutti gab mir ein Taschentuch und ihr Gesichtsausdruck wurde weicher. „Das hättest du dir früher überlegen sollen. Was soll's. Ich bin sehr enttäuscht von dir, ich dachte, du wärst reifer. Ich hoffe für dich, dass deine Arbeitsweise nicht darunter leiden wird. So eine Frau wie Alice wirst du kein zweites Mal finden." Besorgt sah sie mich an und ich versuchte, mich zu sammeln.

„Kann ich gehen?", fragte ich sie flehend und sah zur Tür.

„Ja", antwortete sie frostig und wandte ihren Blick zum Monitor.

Als ich mich im Flur kurz sammelte, stand Alice plötzlich vor mir. Sie sah erschöpft aus und hielt ein Stapel Formulare in der Hand. Ich streckte langsam meine Hand zu ihr aus, um ihre Wange zu streicheln, doch sie wich mir aus.

„Ich will das nicht", murmelte sie mir zu, ohne mich anzusehen.

Trübselig ließ ich meine Hand sinken und kämpfte mit den Tränen. „Es tut mir so leid, Engel", flüsterte ich.

„Ich bin nicht mehr dein Engel. Wir sind Kollegen. Mehr nicht." Mit gesenktem Kopf schoss sie an mir vorbei und ich sah ihr niedergeschlagen nach.

„Habt ihr Streit?", fragte Frau Ritter neugierig, die gerade aus dem Archiv kam, doch ich antwortete ihr nicht, ging in mein Büro und schlug die Tür zu.

Sam hatte bereits die Jalousien zugedreht und sah mich besorgt an. „Hast du Alice gesehen? Sie sieht echt fertig aus. Sie trägt noch nicht mal mehr euren Ring", sprudelte es aus ihm heraus.

Ich biss mir auf die Lippe und ließ mich in meinen Stuhl fallen. „Sie hat noch nicht mit mir Schluss gemacht, noch ist nicht aller Tage Abend", seufzte ich. Ich spielte mir selbst etwas vor. Sie hatte mich vor die Tür gesetzt und ignorierte mich. Deutlicher ging es doch gar nicht mehr. „Ich habe ihr eben gesagt, dass es mir leidtut und sie meinte nur, sie sei nicht mehr mein Engel und wir seien nur noch Kollegen", fügte ich schweren Herzens hinzu.

Sam kam zu mir und strich mir über die Schultern. Seine Art zu zeigen, dass noch nicht alles verloren war und er mich unterstützen würde, ließ mich wenigstens ganz kurz schmunzeln. „Kämpfe um sie, wenn du sie liebst. Ansonsten wirst du sie wohl verlieren."

Ich sah zu ihm auf. Er lächelte mich an und ich fühlte mich davon motiviert. Ich musste etwas tun, um Alice wieder für mich zu gewinnen.

Als wir in der Mittagspause in die Cafeteria gingen, sah ich Alice, die angeregt mit Herrn Bachmann sprach. Er streichelte ihr über die Wange und umarmte sie.

„Lass dich davon nicht unterkriegen, Alice. Die wissen doch gar nicht, wie gut du dich um sie gekümmert hättest", tröstete er sie.

„Ich kann mich ja um dich kümmern, Sascha", lächelte sie und er wurde ganz rot.

Ich presste meine Lippen aufeinander und wollte losstürmen, um diesen Schmierlappen die Leviten zu lesen, doch Sam bremste mich aus. War das jetzt Alice' Racheaktion? „Sarah, mach das nicht, deine Mutter wird ausrasten!", knurrte er mich an.

„Dieser Penner macht sich an meine Verlobte ran und ich soll ganz locker bleiben?", krächzte ich ihn an und ließ Alice und Sascha nicht aus den Augen.

„Du machst es nur schlimmer, wenn du ihm jetzt ein paar aufs Maul haust. Reiß dich gefälligst zusammen!" Sam sah mich missmutig an.

Ich seufzte resignierend. „Geht wieder, danke. Lass uns endlich etwas zu essen holen." Ich ließ es mir nicht nehmen, den Vertriebsleiter anzurempeln, als ich an ihm vorbeiging.

Sam rollte mit den Augen. „Du kannst es wirklich nicht lassen", brummte er zu mir herüber.

Ich bekam keinen Bissen herunter und beobachtete Alice, die mit Herrn Bachmann die Cafeteria verließ. „Wenn er sie anfasst, werde ich dafür sorgen, dass er aus der Firma fliegt", giftete ich in Richtung Tür.

Sam verdrehte die Augen und schob sich ein paar Kartoffeln in den Mund.

Ich brachte mein unangetastetes Mittagessen weg und kippte es in den Müll. Wütend knallte das Tablett auf den Stapel und stapfte aus der Cafeteria.

„Gut, dann hole ich dich heute Abend um acht Uhr ab", verkündete eine Stimme. Alice lächelte Herrn Bachmann an, der mich verdutzt ansah. „Oh Sarah, schön dich zu sehen. Alles gut bei dir? Du siehst müde aus." Er grinste mich an, doch seine Augen funkelten herausfordernd.

„Wenn ich dich nicht sehen würde, wie du meine Freundin anmachst, würde es mir bedeutend besser gehen", keifte ich ihn an und wollte gerade gehen, als er mich am Arm festhielt. Ich sah ihn zornig an. „Lass mich los, du Schmierlappen!", brüllte ich ihn an.

Er grinste triumphierend. Sekunden später lag er mit einer blutenden Lippe auf dem Boden. Blind vor Wut und Verzweiflung hatte ich ihm einen Faustschlag mitten ins Gesicht gegeben und sah verachtend auf ihn herab. Alice blickte mich schockiert an. Ich ging zum Fahrstuhl und hörte noch, wie Alice mir etwas nachrief. „So löst du jetzt also deine Probleme! Ich weiß nicht, wie du so sein kannst."

Ich kniff die Augen zusammen und spürte, wie diese Worte mein Herz durchstachen. Sam hechtete in den Fahrstuhl und zerrte mich dann ins Büro. „Willst du jetzt auch noch deinen Job verlieren, nachdem dich Alice rausgeschmissen hat?“, krächzte er mich entsetzt an. Er war so außer sich, dass sein Kopf knallrot geworden war.

Wenige Minuten später kam meine Mutter ins Büro und bat mich, ihr zu folgen.

Ich schreckte zusammen, als ich Alice sah, die bereits auf einem Stuhl vor Muttis Schreibtisch saß.

„Setz dich“, befahl mir Mutti und schob mich zu dem freien Stuhl neben Alice. Ich hielt ihre Nähe nicht aus. Ich rückte etwas von ihr weg, um überhaupt atmen zu können. So nah und doch so fern.

„Sind mit dir die Pferde durchgegangen?“, fragte Mutti mit einem Lächeln auf den Lippen.

„Es ist so ekelhaft, wie er jede Frau hier anbaggert. Und dann macht er sich an Alice heran, da sind mir die Sicherungen durchgebrannt. Er macht es nur, weil er Wind davon bekommen hat, dass wir ...“ Meine Stimme versagte. Beschissener konnte der Tag eigentlich nicht laufen.

„Glaubst du nicht, dass Alice das auch alleine entscheiden kann?“, fragte meine Mutter und nickte zu Alice herüber, die ins Leere starrte.

„Er würde sie sowieso nur flachlegen wollen!“, giftete ich sie an, doch Alice ergriff das Wort.

„Sorry, Sarah, aber ich bin da nicht so wie du und lasse mich von dem Nächstbesten bespringen“, warf sie kühl ein. Sie sah mich nicht an, sondern auf ihre Hände hinunter.

Das Stechen in meiner Brust gab mir den Rest. Ich hatte sie wirklich verloren. Mutti knallte ihre Faust auf den Tisch. Wir schreckten zusammen. „Verdammt noch einmal, Mädels! Jetzt reißt euch mal zusammen! Klärt das andere außerhalb der Arbeitszeiten und seid endlich wieder professionell, sonst bekommt ihr beide eine Abmahnung!“ Sie atmete durch und strich sich die Haare aus dem geröteten Gesicht.

Ich schluckte und war fassungslos. Noch nie hatte meine Mutter mich so angeschrien wie eben.

„Alice, du darfst gehen. Sarah, du bleibst bitte noch.“

Alice sprang wie von der Tarantel gestochen auf und verließ das Büro.

Ich sah meine Mutter an, die sich langsam wieder beruhigt hatte, und erwartete eine Standpauke. „Kind, ich liebe dich von ganzem Herzen und es tut mir wirklich leid, aber ich muss dich bitten, das hier zu unterschreiben.“ Sie schob mir ein Formular für Disziplinargespräche rüber.

Ich las es durch und sah sie ungläubig an. Das konnte nicht ihr Ernst sein. „Du beurlaubst mich für eine Woche? Unbezahlt? Ich habe dieser Pfeife nur einen Faustschlag verpasst und nicht den Arm gebrochen!“, beschwerte ich mich lauthals.

Mutti sah mich mit ernster Miene an. „Ich kann es halt nicht ungesühnt lassen, sonst hetzt er mir die gesamte Belegschaft auf den Hals“, rechtfertigte sie sich.

„Darf ich erst mal wieder in mein altes Zimmer ziehen? Ich will nicht Sam und Tim zur Last fallen“, wich ich aus.

Sie nickte und ich unterschrieb das Dokument. Sie kopierte es für mich und sah mich traurig an. „Bitte mach so etwas nie wieder. Du glaubst nicht, wie sehr es mir im Herzen wehtut, das hier zu machen.“ Sie hielt die Kopie hoch und reichte sie mir dann.

Ich ging zur Tür und verharrte dort einen Augenblick. „Meinst du, ich kann Alice zurückerobern?“, fragte ich sie, ohne mich umzudrehen.

„Sie braucht Zeit. Deine Aktion von eben hat deine Chancen bestimmt nicht erhöht“, antwortete sie mir ehrlich. Ich verließ das Büro und holte meine Sachen.

„Na tolle Wurst. Mensch, Sarah, das war echt die dämlichste Aktion, die du je gemacht hast“, seufzte Sam. Er wirkte ratlos und gab mir dann seine Schlüssel. „Bring sie bitte vorbei, wenn du deine Sachen geholt hast.“ Ich nickte und zog mir meinen Mantel an. Dann ging ich zum Fahrstuhl und wartete gedankenverloren. Ich wusste nicht, was mich geritten hat, als ich den Vertriebsleiter niedergeschlagen hatte. Ich überlegte, mich zu entschuldigen, doch ich wollte hier einfach nur weg. Weg von Alice, deren Nähe ich nicht ertrug und ihre Art, und wie sie versuchte, mich eifersüchtig zu machen. Ich stieg in den Fahrstuhl ein und fuhr nach unten.

Ich stieg in den Bus und setzte mich nach ganz hinten. Draußen schneite es und ich erinnerte mich an den Waldspaziergang mit Alice. Damals hatte sie mich schon einmal gebeten, sie zu heiraten, und wir waren so überglücklich miteinander gewesen. Ich knetete meine Hände und sah auf meinen Verlobungsring runter. Ich musste um sie kämpfen. Sie war die Liebe meines Lebens.

Ich kam an der Haltestelle in der Nähe von Sams Wohnung an, rannte die Treppen hoch und schloss die Tür auf. Schnell sammelte ich meine Sachen zusammen und stopfte sie in die Tasche. Ich zog mein Handy aus der Tasche, dass durch den Ausraster von gestern Abend ein zersprungenes Display hatte und schrieb Sam eine SMS.

Kannst du heute mit Mutti heimfahren? Dann kann ich dir die Schlüssel geben. Ich ertrage es nicht, Alice ständig über den Weg zu laufen.

Ich sah mich um und verließ die Wohnung.

Ich klingelte und Marcos Stimme schnarrte aus der Gegensprechanlage. „Hallo?"

„Ich bin's, mach mal bitte auf."

Die Tür surrte und ich ging die Treppen hoch. Marco begrüßte mich an der Tür und sah mich fragend an.

„Ich erkläre es dir. Komm in die Küche." Ich legte meine Tasche in mein Zimmer und ging in die Küche, wo Marco schon auf mich wartete.

„Wieso bist du hier und warum bist du alleine?", platzte es aus ihm raus.

Als ich anfangen wollte, zu erzählen, hörte ich, wie jemand die Tür aufschloss. Martin kam herein und sah mich überrascht an. „Hallo, Martin, komm gleich mal her, dann muss ich nicht alles doppelt erzählen." Ich seufzte und erzählte Marco und Martin, warum ich hier war.

Marco lachte, als ich ihm erzählte, dass ich den Vertriebsleiter ausgeknockt hatte. „Spitze, Sarah", grinste Marco amüsiert, doch Martin sah ihn vernichtend an. Er machte sich ganz klein und sagte nichts mehr.

„Okay, Spaß beiseite. Wie doof bist du eigentlich? Alice ist eine tolle Frau und du musstest sie betrügen? Deswegen warst du auf der Fahrt zum Flughafen auch so komisch drauf. Bieg das wieder gerade, aber nicht mit Gewalt. Ich hätte dich an Sentas Stelle auch suspendiert." Martins Stimme war ruhig und bestimmend.

Ich schlürfte meinen Kaffee und überlegte, was ich tun konnte, um Alice zurückzugewinnen. „Ich will es alles geradebiegen, aber wie?", fragte ich ratlos.

Martin zuckte mit den Schultern.

„Wie wär es mit Blumen?", schlug Marco vor.

Ich klatschte breit grinsend mit ihm ab und zog mein Handy aus der Hosentasche. Blumen. Wieso war ich da nicht selbst darauf gekommen? Ich bestellte einen großen Strauß weißer Rosen und suchte eine Karte aus, die beiliegen sollte. Ich grübelte kurz, was draufstehen sollte. Nach ewigem Hin und Her entschied ich mich für etwas, was unsere Beziehung schon ewig begleitete.

Nur mit dir. Ein Leben lang.

Ich wählte den nächsten Morgen, neun Uhr, als gewünschten Lieferzeitpunkt und sendete meine Bestellung ab.

„Ich bezweifle, dass ein paar Blumen sie davon überzeugen, dich zurückzunehmen, aber es kommt auf den Versuch an.“ Martin sah mich skeptisch an, dann ging ich in mein Zimmer, um mich umzuziehen. Ich hatte einen Entschluss gefasst.

Ich ging zum Strand und ließ mir die eiskalte Luft um die Ohren pfeifen. Mir war es egal. Ich versuchte krampfhaft, einen Weg zu finden, um wieder an Alice' Seite zu sein. Ich setzte mich auf einen angeschwemmten Ast und sah auf die unruhige See, auf der sich die Wellen bedrohlich auftürmten. Mein Mantel war bereits weiß und mir war kalt. Der beißende Seewind würde bestimmt dafür sorgen, dass ich wieder spröde Lippen bekam.

Doch ich blieb und konnte endlich vergessen, wer Lara war oder eher, dass ich nur ihr Spielzeug gewesen war – und was ich angerichtet hatte. Lara sollte nie wieder auch nur die kleinste Rolle in meinem Leben spielen. Das, was sie mir eingebrockt hatte, konnte ich ihr nicht verzeihen. Sie hatte in mir eine Gier geweckt, die jetzt mein Leben zu zerstören drohte. Mein Leben mit Alice an meiner Seite.

Seufzend sah ich auf und augenblicklich stachen mir die mit Eis überzogenen Wellenbrecher ins Auge. Eine schöne Metapher meines bisherigen Daseins: Alice hatte meinen Eispanzer gesprengt und der eigentlichen Sarah das gegeben, was sie schmerzlichst vermisst hatte.

Liebe.

Zuneigung.

Geborgenheit.

Ich lächelte matt und ich machte einige Bilder von dieser kalten Winterlandschaft. Ich sah auf mein Hintergrundbild und biss mir auf die Zunge, um nicht zu weinen. „Ach, Alice, was habe ich dir bloß angetan?“, dachte ich. Ich zündete eine Zigarette an, die ich mir gekauft hatte, und nahm einen Zug. Ich fühlte mich etwas besser, als ich den Rauch ausatmete und schloss die Augen.

„Was würde ich nur alles dafür geben, wenn du bei mir wärst, Papa“, flüsterte ich in den Schneesturm.

Ich stand auf, verließ den in Schnee gehüllten Strand und nahm den nächsten Bus, der zum Friedhof fuhr.

Kapitel 11

Ich stand vor einem Grab, das mit Tannenzweigen bedeckt und einer kleinen Buchsbaumhecke umrahmt war. Ein Grabstein aus Granit stand an der Stirnseite und in weißen Lettern stand der Name meines Vaters geschrieben. Ich ging vorsichtig auf das Grab und stellte eine Kerze auf, die ich beim Friedhofsgärtner gekauft hatte. Das Anzünden gestaltete sich durch den Sturm als etwas schwierig, dennoch sah ich es als meine Pflicht als seine Tochter, die er viel zu früh alleine auf dieser Welt gelassen hatte, dies zu bewerkstelligen. Für ihn sollte immer ein Licht leuchten. Ich setzte mich auf die Tannenzweige, kaum eine Armlänge vom Grabstein entfernt. Es waren nur noch wenige Tage bis Weihnachten, Alice und ich wollten dieses Jahr ins Erzgebirge fahren und dort eine schöne Zeit verbringen. Das hatte sich ja jetzt erledigt.

„Sei nicht böse mit mir, dass ich nicht oft hier bin. Ich muss dir was zeigen." Ich zeigte dem Grabstein ein Bild von meinem Tattoo auf dem Handy. „Cool, oder? Tat verdammt weh, aber ich habe mir nichts anmerken lassen. Du weißt ja, wie ich bin, Papa. Ein Indianer kennt keinen Schmerz und Familie Fischer erst recht nicht. Na ja, die Person, die mir das gestochen hat, sie ... Ich habe mit ihr geschlafen, als Alice mit Mutti auf Geschäftsreise waren. Alice hat mich aus der Wohnung geschmissen und ich habe unseren Vertriebsleiter eine blutige Lippe geschlagen. Mutti hat mich eine Woche suspendiert und ich vorhin zum Strand gegangen, um den Kopf freizubekommen. Da war ein Treibgut, aus dem hätten wir bestimmt was Tolles gebaut, da bin ich mir absolut sicher." Ich lächelte den Grabstein an und spürte, wie die Tränen über meine Wange liefen. „Papa, ich weiß nicht, was ich da angestellt habe, als ich Alice betrogen habe. Ich liebe sie doch so sehr, nur meine verdammte Neugierde hat alles kaputt gemacht. Ich bekomme keinen Bissen runter und habe auch keine Ahnung, wie ich es überhaupt anstellen soll, dass Alice mir noch eine Chance gibt."

Ich zog eine Zigarette aus der Schachtel und zündete sie an. „Ich weiß, ich soll nicht rauchen, momentan brauche ich es aber, sonst kaue ich meine Fingernägel wieder ab und das magst du auch nicht", rechtfertigte ich mich leise. Ich lächelte den Grabstein an und nahm einen tiefen Zug. „Alice bedeutet mir alles, Papa. Ich will sie wieder und bereue so sehr, was ich getan habe. Bitte hilf mir." Ich lehnte meine Stirn an den kalten Granit und weinte bitterlich. Mir war klar, dass ich mit einem Grabstein sprach, doch ich musste es mir von der Seele reden.

Es war ja nicht das erste Mal, dass ich hier an Ort und Stelle in Tränen zerfloss. Ich schluchzte und zog mit zitternden Fingern an der Zigarette. Bei meinen Eltern lief alles immer glatt, es gab kaum Reibereien oder gar Streit. Papa und meine Mutter harmonierten einfach miteinander. „Mutti und du habt euch nie gestritten, warum bin ich denn so zu meiner Verlobten? Erklär mir das!", schrie ich den Grabstein vor mir an.

Ich vergrub mein Gesicht in meine Hände und zog die Beine an meinen Körper. Es war so bitterkalt, doch ich wollte nicht nach Hause. Kein Ort konnte mir in dem Moment mehr Trost spenden, als das Grab meines Vaters. Die Schneeflocken fielen lautlos zu Boden, auf dem ich saß. Ich wischte die Tränen weg und putzte mir die Nase. „Mann, Papa, wieso musste ich nur wieder so scheiße sein? Alice ist die perfekte Frau und ich kriege wieder nicht meinen Hals voll. Jetzt habe ich die Quittung dafür bekommen und bin total fertig mit der Welt. Wie konnte ich nur so dumm sein?!" Ich warf die Zigarette weg und zündete mir die nächste an.

Ich saß eine Weile still da und für einen kurzen Moment dachte ich, jemand wäre hinter mir. Ich drehte mich um und bemerkte einen alten Mann, der mit Kapitänsmütze und langem schwarzen Mantel einige Meter von mir entfernt stand.

„Du holst dir noch den Tod, wenn du dort auf dem gefrorenen Boden sitzt, Kind!", belehrte er mich väterlich.

„Geht schon, trotzdem danke für Ihre Fürsorge", wiegelte ich mit einem schiefen Lächeln ab und wandte mich wieder dem Grabstein zu. Das war mein vorgezogener Weihnachtstreff mit meinem Vater, den der Herr unterbrochen hatte, auch wenn er es nur gut mit mir gemeint hatte. Jedes Jahr war ich alleine hier, niemand durfte mich begleiten. Das war mein Ritual, immer wieder aufs Neue: Ich redete auf das Grab ein, berichtete von den Erlebnissen und was mich bedrückte. Wie sehr mich die ausführlichen Schilderungen auffraßen und mein Nervenkostüm Mal zu Mal dünner wurde. Das hatte mir schon ungemein geholfen, als der Prozess anfing, damals war ich bald täglich hier gewesen, um mir die Kraft zu holen, die ich brauchte, um das Ganze durchzustehen. Kräftezehrend war gar kein Ausdruck dafür, was wir dort durchgemacht hatten.

Es dämmerte bereits, als ich den Grabstein anlächelte. „Ich muss gehen, Papa. Du weißt ja, Dunkelheit und Friedhöfe sind mir ein wenig zu gruselig. Ich komme bald wieder und bis dahin hältst du hier die Stellung, okay? Ich komme mit Alice an meiner Seite wieder. Versprochen. Schlaf gut. Ich habe dich lieb." Ich gab den Grabstein einen Kuss und kam mir irgendwie blöd vor, doch es war mir egal. Papa bedeutete mir alles. Ich stand auf und schlang die Arme um meinen Körper. Es war so klirrend kalt geworden, ich vermisste die wärmende Sonne und wollte meine Alice wieder. Nichts davon würde ich sofort bekommen. Ich musste warten und geduldig sein.

Als ich zu Hause ankam, war die Hälfte der Zigaretten aufgeraucht. Ich ging langsam nach oben und schloss die Tür auf. Als ich mich auszog und eigentlich in mein Zimmer gehen wollte, rief mich Mutti zu sich in die Küche. „Du bist ja ganz kalt, wo warst du?", fragte sie besorgt und musterte mich.

„Erst war ich am Strand und danach bin ich auf den Friedhof gegangen", flüsterte ich.

„Du hast deinem Vater wieder dein Herz ausgeschüttet, hm?", lächelte sie mich an. Sie wusste neben Alice als Einzige, dass das mein Ritual war, wenn es mir schlecht ging. Mutti machte mir einen Kaffee und nahm mich im Arm. „Alice liebt dich von ganzem Herzen. Sie braucht Zeit, um das alles zu verarbeiten", flüsterte sie mir zu.

Ich lauschte ihrem Herzschlag und schloss die Augen. „Ich bin dir ja schon irgendwie dankbar, dass du mich beurlaubt hast. Ich halte Alice' Nähe und diese kühle Art, die sie an den Tag legt, nicht aus", gestand ich ihr.

„Da geht es dir ja wie ihr. Sie war total entsetzt, dass du den Bachmann umgehauen hast, so etwas hatte sie nie von dir erwartet. Sie wusste aber auch, dass du es nur gemacht hast, um sie zu beschützen. Alice ist nur so kühl und unnahbar zu dir, weil sie sich selbst schützen will." Ihre Stimme war ruhig und hallte in ihrem Brustkorb dumpf nach.

Dankbar für ihre lieben Worte sah ich zu ihr auf. „Ich gehe duschen und werde dann schlafen. Zumindest will ich es versuchen", murmelte ich und löste mich aus der Umarmung.

Muttis Blick war voller Sorge. „Wenn etwas ist, ich bin da", lächelte sie mir zu.

Ich lag im Bett und kuschelte mich in die Decke ein. Ich schloss die Augen und wieder sah ich Alice vor mir, die mich tränenüberströmt ansah. Ich zog die Decke bis zur Nasenspitze hoch und summte eine beruhigende Melodie. In mir wuchs die Panik, dass ich es nicht schaffen würde, sie zurückzuerobern. Ich zitterte am ganzen Leib, meine Beine kribbelten und meine Atmung wurde unruhig und schneller. Verzweifelt rief ich meine Mutter, die kurz danach an meinem Bett stand. Ich sah sie an, während mein Körper sich einfach nicht beruhigen wollte.

„Ich hole deine Notfallmedikamente. Versuche, ruhig zu atmen." Sie verschwand und ich hörte, wie die Wohnungstür ins Schloss fiel.

Meine Notfallmedikamente lagen bei Alice. Unser Therapeut hatte sie ihr gegeben, falls ich wieder eine Panikattacke haben würde. In meinem Kopf spielte sich ein altbekanntes Szenario ab.

Die Gerichtsverhandlung.

„Er hat die Waffe an meine Stirn gedrückt und mir mehrfach gedroht, abzudrücken."

„Ist dies jene Waffe, mit der Sie Herr Henndriks bedroht hat?" Der Richter hielt das genannte Beweisstück hoch, was ich mit einem Nicken bestätigte.

Josef protestierte im Hintergrund. „Ich hätte abdrücken sollen, als ich das getan hab!", keifte er zu mir herüber.

Ich versenkte mein Gesicht in meine Hände. Kalter Schweiß lief mir die Schläfen entlang. Ich spürte wieder den kalten Stahl auf meiner Haut, so wie fast jede Nacht in meinen Träumen. Dieses Gefühl schnürte mir die Kehle zu.

„Ich wollte nur Alice beschützen, es war mir egal, was er mit mir angestellt hätte."

„Sarah, brauchen Sie eine Pause?"

„Nein, es geht schon", keuchte ich atemlos.

All das zu wiederholen, was er mir, nein, was er uns angetan hatte, fiel mir unendlich schwer. Thea war verzweifelt und konnte nicht begreifen, warum er so etwas so jungen Menschen antat.

„Du hast unseren Glauben beschmutzt, du hast uns Gläubige in Verruf gebracht! Und ich habe mich in dem Mann, den ich damals aus Liebe geheiratet habe, verloren", rief sie aufgebracht.

So hatte ich sie nie zuvor erlebt. So aufgelöst und so voller Schmerz in der Seele. Nichts auf dieser Welt hielt sie noch bei ihm, das stand ihr ins Gesicht geschrieben.

„Danke Sarah, Sie dürfen hinten Platz nehmen. Frau Alice Henndriks, kommen Sie doch bitte nach vorne."

Und dann gingen die ganzen Fragen von vorne los. Immer wieder durchlebte ich jedes Detail, welches Alice mit bebender Stimme beschrieb. Ich brach in Tränen aus, konnte mich einfach nicht mehr beherrschen und hätte alles dafür getan, endlich aus diesem Gerichtssaal verschwinden zu können. Weg von dieser Erinnerung, weg von diesem Menschen und seiner Starrsinnigkeit, dass er Homosexuelle heilen könnte.

Es fühlte sich wie eine Ewigkeit an, bis Mutti wieder an meinem Bett stand. Sie gab mir drei Tabletten und ein Glas Wasser. Ich warf die Tabletten in meinen Mund und trank das Wasser aus, bevor ich mich wieder ins Kissen fallen ließ.

„Danke", stotterte ich und deckte mich zu.

Sie gab mir einen Kuss auf die Stirn und ging aus meinem Zimmer.

Ich hörte eine Stimme, die fragte, wie es mir gehe. Alice Stimme. „Sie hat ihre Tabletten genommen, wir müssen jetzt warten, Liebes. Geh, bevor sie merkt, dass du hier bist", hörte ich Mutti sagen.

Ich rang mit mir. Wollte Alice sehen, sie berühren, doch andererseits hielt ich ihre Nähe nicht aus. Ich schluchzte in mein Kissen und machte mich ganz klein. „Ich liebe dich, Alice", flüsterte ich ins Kissen.

Die Wohnungstür fiel ins Schloss. Sie war weg und ich war wieder allein. Allein mit mir selbst und dieser Erinnerung, ausgelöst durch eine Panikattacke.

Kapitel 12

Ich wachte erst mittags wieder auf und fühlte mich schon etwas erholter. Die Wohnung hatte ich für mich alleine, bis Marco aus der Schule kam, doch ich blieb im Bett liegen. Ich nahm mein Handy und hatte eine Nachricht von Alice. Ich erschauderte und war mir nicht sicher, ob ich sie lesen wollte. Meine Neugierde siegte schließlich und ich öffnete die Nachricht.

Ich brauche Zeit. Bitte verstehe das.

Es war ein Bild von den Rosen und der Karte angehängt, die auf ihrem Schreibtisch standen. Daneben stand das Bild von uns. Ich legte das Handy weg und rieb mir die Augen, die vom vielen Weinen geschwollen waren. Zumindest hatte sie mich nicht angeschnauzt, dass ich sie in Ruhe lassen oder aus ihrem Leben verschwinden solle. Komischerweise beruhigte mich der Gedanke und ich überlegte, was ich machen könnte.

Ich entschloss mich, Gerd zu schreiben, ob er heute Zeit hätte, und stand auf. Ich ging langsam ins Badezimmer und duschte, bevor ich mir Frühstück machte.

Mutti hatte mir einen Zettel hinterlassen, dass ich sie anrufen solle, wenn ich wieder das Gefühl hätte, eine Panikattacke überkäme mich. Ich lächelte etwas. Sie stand eigentlich zwischen den Stühlen und fand es überhaupt nicht in Ordnung, was ich angestellt hatte, doch sie war für mich da, was ich sehr zu schätzen wusste.

Mein Telefon klingelte. *Thea* stand da. Nachdenklich nahm den Anruf an. „Hey", meldete ich mich.

„Hallo Sarah, bist du bei Senta zu Hause? Ich möchte gerne mit dir reden." Ihre Stimme war wie immer ruhig und ich setzte mich hin.

„Ja, ich mache mir gerade Frühstück", antwortete ich ihr leise.

„Ich bin gleich da." Sie legte auf und ich legte das Telefon auf die Arbeitsplatte. Ich wusste nicht, ob ich dafür bereit war.

Thea saß mir gegenüber und nahm einen Schluck Kaffee, während ich mir ein Käsebrot runterzwang. Ich hatte immer noch keinen Appetit und aß nur etwas, damit mein Magen endlich Ruhe gab.

„Du hast Alice sehr verletzt", sagte sie und sah mich traurig an.

Ich legte die Stulle auf den Teller und knetete meine Hände. „Ich kann es nicht mehr rückgängig machen, aber ich werde alles versuchen, um unsere Beziehung zu retten. Sie ist meine Traumfrau und ich kann mir wirklich nicht erklären, warum ich sie so sehr verletzt habe", erklärte ich ihr so ruhig, wie meine Stimme es möglich machte. Durch die vielen vergossenen Tränen war ich heiser, was mich total nervte.

„Du hast einen Fehler gemacht, das kann jedem mal passieren. Bitte versöhnt euch wieder. Sie war gestern nach der Arbeit bei mir und hat nur geweint. Sie lag aufgelöst in meinen Armen und ich war mir für einen Moment nicht mehr sicher, ob du wirklich die Richtige für sie bist."

Der letzte Satz zerbrach mir mein Herz. Ich spürte, wie mein Magen sich zusammenzog, und schlang meine Arme um mich. Für einen Moment hatte ich Bedenken, dass mein Frühstück den Rückwärtsgang antreten wollte.

Thea sah mich prüfend an. Ihre grünen Augen ließen einfach nicht von mir ab. „Sarah, Alice ist mein einziges Kind und ich liebe sie sehr. Sie liebt dich und braucht erst einmal Ruhe. Tust du ihr noch einmal so weh, weiß ich nicht, ob ich dir verzeihen kann." Sie trank ihren Kaffee aus und verließ wortlos die Wohnung. Ich hätte niemals gedacht, dass Thea, die eigentlich so warmherzig und liebevoll zu mir war, so eiskalt sein konnte. Ich quälte mir den letzten Bissen der Stulle runter und ging wieder in mein Bett, wo ich mich in den Schlaf weinte.

Meine Mutter weckte mich und sah mich traurig an. „Bist du heute noch gar nicht aufgestanden?", fragte sie mich besorgt.

Ich mied ihren Blick. „Thea war hier. Sie hat mir erzählt, dass Alice gestern bei ihr war und sie wusste nicht, ob ich noch die Richtige für ihre Tochter wäre. Ich hätte niemals gedacht, dass Worte so verletzend sein könnten", wimmerte ich.

Sie drückte mich an sich und küsste meine Haare. „Hab Geduld, mein Kind. Thea meinte es bestimmt nicht so", versuchte sie, mich zu beruhigen.

Ich klammerte mich an sie. Natürlich meinte Thea es so, wie sie es gesagt hatte, da musste weder Mutti sich noch ich mir etwas vormachen. Sam hatte sich nicht bei mir gemeldet, seitdem ich suspendiert wurde. Nur meine Mutter und mein Bruder waren für mich da.

„Was ist, wenn Thea recht hat und ich wirklich nicht die Richtige für Alice bin? Ich meine, schau sie dir doch mal an. Sie ist wunderschön und hat einen noch schöneren Charakter. Sie ist eine unglaublich gute Geschäftsfrau. Und ich? Ich bin Buchhalterin und wollte eigentlich immer etwas mit Tieren machen. Ich mache dämliche Bemerkungen, die oft gar nicht in den Kontext passen, und lebe so vor mich hin, ohne größere Ziele anzustreben.“ Alles, was ich sagte, platzte einfach aus mir raus, als wäre in mir ein Damm gebrochen.

Mutti streichelte meinen Kopf. „Du hast also die Buchhalterausbildung nur meinetwegen gemacht?“, fragte sie leise.

Ich hörte, wie die Enttäuschung mitschwang, und kniff die Augen zusammen. Dass ich wieder nicht meine vorlaute Klappe hatte halten können! „Ja.“

Mutti seufzte und drehte meinen Kopf so, dass ich sie ansah. „Warum hast du mir das nie gesagt? Du sollst doch dein Leben leben und nicht das, was ich mir wünsche.“ Sie wirkte enttäuscht – von sich und von mir gleichermaßen. Was hätte ich dafür gegeben, jetzt im Erdboden zu versinken! „Sarah, ich möchte, dass du deinen Traum erfüllst und ein Studium oder eine Ausbildung in der Tiermedizin machst. Ich will nicht, dass mein Kind unglücklich ist mit dem, was es macht.“ Entschlossen sah sie mich an und ich konnte den Anflug von einem Lächeln erkennen.

Ich versuchte, meine Lippen zu einem Lächeln zu formen, doch ich war einfach zu ausgelaugt. Ich fühlte mich schon den ganzen Tag schlapp und müde.

Mutti stand auf und ging in die Küche. Wenig später brachte sie mir einen Tee und Zwieback. „Du hast dich bestimmt erkältet. Ruh dich aus“, lächelte sie mich an und deckte mich zu.

„Danke“, flüsterte ich ihr zu und schlief ein.

Kapitel 13

Vier Tage lag ich mit Fieber und Schüttelfrost im Bett. Meine Nase war dicht und ich hustete ununterbrochen. Mutti schickte mich zum Arzt, der mir diverse Tabletten und fiebersenkende Mittel verschrieb. Das war für mich der Gipfel des Eisbergs: Eine Grippe war genau das, was mir noch in der Sammlung der Miseren gefehlt hatte. Ich konnte nicht in Worte fassen, wie sehr mir das Ganze zusetzte. Den größten Teil des Tages schlief ich und bekam nur Suppe vorgesetzt.

„Oma hat die für dich gemacht. Sie würde dich gerne besuchen, aber sie kann keine Treppen mehr steigen. Du solltest sie mal besuchen, wenn du wieder gesund bist", schlug Marco vor, der Ferien hatte. Er kümmerte sich rührend um mich und kam immer wieder gucken, wie es mir ging. Seine Freundin Lena hatte er den Laufpass erteilt, nachdem sie sich abfällig über mich geäußert hatte, weil ich ja Frauen liebte und sie Angst hatte, dass ich sie wohl umpolen wollte.

Als Marco mir das erzählt hatte, brach ich in Gelächter aus, dass in einem Hustenanfall endete. So etwas Unsinniges hatte ich noch nie gehört. Er baute den Fernseher aus seinem Zimmer bei mir auf und ich konnte ihm zumindest beim Spielen an der Konsole zusehen, solange meine Augen nicht zu sehr brannten. Ich gab ihm Tipps und half ihm bei Rätseln, als er ein Spiel á la *Indiana Jones* spielte. Ich mochte es, wie er sich zum Positiven verändert hatte und sagte es ihm auch.

Er grinste mich an. „Bedanke dich bei Thea und Alice. Als ich gesehen habe, wie sie litten, und sah, dass es Menschen gab, die wirklich Hilfe brauchten, fiel bei mir der Groschen", erklärte er mir, während er den Controller ans Kabel anschloss.

Als das Fieber weg war und ich nur noch mit dem Husten und dem Schnupfen zu kämpfen hatte, war es nur noch ein Tag bis Weihnachten. Marco und ich spielen wieder *Need for Speed*, wobei ich immer ganz knapp verlor. Ich liebte es, die Zeit mit meinem Bruder zu verbringen, und er mochte es scheinbar auch.

Er erzählte mir von seinen Lieblingsfächern, Physik und Mathe, in denen er durchwegs gute Noten hatte.

„Sag mal, Kfz-Mechatroniker, das wäre doch was für dich. Den ganzen

Tag am Auto rumschrauben ist doch genau dein Ding", schlug ich ihm vor, während ich meinen Tee trank.

Er überlegte kurz und antwortete schließlich. „Ja, das wäre echt cool. Ich könnte Alice' Auto reparieren, wenn es mal kaputtgeht. So einen Schwager möchte doch jeder haben", grinste er.

Als er Alice' Namen nannte, stolperte mein Herz kurz und mein Gesicht war für den Bruchteil einer Sekunde schmerzverzerrt. Weihnachten ohne Alice, das klang seltsam für mich.

„Scheiße, das wollte ich nicht, ehrlich, Sarah", entschuldigte er sich und streichelte mir reumütig den Rücken.

„Schon in Ordnung, man gewöhnt sich daran", wich ich aus und legte mich hin. Ich schlief ein und träumte von Alice, der ich hinterherlief, sie aber nie einholen konnte.

Ich wurde wach und hörte, wie Marco immer noch neben mir spielte, doch ich ließ die Augen geschlossen und dachte angestrengt nach, was Alice jetzt wohl machen würde. Vermutlich würde sie im Verein sein und mit Robert trainieren. Sie liebte das Fechten sehr, ich fand es ganz interessant. Sie hatte sogar versucht, mir etwas beizubringen, doch ich hatte kläglich versagt.

Nach unzähligen gescheiterten Versuchen hatte sie mich tröstend in Arm genommen und mich zärtlich geküsst. „Das ist in Ordnung, mein Schatz, dann hackst du halt das Holz, während ich mit den Bären fechte", hatte sie gescherzt und mich fest an sich gedrückt.

Sie hatte sich im Verein schnell einen Namen gemacht und durfte inzwischen auch die Kinder unterrichten, denen sie streng, aber liebevoll den Sport beibrachte. Die Vorstellung, dass sie auch so zu unseren Kindern sein würde, ließ mein Herz schneller schlagen. Ich hätte gern auf mein Handy geschaut, aber dann hätte Marco gewusst, dass ich wach war. Ich drehte mich um und sah ihm bei Erkunden einer Höhle zu.

Irgendwann hielt ich es nicht mehr aus und griff nach meinem Handy. Ich hatte drei Nachrichten. Ich öffnete die erste, die von Gerd war.

Hey Kleine, wir können uns dieses Wochenende treffen, da habe ich frei. Schreib mir einfach, wann und wo ich sein soll und ich bin da. Liebe Grüße dein Lieblingsbusfahrer.

Ich grinste und überlegte, welcher Tag heute eigentlich war. Dadurch, dass ich so viel geschlafen hatte, war mein Zeitgefühl völlig dahin. Mein

Handy sagte mir, dass es Mittwoch war, und ich schrieb ihm, wo er hinkommen sollte. Ich wollte mit ihm ins *Coffee Unlimited* gehen, ich war schon ewig nicht da gewesen und dort gab es einfach den besten Kaffee überhaupt.

Die zweite Nachricht war von Sam, der mir gute Besserung wünschte und schrieb, dass er mich im Büro vermissen würde.

Die dritte war von Alice. Ich öffnete sie schnell und las, was sie mir geschrieben hatte.

Pass bitte besser auf dich auf. Gute Besserung.

Ich las die Nachricht mehrmals und sah auf das Datum. Die Nachricht war von vor drei Tagen. Ich antwortete ihr, obwohl mein Gewissen es nicht wollte. Vielleicht bedrängte ich sie damit.

Danke. Meine Oma hat mir Suppe gemacht, die Marco in mich reingeprügelt hat. Er hatte sogar seine Konsole und seinen Fernseher in mein Zimmer geräumt, damit ich nicht so alleine bin.

Wie gern hätte ich ihr geschrieben, dass ich sie vermisste und mir nichts sehnlicher wünschte, als wieder ihr zu gehören, doch ich wollte dieses eine Mal nicht mit der Tür ins Haus fallen.

Ich sah mir unsere alten Bilder an und lächelte. Sie wirkte so glücklich und ihre Augen strahlten mich an. Ich hatte sogar noch unsere Selfies, als wir auf dem Sofa rumgeblödelt hatten. Ich schmunzelte und Marco kam zu mir rüber.

„Wenn ihr beide nicht wieder zusammenkommt, dann trete ich euch. Ihr gehört einfach zusammen“, meckerte er, als er das Bild sah, auf dem Alice und ich uns küssten.

Ich biss mir auf die Zunge, doch es half nichts, ich brach in Tränen aus. Würde es jemals aufhören? Ich schluchzte in mein Kissen und Marco streichelte mir über die Schulter.

„Hey, alles wird wieder gut. Hör auf zu weinen“, tröstete er mich mit seiner brummigen Stimme. Er nahm mich im Arm und drückte mich an sich. „Es tut weh, dich so zu sehen. Ich werde mit Alice reden, wenn sie zu Hause ist.“

„Nein, nachher denkt sie, ich schicke dich vor. Das will ich nicht“, warf ich ein, doch Marco war ein Mensch, der noch sturer war, als ein Esel. Ich seufzte und ging duschen, nachdem ich mich aus seinem Klammergriff befreit hatte.

Ich stand gefühlte Ewigkeiten unter dem heißen Wasserstrahl, der auf meinen Rücken trommelte. Heute machte ich alles im Schneckentempo. Ganz langsam seifte ich mich ein und wusch meine Haare, die schon wieder viel zu lang waren. Wenn es mir nach Weihnachten besser gehen würde, würde ich einen Besuch bei Maria einplanen. Sie würde sich bestimmt wundern, dass ich alleine käme, aber vielleicht hatte sie einen Rat, was ich machen könnte, um Alice zurückzugewinnen.

Ich stellte das Wasser aus und stieg vorsichtig aus der Dusche. Meine Beine waren noch ein wenig wacklig, doch ich fühlte mich besser. Sorgfältig trocknete ich mich ab und zog mich an, bevor ich in die Küche ging und mir etwas zum Abendessen machte. Ich konnte den Zwieback und die Suppe nicht mehr sehen und entschloss mich zu einem Wurstbrot.

Marco kam dazu und machte sich eine Pizza. Neidisch sah ich in den Backofen, doch ich wollte meinen Magen, der nur noch Schonkost gewohnt war, so etwas noch nicht zumuten.

Marco grinste mich an und Mutti kam zur Tür rein. „Sarah, du gehörst ins Bett, du bist krank!“, begrüßte sie mich aufgebracht.

Ich verdrehte die Augen. „Mutti, mir geht es schon besser, Marco kümmert sich um mich – und er macht das echt gut“, beschwerte ich mich, doch sie scheuchte mich wieder ins Bett.

Ich konnte aus den Augenwinkeln sehen, dass Alice hinter ihr stand. Sie sah mich nicht an, aber ich spürte, dass sie nicht ohne Grund hier war.

Alice ging in Marcos Zimmer, der ihr folgte und mich bat, auf die Pizza aufzupassen. Ich saß mit dem Handy in der Hand in der Küche und scrollte durch die alten Bilder.

Mutti sah mich besorgt an. „Ich hätte Alice nicht mitbringen dürfen, sie sagte aber, dass Marco mit ihr reden wolle, und ich dachte, dass du noch das Bett hütest“, entschuldigte sie sich nun schon zum dritten Mal.

Ich nickte nur und sah zum Ofen. Die Pizza war goldbraun und ich drapierte sie ein wenig ungeschickt auf dem Teller. Ich ging zu Marcos Zimmer und öffnete einen Spaltbreit die Tür. „Deine Pizza ist fertig, ich habe sie schon rausgeholt.“ Meine Stimme war gleichgültig und heiser. Schnell schloss ich wieder die Tür und ging in mein Bett.

Mutti brachte mir einen Tee und eine Flasche Mineralwasser. Ich bedankte mich und schloss die Augen. Dabei wollte ich doch gar nicht schlafen oder hier sein. Ich wollte zu ihr.

Ich musste eingeschlafen sein, denn es war bereits dunkel, als ich wieder wach wurde. Ich wollte mich strecken, doch irgendwas war an meinem

Fußende, also richtete ich mich auf, um zu schauen, was es war, und erschrak, als ich Alice sah. Ich dachte, ich würde träumen, und streckte die Hand nach ihr aus. Sie zog ihren Arm weg und sah mich einfach nur an.

„Engel", flüsterte ich und mir schossen die Tränen in die Augen.

„Sarah, bitte nenne mich nicht so. Nur weil ich mir Sorgen um dich mache, heißt es nicht, dass wieder alles in Ordnung ist. Ich wollte sowieso gerade gehen." Sie stand auf, sah mich aber weiter an.

„Bitte lass uns reden", flehte ich sie an, doch sie verließ mein Zimmer, ohne auf mich einzugehen. Ich hörte nur, wie meine Mutti etwas wie „Nicht weinen" sagte und kauerte mich zusammen. Sie war so nah bei mir gewesen, wie seit Tagen nicht mehr, doch emotional war sie noch immer so fern. Ich wollte, dass es aufhörte, so wehzutun, und wiegte mich in den Schlaf und in Träume zurück, in denen ich meine Alice in die Arme schloss.

Kapitel 14

Ich stand am nächsten Morgen um acht auf und ging in die Küche, wo Mutti bereits das Mittagessen vorbereitete. „Guten Morgen. Geht es dir besser?“, begrüßte sie mich und küsste meine Wange. Ich nickte und schenkte mir Kaffee ein.

Marco kam gähnend in die Küche und grinste mich an. „Hast du Lust, nach dem Frühstück mit mir den Weihnachtsbaum zu schmücken?“, fragte er mich.

Ich erinnerte mich, wie wir als kleine Kinder den Baum mit Mutti zusammen geschmückt hatten, der dann vollkommen überladen mit Kugeln, Lichterketten und Lametta erleuchtete. „Das können wir gerne machen. Eure Geschenke kann ich euch leider nicht geben.“ Ich senkte meinen Blick. Ich hatte für Marco ein Spiel gekauft, was er sich schon lange gewünscht hatte und das ich ihm jetzt nicht schenken konnte. Es lag bereits verpackt im schicken Geschenkpapier im Kleiderschrank bei Alice, genauso wie die roséfarbene Armbanduhr für Mutti, das teure Parfüm für Martin und die Weinflasche samt edler Weingläser für Oma.

Sanft legten sich Muttis Hände auf meine Schultern. „Soll ich sie für dich holen fahren? Dann passt ihr solange auf, dass hier nichts anbrennt“, schlug sie sanftmütig vor.

„Wenn du das machen würdest. Ich fühle mich schlecht, wenn ich von euch Geschenke bekomme, aber ich euch nichts zurückgeben kann“, flüsterte ich.

Mutti herzte mich und zog sich ihren langen Mantel über. „Es wird nicht lange dauern. Soll ich sonst noch etwas mitbringen?“, hakte sie nach, als sie die Schlüssel in die Tasche versenkte.

„Meine Liebste, aber sie wird bestimmt bei ihrer Mutter sein“, lächelte ich schief. Mutti legte die Stirn in Falten. Das war ein Wunsch, den sie mir nicht erfüllen konnte. Sie strich mir über die Wange und zwang sich zu einem Lächeln, bevor sie die Wohnung verließ.

Marco kam angezogen aus dem Zimmer und drückte mich an sich. Der Duft seines Deos stieg mir in die Nase. „Wir machen uns einfach eine schöne Zeit. Meinetwegen können wir auch den ganzen Tag zocken“, murmelte er mir zu. Dankbar schloss ich meine Arme um ihn. Die Geste war schöner als jedes Geschenk, das man mir hätte machen können.

Wir hatten die Tanne aufgestellt und den Baumschmuck ächzend hochgeschleppt. Marco steckte den Weihnachtsstern auf die Baumspitze, während ich die Lichterketten entknotete. Jahr für Jahr hatte ich gemeckert, dass man sie nach den Festtagen nicht einfach in den riesigen Karton werfen sollte, sondern ordentlich aufwickelte, aber nein, jedes verdammte Jahr durfte ich sie wieder entwirren. Letztes Jahr hatte mir Alice dabei geholfen, während aus der Anlage Weihnachtsmusik dröhnte. Sie war wesentlich schneller als ich gewesen und hatte geschmunzelt, als ich der Verzweiflung nah war. „Es ist Weihnachten. Entspanne dich, mein Liebling", hatte sie mir zugelächelt, als ich gefrustet zur nächsten Lichterkette gegriffen hatte.

Ich schmunzelte ein wenig, als ich jetzt endlich die erste Baumbeleuchtung enttüdert hatte. Alice wäre mir jetzt eine große Hilfe gewesen. Marco nahm sich die eine Lichterkette und wickelte sie zusammen mit Mutti um den Baum, als Martin dazukam. Er lächelte mich an und drückte mich an sich. Glücklich, dass er mir nicht auch noch sein Mitleid kundtat, und ich auch die letzte Baumbeleuchtung entwirrt hatte, nahm ich mir ein paar Weihnachtskugeln und hing sie in die Tanne. „Es ist schön, mit euch beiden den Baum zu schmücken", seufzte Mutti mit einem leichten Lächeln auf den Lippen. Ich nickte und lächelte ihr zu. Das erste Lächeln, das nicht erzwungen war.

Nach dem Abendessen machten wir die Bescherung. Mutti hatte wieder alle Geschenke unter den Baum gelegt, so wie sie es jedes Jahr tat. Alle hatten sich ein wenig feiner eingekleidet als sonst üblich. Außer ich. Ich saß in meine Jogginghose und einem alten Pullover auf dem Boden und überreichte gerade Marco sein Geschenk. „Frohe Weihnachten, Brüderchen", lächelte ich ihm zu, als er das Papier runterriss und mich mit funkelnden Augen ansah.

„Mega! Das wollte ich schon so lange haben! Danke Sarah." Er verwuschelte meine Haare und drückte mir einen feuchten Kuss auf die Wange. Mutti schielte herüber und sah mich etwas grimmig an. „Das Spiel ist ab 18", murmelte sie mir zu.

„Ich weiß, aber lieber schenke ich es ihm, anstatt dass er es sich irgendwo anders besorgt. Außerdem ist er alt genug. Und es geht in dem Spiel auch nur um einen Virus, der unaufhaltbar den Erdball infiziert. So schlimm ist es also nicht", zog ich sie auf.

Spielerisch schlug sie mich mit dem Geschenk für mich und reichte es mir schließlich. „Frohe Weihnachten, meine Große. Ich hoffe, es gefällt dir."

Ich nahm ihr Geschenk – oder vielmehr den Umschlag – entgegen und öffnete ihn. Darin war eine Karte, die eine Skyline aufgedruckt hatte. Ich grübelte, doch ich fand nicht heraus, welche Stadt hier abgebildet war. Ich klappte die Karte auf. Dort stand:

Eine Woche Spanien, zusammen mit einer Person deiner Wahl. Ort und Hotel frei wählbar, die Kosten übernehmen wir.
Frohe Weihnachten Mutti & Martin.

Ich lächelte und stand auf. „Den hebe ich mir auf, wenn es für euch in Ordnung ist. Es kommt nur eine Person infrage, die mit mir nach Spanien fliegt“, lächelte ich.

Mutti und Martin schlossen mich in ihre Arme und drückten mich an sich. „Das ist für uns vollkommen in Ordnung. Sie würde sich bestimmt sehr freuen, wenn du ihr das erzählst“, flüsterte Martin mir ins Ohr.

Ich löste mich aus der Umarmung und bedankte mich bei beiden. Schnell gab ich ihnen die Geschenke und nahm das Geschenk von Marco entgegen. Seine Einpackkünste waren noch nie gut gewesen, doch dieses Mal hatte er sich wirklich Mühe gegeben. Es tat mir im Herzen weh, sein Kunstwerk zu öffnen, doch ich war gespannt, was er sich hatte einfallen lassen. Ich zog einen großen Karton aus der Verpackung, der mich strahlen ließ. Pastellkreide zum Zeichnen, dazu diverse Stifte und Acrylfarben samt Pinsel. Im Karton war noch das passende Papier dazu.

„Auch wenn ich es damals nie zugegeben habe, ich mochte es sehr, wenn du gezeichnet hast, und würde mich freuen, wenn du wieder damit anfängst“, brummte Marco mir mit einem breiten Grinsen entgegen.

Damals hatte ich es geliebt, zu zeichnen, egal ob Stillleben, Porträt oder Landschaftsbilder. Doch mit der Ausbildung wurde es immer weniger, bis ich ganz damit aufhörte und nur bei kleinen Kritzeleien auf dem Rand meiner Aufzeichnungen blieb. Aufgeregt sprang ich in seine Arme und verdrückte eine Träne. „Danke“, flüsterte ich ihm zu.

Er drückte mich an sich und wir zuckten zusammen, als Mutti einen spitzen Schrei von sich gab. „Sarah, die ist ja wunderschön!“, quiekte sie vor Begeisterung und legte sich die Uhr um.

Grinsend hielt Martin das Parfüm hoch, was mich ein halbes Vermögen gekostet hatte. „Danke, Kleine. Ich hatte schon lange überlegt, ob ich mir das mal kaufe“, schmunzelte er und stellte es auf dem Tisch.

Ich nickte ihm zu und löste mich aus der Umarmung meines Bruders, der sich sein Spiel nahm und im Türrahmen auf mich wartete.

„Willst du zuschauen oder wollen wir das Spiel auf morgen verschieben und uns mit dem alten Volk noch einen Film ansehen?“, grinste er und nickte zu Mutti und Martin rüber.

„Junger Mann, auch wenn Weihnachten ist: Nicht in diesem Ton!“, knurrte Mutti ihn an, stand auf und zog ihn am Ohr auf das Sofa.

Ich lachte. Wie gut es tat und wie sich alle Mühe gaben, mich von Alice abzulenken. Ich setzte mich zu Marco aufs Sofa, während Martin durch das TV-Programm zappte.

„Stört es euch, wenn ich nebenbei ein wenig zeichne?“, fragte ich in die Runde. Mutti streichelte mir über den Arm und reichte mir Marcos Geschenk rüber. Ich rückte meine Brille zurecht und holte mir Schmierpapier aus meinem Zimmer.

Stunden später, als die Kerzen auf dem Adventskranz schon fast runtergebrannt waren, war mein Kunstwerk fertig und ich war sogar ganz zufrieden mit mir.

Mutti warf ein Blick auf das Bild und lächelte mich an. „Das sieht wunderschön aus.“

Auf dem Blatt Papier war der Strand zu sehen, mit schäumenden Wellen, die an den unzähligen Wellenbrechern zerbarsten. Ungefähr mittig standen zwei Silhouetten, die Hand in Hand auf das Meer blickten, wo einige Segelschiffe zu sehen waren. Meine Erinnerung an den Strandbesuch mit Alice. Ich legte den Stift und das Papier weg und ging ins Bad.

Hier fing ich an zu weinen. So sehr sich meine Familie auch bemühte, mir ein schönes Weihnachtsfest zu schenken, die Sehnsucht nach der Frau, die ich so sehr vermisste, konnten sie nicht übertünchen. Sie hatte die Geschenke für meine Familie ausgesucht und nicht ich. Ich fühlte mich hundeelend. Vielleicht hätten wir jetzt miteinander gekuschelt und uns eine schöne Stadt in Spanien ausgesucht, wo wir hinfliegen wollten. Doch ich war alleine bei meiner Familie und morgen würden wir meine Oma besuchen, die uns zum Mittagessen eingeladen hatte. Sie würde sich bestimmt auch wundern, wo ich Alice gelassen hatte. Ich zog mich aus und machte mich bettfertig.

Ich drückte mein Kissen an meine Brust und starrte an die Decke. Marco war bereits ins Bett gegangen und Mutti hatte mit Martin noch einen Film geschaut. Ich nahm mein Handy vom Nachtschrank und schnitt mich an den scharfen Kanten des gesprungenen Bildschirms. Fluchend nahm ich den Daumen im Mund und lutschte das Blut weg. Ich stand auf und startete meinen Computer. Es musste ein neues her, sonst würde ich mir vielleicht öfter den Finger daran schneiden, worauf ich keine Lust hatte. Ich musste zugeben, es war auch eine mehr als blöde Idee gewesen, meinen Frust an meinem Telefon auszulassen.

Mit dem Kopf auf der Hand gestützt, scrollte ich durch Shoppingportale und suchte nach einem Handy, das nicht die Größe einer Telefonzelle hatte. Alice hätte erst einmal auf Vergleichsportalen die wichtigsten Eckdaten verglichen und ausgewertet, welches Handy am besten zu ihr passen würde. Ich jedoch suchte mir eins aus, das mir gefiel und zumindest eine ordentliche Kamera hatte. Ich bestellte mir ein aktuelles Modell und öffnete meine Mails.

Außer diversen Spamnachrichten und einer Mail, die für Viagra warb, gab es natürlich nichts Neues. In diesem Moment klingelte mein Handy. Vorsichtig strich ich über das Display und las die Nachricht von Sam.

Hey, frohe Weihnachten wünschen wir dir, ich hoffe, du hast eine schöne Zeit mit deiner Familie. Alice hatte uns besucht und uns das Geschenk von euch gebracht. Wir freuen uns darauf, Olivia Jones' Kieztour mal selbst zu erleben. Tausend Dank dafür!

Ich grinste in mich hinein und legte mein Handy weg. Wie gerne hätte ich das Gesicht der Jungs gesehen und wie sie sich freuten, doch Alice zu sehen, hätte mich aus der Fassung gebracht. Ich rieb mir die Augen, schloss alle Programme und schaltete den Computer aus. Ich kroch zurück in mein Bett und zupfte an dem Caranumba herum, den Alice auf Zareb getauft hatte. „Kumpel, du musst mir helfen, meine Liebste zurückzugewinnen. Ich liebe sie, das weißt du ja schon. Du hast quasi unsere Anfangsphase miterlebt. Kriegen wir das hin?“, fragte ich das Stofftier.

Ich ließ es eine nickende Bewegung vollführen und grinste breit. Spielkind.

Kapitel 15

Das Mittagessen bei meiner Oma verlief relativ unspektakulär. Sie war sehr betrübt, dass Alice nicht dabei war, und nahm ein Gedeck vom Tisch. „Man kann zwar von anderen Bäumen naschen, Sarah, aber die Früchte vom eigenen Baum, den man jahrelang gehegt und gepflegt hat, schmecken einfach am besten", meinte sie nur, als Mutti ihr von meiner Misere erzählte.

Ich lächelte matt und setzte mich an dem gedeckten Tisch. Oma war einen Kopf kleiner als ich und hatte ihre schneeweißen langen Haare zu einem Dutt gebunden. Die goldene Kette, die Opa ihr in ihren jungen Tagen geschenkt hatte, hing um ihren Hals. Ihre weiße Bluse fiel locker an ihr herunter und der schwarze Rock, der ihr bis über das Knie reichte, betonte ihre schlanke Figur. Ihre blauen Augen lächelten mir entgegen. „Ich habe für dich Pudding gekocht, den mochtest du doch schon, als du nicht mal richtig laufen konntest", sagte sie, als sie mir in die Wange kniff. Ich rieb mir diese, als sie mich losließ und in die Küche verschwand. Für sie war ich immer noch das kleine Mädchen, das mit ihrem Sohn, meinem Vater, nur am Basteln war.

Nach dem Rehbraten erzählten wir noch ein wenig, was es so Neues gab, und immer wieder huschten Omas Blicke zu mir rüber. Sie wirkte besorgt, doch ich ging nicht darauf ein. Sie hatte Alice schon beim ersten Treffen akzeptiert und sie mit Essen vollgestopft. Als ich ihr sagte, dass Alice nicht nur eine gute Freundin sei, sondern die Frau, die ich von ganzem Herzen liebte, hatte sie nur gelacht.

„Das ist doch auch in Ordnung, vergiss nur nicht, gut zu essen, und fang nicht mit dem Quatsch an, kein Fleisch mehr zu essen. Fleisch ist wichtig!", winkte sie lachend ab.

Alice und ich waren sprachlos und froh gewesen, dass sie es so locker aufnahm. Oma war noch eine Dame der alten Schule, die einen Weltkrieg miterlebt hatte ... und die DDR. Es war absolut nicht selbstverständlich, dass sie so reagierte.

Nachmittags spazierte ich alleine durch die Straßen – auch durch die Jahnstraße. Ich blieb kurz vor der Hausnummer 13 stehen und sah zu

Alice' Wohnzimmerfenster hoch. Sie hatte es weihnachtlich dekoriert und es leuchtete heller, als das der Nachbarn. Meine Lippen formten sich zu einem Lächeln. Dekokram war voll ihr Ding und sie hatte sich wieder selbst übertroffen. Der Lichterbogen und die an das Glas gesprühten Schneeflocken sahen wieder echt schön aus. Ihr Auto war eingeschneit. Ich zeichnete ein Herz auf die Motorhaube und lächelte ein wenig. Wenn Alice das sah, wusste sie sofort, wer es gezeichnet hatte, doch das war mir egal.

Langsam stapfte ich weiter durch den Schnee, bis ich am Hafen ankam und dort über meine Liebste nachdachte. Würde ich es schaffen, sie zurückzugewinnen, bevor das Jahr sich dem Ende zuneigte? Wir hatten für Silvester keine Pläne und wollten uns das Feuerwerk von der Dachterrasse der Firma anschauen – zusammen mit Mutti und Martin. Ich lehnte mich an einem Baum und zog den Schal höher ins Gesicht. Der beißende Wind tat mir in den Augen weh, die sowieso schon sehr gerötet waren. Ich machte mich auf den Heimweg und ging wieder durch die Straße, wo Alice wohnte. Ihr Auto stand nicht mehr da. Vermutlich war sie zu ihrer Mutter gefahren, doch das wäre zu Fuß schneller zu erreichen, als mit dem Auto. Vielleicht war sie auch einfach nur zur Tankstelle gefahren oder zum Strand. Ich schüttelte energisch den Kopf und beschleunigte mein Tempo. Sie war erwachsen und wusste, was sie tat. Mein Herz tat mir weh. Der Beifahrersitz war leer. Wie ich diese banalen Dinge vermisste.

Am zweiten Weihnachtstag verschanzte ich mich in meinem Zimmer und kam nur zum Essen heraus. Ich hatte einige Bilder von Alice und mir auf meinen Rechner geladen und versuchte nun, diese mit Pastellkreide zu Papier zu bringen, doch ich schaffte es nicht, mich selbst zufriedenzustellen. Um meinen Stuhl herum lagen schon einige gescheiterte Versuche zusammengeknüllt auf dem Boden. Alice lächelte mir von meinem Monitor entgegen, während ich ihr einen Kuss auf die Wange drückte. Ich richtete meine Brille und strich mir durch meine Haare. Seufzend warf ich den Stift auf den Tisch und ging in die Küche. Ablenkung hin oder her, ich brauchte Alice an meine Seite! Mein Leben ohne sie war eintönig und ich kapselte mich von meinem Umfeld ab.

Das war schon damals so gewesen, nach der Entführung, bevor ich mich überhaupt wieder hatte öffnen können. Das alles tat mir nicht gut und ich wollte nicht wieder dieser gefühlskalte Eisklotz sein, der ich einst gewesen war. Mit zusammengezogenen Augen machte ich mir einen Kaffee und starrte aus dem Fenster.

Ich zuckte zusammen, als ich Alice in ihrem Audi vorbeifahren sah. Neben ihr saß jemand, doch ich konnte so schnell nicht erkennen, wer es war. Mein Herz verpasste mir einen Stich.

„Sie fährt mit ihrer Mutter essen."

Ich zuckte zusammen und drehte mich um. Mutti lächelte mir entgegen und hatte mich wohl beobachtet. Ich schluckte. Stimmt, wir wollten heute eigentlich mit Thea zum Griechen, den Alice so mochte. Seufzend nahm ich die Kaffeekanne und schenkte mir einen Kaffee ein.

„Sarah, es bringt nichts, wenn du dich in deinem Zimmer vergräbst und dich vom Selbstmitleid zerfressen lässt. Geh raus, triff dich mit Sam und geht in eine Bar, aber bitte vereinsame nicht wieder, wie es damals der Fall war. Das stehe ich nicht noch einmal durch." In ihren Augen spiegelte sich die Angst wider, dass mich die Vergangenheit und die Trennung zermürben würden.

Ich lächelte sie an. „Ich treffe mich am Samstag mit dem Busfahrer, der mich jahrelang begleitet und mir das eine oder andere Mal einen guten Rat gegeben hat. Darauf freue ich mich schon sehr, wir haben uns ewig nicht mehr gesehen", erzählte ich ihr voller Vorfreude.

Sie strich mir über die Schultern und fragte, wie es mit dem Zeichnen lief. Ich schnaufte. „Na ja, ich bin sehr selbstkritisch, du kannst ja selbst mal schauen", sagte ich und zeigte in die Richtung meines Zimmers.

Sie verschwand darin. Langsam ging ich ihr hinterher und erwischte sie dabei, wie sie ein zerknülltes Stück Papier wieder glattstrich und abwechselnd mich und das Bild ansah. „Du hast großes Talent, Sarah. Warum hast du es weggeworfen? Es sieht doch wunderschön aus", hakte sie nach.

Ich tippte auf meine Nase und Mutti verdrehte die Augen.

„Es ist noch kein Meister vom Himmel gefallen, so etwas kann man doch üben. Das hier behalte ich. Mir gefällt es sehr." Sie verließ mit dem Bild in der Hand mein Zimmer.

Ich räumte meine Sachen weg und ging zu Marco, der das Spiel spielte, das ich ihm geschenkt hatte. „Na, wie ist es so?", fragte ich ihn, als ich mich auf sein Sofa lümmelte.

„Es ist super, die Grafik ist der absolute Wahnsinn und die Story reißt einen voll mit", schwärmte er, ohne den Blick vom Fernseher zu lösen. Ich sah ihm eine Weile zu, bis es Abendessen gab und ich endlich ins Bett gehen konnte. Ich war heute unproduktiv und wollte einfach nur, dass es Samstag wurde und ich wieder mit Gerd quatschen konnte. Vielleicht hatte er einen Tipp für mich.

Kapitel 16

Gerd nahm mich in den Arm und herzte mich ausgiebig. Es war endlich Samstag und ich war froh, endlich wieder aus meinem Zimmer rauszukommen. „Na Kleines, hattest du ein schönes Weihnachtsfest? Ich freue mich, dich zu sehen."

Wir betraten das Café und gaben unsere Bestellung auf. Gerd hatte sich schick gemacht und trug ein grün kariertes Hemd und eine dunkle Jeans. Er lächelte mich an und fragte mich, was alles passiert war, seitdem ich meine Ausbildung beendet hatte. Ich erzählte ihm von der Entführung und der Zeit danach, das Zusammenziehen mit Alice. Immer wieder versagte meine Stimme und er tröstete mich liebevoll. „Mensch Sarah, das ist ja eine richtige Odyssee, die du da durchgemacht hast. Warum hast du deine Freundin nicht mitgebracht?", fragte er höflich.

Ich atmete bebend durch und erzählte ihm von meinem Tattoo, meinem One-Night-Stand mit Lara und der Trennung von Alice.

Er gab mir ein Taschentuch und ich wischte mir die Tränen aus den Augen. „Das klingt alles sehr kompliziert und ich glaube, dass du Alice immer noch liebst, oder? Sonst würdest du nicht so aufgelöst hier sitzen", fragte er ruhig und legte die Hände ineinander. Er legte den Kopf schief und lächelte langsam.

„Natürlich liebe ich Alice, ich kann mir nicht vorstellen, mit einer anderen Frau zusammen zu sein. Diese Lara bedeutete mir nie etwas, es war nur diese verdammte Neugierde, die mich dazu trieb, mit ihr zu schlafen. Bestimmt war ich für sie eine leichte Beute", antwortete ich leise.

Gerd setzte sich neben mich und zog seinen Kaffee rüber. „Ach Kleines, ich habe meinen Mann auch einmal betrogen. Es war für mich die schlimmste Zeit meines Lebens. Vier Monate habe ich um ihn gekämpft, ihm Geschenke geschickt und Briefe geschrieben, bis er einwilligte, sich mit mir zusammenzusetzen und zu reden. Er hat mir verziehen, aber er wird es niemals vergessen. Manchmal stichelt er noch in alten Wunden rum, aber das ist verständlich. Man hat halt das ganze Vertrauen, das man in die Person hatte, auf einem Schlag verloren. Man fängt wieder komplett von Null an und muss alles wieder langsam aufbauen. Du musst Geduld haben, Liebe vergeht zwar nicht, aber du kannst nicht so tun, als wäre nie etwas gewesen."

Aufmerksam lauschte ich ihm und rührte in meinen Karamell Macchiato rum. Ich hätte Gerd niemals zugetraut, dass er seinen Mann betrogen hatte und im Grunde genau das Gleiche durchgemacht hatte, wie ich. Ich wusste nicht warum, aber es tröstete mich etwas.

„Norman ging vor mir auf die Knie und fragte mich, ob ich ihn heiraten wollte. Ich war der glücklichste Mensch der Welt. Er hatte alles selbst gemacht und einen mit Fackeln beleuchteten Weg vorbereitet, das war so romantisch. Wir standen noch ewig da und sahen auf die Ostsee, die spiegelglatt war. Nicht eine einzige Welle. Am Horizont ging blutrot die Sonne unter. Schöner als man es für einen Reisekatalog hätte ablichten können." Er lächelte verträumt und ich grinste ihn an.

Norman, sein Mann, war mir jetzt schon sympathisch und ich hörte ihm gespannt zu. „Wie habt ihr euch eigentlich kennengelernt?", fragte ich wissbegierig. Ich hätte mich stundenlang mit Gerd unterhalten können, ich fühlte mich wohl und musste ausnahmsweise nicht an Alice denken.

„Wir haben uns auf der Aftershow Party vom CSD kennengelernt. Er stand an der Bar, als ich reinkam, und ich war sofort hin und weg von ihm. Er hatte ein schwarzes, halb offenes Hemd an und seine braunen Augen leuchteten mich an. Das war die berühmte Liebe auf den ersten Blick. Er steckte mir seine Nummer zu und kurz danach hatten wir unser erstes Date." Er wurde ganz rot und nahm einen Schluck Kaffee.

Ich grinste in mich hinein und nahm den letzten Schluck von meinem Heißgetränk. Wir erzählten noch ein wenig, über Gott und die Welt und meine Pläne für die Zukunft.

„Ich will Alice zurück, egal, wie lange ich warten muss." Meine Stimme war zu meiner Überraschung unglaublich entschlossen und wir gingen langsam zu seinem Auto, als wir bezahlt hatten. Er umarmte mich zum Abschied und versprach mir, sich noch einmal zu melden, in der Hoffnung, dass Alice und ich wieder ein Paar werden würden. Ich bedankte mich für den schönen Nachmittag und sah zu, wie er ausparkte. Ich winkte ihm noch nach und schaute auf mein neues Handy, das heute Morgen angekommen war. Alice lächelte mich an und ich grinste das Display an. „Ich werde um dich kämpfen, Engel. Du bist mein Leben", flüsterte ich.

Als ich in mein Zimmer ging, saß Thea mit meiner Mutter am Küchentisch und diskutierten angeregt. „Sarah bereut, was sie getan hat, und sie liebt Alice. Jede Nacht weint sie sich in den Schlaf. Ein Bekannter hat sie gesehen, wie sie auf dem Grab ihres Vaters saß und wie ein Schlosshund geweint hat. Glaubst du wirklich, dass mein Kind keine Reue zeigen kann? Jeder Mensch macht Fehler!", giftete Mutti sie an und sah mich erschrocken an. „Schatz, ich dachte, du wärst länger weg." Sie kam schnell zu mir rüber und umarmte mich.

„Es ist schon halb sechs", entgegnete ich mit einem schiefen Lächeln. Skeptisch hob sie eine Augenbraue und sah mich seufzend an.

Ich ging in die Küche und nickte Thea zu, die es erwiderte. Wir hatten nicht mehr miteinander geredet, seitdem sie das letzte Mal hier gewesen war, und ich wusste nicht, ob und wie ich mit ihr umgehen sollte. Sie wandte ihren Blick wieder meiner Mutter zu.

„Alice ist wie ein Eisblock, sie zeigt gar keine Emotionen mehr. Sie arbeitet nur noch und schläft kaum. Weihnachten mit ihr war eine einzige Katastrophe, sie saß einfach nur da und schwieg vor sich hin", zischte Thea, die ihre Augen zu Schlitzen verengt hatte. Sie stand auf und zog sich an.

„Warum wälzt du deinen ganzen Frust auf meine Mutter ab? Sie hat nichts gemacht, ich bin die Schuldige, nicht sie!", keifte ich Thea an, sodass sie zusammenzuckte.

„Du hast meine Tochter betrogen, weil du nie gelernt hast, was Liebe überhaupt ist", fauchte sie mich an und verschwand durch die Tür.

„Ich liebe Alice mehr als mein eigenes Leben!", brüllte ich ihr hinterher und schlug gegen den Kühlschrank.

„Sarah, hör auf, das bringt doch nichts." Meine Mutter zog mich auf den Stuhl und sah mich mitleidig an.

„Verdammte Scheiße, wieso habe ich nur so einen Mist abgezogen?", fluchte ich und rieb mir die Fingerknöchel, die etwas schmerzten. Ich kochte vor Wut. Thea war an sich eine liebevolle Person, doch sie bekam es nicht auf die Reihe, mit mir, anstatt mit meiner Mutter über die Trennung zu reden. Mutti nahm mich im Arm, doch ich erwiderte die Umarmung nicht. Ich zog wieder meinen Mantel an und ging in die Jahnstraße 13.

Kapitel 17

„Alice, mach die Tür auf!“, brüllte ich zu ihrem Fenster hoch. Ihr Auto stand vor der Tür und ich klingelte Sturm. Irgendwann surrte die Tür und ich rannte die Treppen hoch. Mein Körper war wie verkrampft, jeder Muskel war angespannt. Dann stand ich plötzlich vor Alice, die in den Türrahmen gelehnt auf mich wartete.

„Was willst du?“ Sie hatte unglaublich dunkle Augenringe und ich das Gefühl, dass sie abgenommen hatte. Ihr Gesicht wirkte etwas eingefallen und schrecklich ausgelaugt.

„Kann ich reinkommen? Es muss ja nicht jeder im Haus Bescheid wissen.“

Sie haderte kurz mit sich und musterte mich. „Okay. Fünf Minuten. Danach verschwindest du wieder.“ Sie ließ mich rein und ich ging ins Wohnzimmer. Keines unserer Bilder stand mehr da, alle lagen fein säuberlich aufgestapelt auf dem Esstisch. Mein Herz krampfte kurz und ich setzte mich aufs Sofa. Alice setzte sich so weit wie möglich von mir weg und sah mich nicht an.

„Deine Mutter kotzt sich über mich bei Mutti aus und macht sie total fertig“, knurrte ich sie an, meine Hände zu Fäusten geballt.

Alice sah mich verwirrt an. „Dann solltest du mit meiner Mutter reden und nicht mit mir“, warf sie ein.

„Ich will, dass wir das alleine klären, so wie wir sonst auch immer unsere Probleme gelöst haben. Je mehr Leute ihre Nase reinstecken, umso mehr Streit gibt es und das will ich einfach nicht.“ Ich rutschte kaum merklich dichter an Alice heran, die langsam nickte.

„Du hast schon recht. Es ändert aber nichts daran, dass ich Zeit brauche, um das alles zu verarbeiten. Bitte geh jetzt wieder.“

Ich legte meine Hand auf ihre, die auf dem Sofa ruhte. Wir sahen uns an. Für einen kurzen Moment glaubte ich, dass Alice ein wenig lächelte, doch sie zog ihre Hand weg.

„Sarah, bitte. Ich kann das noch nicht“, flüsterte sie.

Ich stand auf und ging zur Tür. Dort drehte ich mich noch einmal um. Alice Blicke ruhten auf mir. „Warum hast du den einen Abend vor Weihnachten an meinem Bett gesessen?“, fragte ich sie und starrte sie erwartungsvoll an.

Sie biss sich auf die Lippe und drehte ihren Kopf weg. „Bitte geh“, bettelte sie mit leiser Stimme.

Ich ging ein paar Schritte auf sie zu, ohne den Blick von ihr abzuwenden. „Du vermisst mich, oder? Du fehlst mir auch, mein Engel. Und wie du mir fehlst. Ich träume jede Nacht von dir und ich weiß, dass du im Flur standest, als ich eine Panikattacke hatte. Warum warst du so kalt zu mir, als ich dich gebeten habe, mit mir zu reden?“ Meine Stimme überschlug sich und ich versuchte, den Kloß in meinem Hals runterzuschlucken. „Alice, ich liebe dich und ich habe einen Fehler gemacht. Bitte gib uns noch eine Chance. Ich glaube dir nicht, dass du keine Gefühle mehr für mich hast“, wimmerte ich. Mein Körper zitterte und ich hielt mich am Türrahmen fest. Verdammt, sie war noch nie so abweisend zu mir gewesen, es fühlte sich an, als würde mich jemand zwingen, mit nackten Füßen auf einem Eisblock zu stehen.

„Gib mir Zeit, Liebling. Geh jetzt bitte“, flehte sie und sah mich an.

Ihr Gesicht war tränenüberströmt und ich ging schnell auf sie zu, doch sie streckte den Arm aus, um mich zu bremsen. Ich legte meine Hand auf ihre, die nun auf meinem Brustbein ruhte. „Ich liebe dich und kann dir einfach nicht beschreiben, wie leid es mir tut. Ich werde auf dich warten, egal wie lange es dauern wird. Ich will dich und keine andere.“ Dann rannte ich aus der Wohnung und polterte die Treppen runter. Ganz leise konnte ich hören, wie Alice weinend die Tür schloss.

Ich wertete mit Mutti und Marco jede einzelne Silbe des Gesprächs mit Alice aus. „Sie hat mich *Liebling* genannt“, lächelte ich. Das war wie Balsam für meine Seele gewesen. Dieses kleine Wort gab mir Kraft und durchströmte mich mit einer molligen Wärme.

„Wenn du wieder im Büro bist, kommst du in mein Büro und ich hole Herrn Bachmann dazu. Du solltest dich entschuldigen, dann ist die Sache auch durch.“ Mutti lächelte mich an und Marco legte den Arm um mich.

„Ach Schwesterchen, du schaffst das schon. Ich habe mit Alice geredet, und auch wenn sie auf eiskalt und gleichgültig macht, liebt sie dich. Komm, ich hol dir ein Bier.“ Er stand auf und öffnete den Kühlschrank.

Mutti sah ihn vernichtend an. „Du bekommst aber keins, erst wenn du 18 bist.“

Marco seufzte in den Kühlschrank. „Ich darf alles erst ab 18: Tattoo, Führerschein, Alkohol“, murrte er und stellte mir das Bier vor die Nase. Er öffnete es und warf den Kronkorken in eine Tüte. Ich nahm einen großen Schluck und unterdrückte einen Rülpser.

„Sie hat nicht mal die Hand weggezogen, als sie mich abbremsen wollte und ich meine Hand auf ihre legte", schmunzelte ich und drehte die Flasche hin und her.

Mutti strich mir durch die Haare. „Du musst zum Friseur. Ich ruf mal Maria an, vielleicht kann sie morgen herkommen und dich wieder hübsch machen." Sie nahm das Telefon und wählte die Nummer unserer Friseurin des Vertrauens. Das hatte ich total vergessen.

Maria stand am nächsten Tag um elf Uhr in unserem Flur und begrüßte uns ausgiebig. „Mensch, ihr alle braucht mal wieder einen Haarschnitt. Marco, du kannst dir ja schon einen Zopf machen", lachte sie und zerstrubbelte seine Haare. Sie ging ins Wohnzimmer, wo ich den Spiegel aus Muttis Schlafzimmer aufgestellt hatte. „Wo ist eigentlich deine hübsche Freundin, Sarah?", fragte sie mit einem Lächeln, das augenblicklich verschwand, als sie mich anschaute. Ich sah sie traurig an und schüttelte den Kopf, zu mehr war ich noch nicht in der Lage.

„Wenn es für Sarah in Ordnung ist, erzähle ich es dir gerne, wenn du uns die Haare machst", warf Mutti ein und wandte mir ihren Blick zu. Ich nickte stumm und ließ mich aufs Sofa fallen.

Ich schrieb mit Sam, der sich freute, dass ich bald wieder im Büro war, und der mir erzählte, dass Tim sich wieder beruhigt hatte und mit mir reden wollte.

Er ist Alice bester Freund, meinst du, ich kann ihm mein Herz ausschütten, ohne dass es zu ihr durchdringt?

Diese Nachricht tippte ich hastig in die Tastatur und versendete sie.

Mutti erzählte Maria von meiner Misere und sie hörte ihr gespannt zu. Zwischendurch sah sie mich besorgt an, doch den Blick erwiderte ich nicht, noch ging ich darauf ein. Mitleid brachte mich ja auch nicht weiter. Sam hatte mir geantwortet.

Das kann ich dir nicht versprechen, aber vielleicht kann er vermitteln, er ist doch so ein Diplomat. ;) Ich kann dir jedenfalls sagen, dass Alice ständig nach dir gefragt hatte, als du suspendiert warst, und sie sah sehr besorgt aus. Auch als sie Weihnachten bei uns war, hat sie nach dir gefragt, natürlich nicht direkt, sondern so ein bisschen subtil. Sie hat noch Gefühle für dich, da bin ich mir mit Tim einig.

Ich lächelte mein Handy an, als Maria mich rief. „Sarah, Haare waschen und rauf auf den Thron!"

Ihr verschmitztes Grinsen brachte mich zum Lachen und ich ging ins Bad. Schnell wusch ich meine Haare und rubbelte sie etwas trocken. Zugegeben, nicht nur Marias lockere Art brachten mich zum Lachen: Es gab Hoffnung für Alice und mich.

„Endlich siehst du wieder wie ein Mensch aus", strahlte meine Mutter glücklich.

Marco hatte wieder kurze Haare und zupfte sie sich zurecht. „Danke Maria, das war echt nötig", bedankte er sich und umarmte sie. Er war fast so groß wie sie und konnte auch mir schon problemlos auf den Kopf spucken. Wann war er so schnell gewachsen? Ich bedankte mich bei ihr und bot ihr noch einen Kaffee an.

„Oh ja, das wäre echt super."

Ich räumte schon einmal das Wohnzimmer auf, während Mutti eine weitere Kanne Kaffee aufsetzte.

Maria nahm mich beiseite. „Ich weiß, du hast es bestimmt schon oft gehört, aber es wird wieder. Mach dir da keine Sorgen." Ihr Lächeln gab mir Kraft und Zuversicht.

Ich umarmte sie und fühlte mich ein Stück besser. „Danke", flüsterte ich ihr zu, als sie meinen Rücken streichelte.

„Hey, ich bin nicht nur deine Friseurin, sondern auch die beste Beziehungsberaterin, die man haben kann", feixte sie augenzwinkernd.

Wir gingen in die Küche und rauchten eine Zigarette. Mutti warf mir einen vernichtenden Blick zu. „Ich hoffe, das ist nur wegen des Stresses und wird nicht zur Gewohnheit. Du weißt, dass ich das Rauchen nicht mag." Sie schürzte die Lippen.

„Ich höre damit auf, sobald die Schachtel leer ist", schlichtete ich. Es war seltsam, aber jetzt, wo meine Haare wieder kurz waren, fühlte ich mich besser, als hätte man meine Vergangenheit ebenfalls weggeschnitten und ich könnte endlich einen Neustart mit Alice wagen.

„Zeig mir mal dein Tattoo", warf Maria ein, die mich gespannt ansah. Ich zog meinen Ärmel vom T-Shirt hoch und sie begutachtete es eingehend. „Nicht schlecht, es sieht echt schön aus", lobte sie die Arbeit und strich mir über den Arm. „Ich hoffe, dieses Weibsstück verschwindet ganz schnell von hier, wenn sie sich ständig an vergebene Frauen ranmacht."

„Alice hat mir erzählt, dass sie gesehen hat, wie diese Lara ihren Laden ausgeräumt hat, ein paar Tage nachdem sie dort einen Aufstand gemacht hatte."

Ich schreckte hoch, als ich das hörte, und fragte Mutti, was sie noch wusste.

„Alice hat ihr wohl eine Ohrfeige gegeben und sie angeschrien. Diese Lara hat wohl nur dämlich vor sich hin gegrinst und Alice ist dann einfach rausmarschiert." Muttis Stimme klang ruhig, fast so, als wäre das nichts Besonderes.

Ich grinste in mich hinein. „Ich hätte niemals gedacht, dass Alice mal jemanden ohrfeigen würde."

Marco rührte in seinem Cappuccino. Er wirkte nachdenklich, was mich verwirrte. Für sein Alter dachte er zu viel nach. „Alles okay?", fragte ich mit einer gewissen Leichtigkeit in der Stimme. Er schaute zu mir rüber und nickte nur.

Mein Handy klingelte. Schnell öffnete ich die SMS, die von Alice kam.

Ich möchte Montag nach der Arbeit mit dir reden, warte bitte unten am Auto.

Ich war wie unter Strom. Sollte das etwa der Beginn eines Neustarts sein oder würde sie mir sagen, dass ich meine Sachen aus der Wohnung holen sollte? Ich fühlte mich hin und her gerissen – irgendwo zwischen Freudentaumel und zu Tode betrübt.

Ich verbrachte den Sonntag am Strand, der vom Schnee überzogen war. Sam und Tim begleiteten mich. Tim hatte sich bei mir entschuldigt und ich hatte ihm von meinen Erkenntnissen und Fehlern erzählt, die ich gemacht hatte.

„Ich glaube, Alice schmeißt dich nicht raus. Immer wenn ich bei ihr war, hielt sie ein Bild von euch in der Hand und erzählte mir die Geschichte dazu, also wie es entstanden ist. Langsam kenne ich eure Geschichten auswendig", grinste er verschmitzt zu mir rüber.

Ich schmunzelte und zündete mir eine Zigarette an. Tims Aussage motivierte mich ungemein. „Sag nichts", warf ich ein, als Sam mich skeptisch ansah.

„Gewöhn es dir bloß wieder ab, Alice mag das überhaupt nicht", schimpfte Tim, der Sams Hand hielt.

Ich vermisste es, Hand in Hand mit meiner Verlobten durch die Stadt oder wo auch immer zu spazieren. Ich sah gedankenverloren auf meinen Verlobungsring herab. Wie sehr ich die Zärtlichkeiten und die Küsse vermisste, konnte ich nicht mal in Worte fassen.

Ich zog an meiner Zigarette und dachte angestrengt nach. „Ob wir wieder so glücklich werden, wie wir es mal waren?", fragte ich Tim, ohne ihn anzusehen.

Beide seufzten fast gleichzeitig und zogen mich in ihre Umarmung. „Ach Sarah, es wird ein harter Weg für euch beide." Tim lächelte mich an und drückte mir einen Kuss auf die Wange, sodass ich verlegen grinste. Er sah wieder umwerfend aus in seinem schwarzen Mantel und mit seiner grauen Schiebermütze. Neben ihm fühlte ich mich in meinem olivgrünen Parka und mit meiner grauen Bommelmütze fast schon schäbig.

„Wie laufen eigentlich eure Pläne für die Hochzeit? Es sind ja nur noch sechs Wochen, bis ihr euch das Ja-Wort gebt", fragte ich unbeholfen, als wir die Gruppenumarmung auflösten.

Sam grinste mich an. „Wir haben endlich einen Saal gefunden und viele Gäste haben schon geantwortet, ob sie kommen oder nicht. Wir werden wohl knapp 30 Leute sein, was ja auch voll und ganz reicht. Tims Freundeskreis ist riesig, von meiner Seite sind wir nur sechs Leute", erzählte er mir freudestrahlend.

Ich zog eine Augenbraue hoch. „Ich habe keine Einladung bekommen."

Tim lachte auf und Sam legte den Arm um mich. „Alice hat schon zugesagt und in einem Halbsatz erwähnt, dass sie dich als Begleitung mitbringen will. Außerdem seid ihr unsere Trauzeugen", griente er mich an und boxte mir sanft auf die Brust.

Mein Herz rutschte in die Hose. Abgesehen davon, dass ich mir noch nicht mal ansatzweise Gedanken um ein Geschenk gemacht hatte, konnte ich es nicht glauben, dass Alice mit mir zur Hochzeit gehen wollte. Gut, wir waren die Trauzeugen von den beiden gut aussehenden Männern neben mir, aber sie hätte mich auch meiden können. Ich fühlte, wie mich diese Information beflügelte, und grinste in mich hinein. Es ging bergauf, wenn auch nur ganz ganz langsam.

Kapitel 18

Ich saß im Büro meiner Mutter und entschuldigte mich bei Herrn Bachmann, der neben mir saß. Er schüttelte meine Hand, nahm meine Entschuldigung an und schoss dann gleich aus dem Büro. Alice kam kurz rein und holte einige Ordner.

„Warte, ich helfe dir." Ich hastete zu ihr und nahm ihr einige Ordner ab. Sie schenkte mir ein dankbares Lächeln und ging vor mir in ihr Büro. „Stell sie bitte auf meinem Tisch", bat sie mich leise. Auf dem Schreibtisch standen immer noch die weißen Rosen, die nun aber anfingen, zu welken. Ich lächelte scheu und ging aus dem Büro.

„Sarah?" Alice stand in der Tür und sah mich an.

Was hätte ich dafür getan, sie nur ganz kurz im Arm nehmen oder sie sogar küssen zu dürfen. Diese Bedürfnisse musste ich unterdrücken und ganz weit hinten anstellen. An dem Punkt waren wir noch lange nicht angelangt. „Danke", flüsterte sie mir zu und schloss langsam die Tür.

Durch das Milchglas konnte ich sehen, dass sie noch einen Augenblick dastand und sich nicht regte. Langsam ging ich in mein Büro zurück und ließ mich in meinen Stuhl fallen.

Sam stopfte sich Milchreis in den Mund und sah mich fragend an. „Was ist denn los mit dir? Seitdem du in Sentas Büro warst, grinst du nur so vor dich hin", nuschelte er mit vollem Mund. Ich schmunzelte und erzählte ihm, von der Kleinigkeit, die mich so glücklich machte.

„Siehst du, alles braucht seine Zeit. In ein paar Wochen wird alles wieder gut und ihr werdet wieder das Vorzeigepaar der Firma sein." Er streichelte mir grinsend über den Arm und ich löffelte langsam meinen Milchreis in mich hinein, als ich Alice sah, die sich zu einer Kollegin setzte, die hier vor Kurzem angefangen hatte. Sie sah immer wieder zu mir rüber und lächelte mich scheu an.

„Hab ich dir eigentlich schon erzählt, dass ich meiner Mutter gesagt habe, dass ich die Ausbildung nur für sie gemacht habe?" Ich stützte mich auf meinen Tisch auf und grinste Sam an, der mich ungläubig ansah.

„Ernsthaft? Was hat sie denn dazu gesagt?", fragte er neugierig, während er etwas abheftete.

„Sie will, dass ich was mit Tieren mache und mir meinen Traum erfülle und hier nicht unglücklich sitze. Ich habe bisher noch nicht die Kraft, geschweige denn die Motivation gehabt, weiter darüber nachzudenken. Mir würde es aber schon reichen, wieder auf einem Gnadenhof oder in einem Tierheim auszuhelfen, aber das hat Zeit. Erst einmal will ich Alice zurück."

Sam stand auf und kam zu mir rüber. „Ich bin echt stolz auf dich." Er umarmte mich und ich grinste in sein Hemd hinein. Ich merkte, wie es mir langsam besser ging und ich Alice die Welt zu Füßen legen würde.

Es war 16 Uhr, als ich mich anzog und nervös zum Fahrstuhl ging. Alice war noch nicht an meiner Bürotür vorbeigegangen und somit wippte ich von einem Fuß auf den anderen, während der Fahrstuhl mich ins Erdgeschoss fuhr. Ich stieg aus und ging zu dem Audi, der einige Meter entfernt stand. Am Rückspiegel baumelte die Kette, die ich Alice geschenkt hatte. Irgendwie musste ich darüber lächeln, obwohl es mir lieber gewesen wäre, wenn sie sie um ihren Hals tragen würde. Auf der Rückbank lagen einige Papiere wild zerstreut, doch ich konnte nicht erkennen, was es für Papiere waren. Der Beifahrersitz war leer und mein Magen zog sich zusammen. Ich vermisste es, mit Alice mitzufahren und während der Fahrt ihre Hand zu halten. Ich seufzte leise und zuckte zusammen, als hinter mir eine vertraute Stimme ertönte.

„Danke, dass du gekommen bist."

Langsam drehte ich mich um und sah Alice vor mir stehen. Sie trug meinen Schal, in den sie sich eingewickelt hatte, was mein Herz einen kurzen Moment höherschlagen ließ. „Kein Problem", antwortete ich leise und formte meinen Mund zu einem Lächeln. Mein Körper zitterte etwas, obwohl die Sonne schien und uns wärmte.

„Steig ein, ich will nicht, dass die anderen von unserem Gespräch etwas mitbekommen." Sie schob sich an mir vorbei und öffnete die Fahrertür. Geduldig wartete sie, bis ich auf meinem vertrauten Beifahrersitz Platz nahm. Sie legte ihre Tasche auf den Rücksitz und setzte sich vorsichtig neben mich. Als sie den Motor startete, sang James Bay *Scars*. Es war das Lied, bei dem sie mich gefragt hatte, ob ich sie heiraten wollte. „Wir fahren nicht weit, du kannst auf das Anschnallen verzichten", sagte sie nüchtern, ohne mich anzusehen.

Ich verspürte den Drang, meine Hand auf ihre, die auf dem Schaltknauf ruhte, zu legen. Wie oft hatte sie mir zugelächelt, als ich das auf langen Autofahrten gemacht hatte. Nun drückte ich mich nur in den Sitz und wollte eigentlich nicht mehr aufstehen.

Alice fuhr vom Firmengelände und raste auf die nächste Tankstelle zu den SB-Waschboxen. Sie stellte den Motor aus und sah zu mir rüber. „Lass uns aussteigen. Ich brauche frische Luft.“ Ihre Stimme war trocken und distanziert, obwohl sie mir so nah war, wie schon lange nicht mehr. Ich lehnte mich an die Fassade der Box und sah sie erwartungsvoll an. Alice stand mir gegenüber.

Zaghaft streichelte ich über Alice' Arm. Ich versuchte, mein Zittern zu unterdrücken, doch ich schaffte es nicht. Ich war froh, dass sie sich nicht von mir abwandte, wie die letzten Male. „Ich weiß, ich habe einen riesigen Fehler gemacht, aber bitte gib mir die Chance, gib uns noch eine Chance. Ich liebe dich und du bist mein Leben. Ich werde es niemals gut machen können, aber ...“ Meine Stimme versagte. Tränen rollten über meine Wangen und ich fand einfach keine Worte für das, was ich ausdrücken wollte. „Ich will dich nicht verlieren“, schluchzte ich. Ich sah zu Alice auf, die mich immer noch mit ausdrucksloser Miene anstarrte. „Bitte sag was, irgendwas“, flehte ich sie an.

Diese Stille war zusammen mit ihren kühlen Blicken unerträglich. Sie hätte mich ohrfeigen oder mich anschreien können, alles wäre mir lieber gewesen, als dieses Schweigen.

Ganz langsam legte sie ihre Hand auf meine Wange. „Womit habe ich es nur verdient, dass du mir so wehtun musstest? Hat dir irgendetwas in unserer Beziehung gefehlt?“ Ihre Stimme bebte.

Angst durchströmte meinen Körper wie ein reißender Fluss. Ihr Blick war voller Skepsis. Vielleicht wollte sie mir das alles gar nicht abkaufen. „Ich weiß es nicht. Ich habe mich so einsam gefühlt, als du nicht da warst. Und dann kam Lara. Ich war zu jedem Zeitpunkt mit dir glücklich, doch dann packte mich die Neugier, wie es wohl mit anderen Frauen ist“, antwortete ich ihr vorsichtig.

Alice schnaufte zaghaft und strich sich durchs Haar. „Na ja, ich bin deine erste und einzige Frau gewesen, verstehen kann ich es schon ein wenig. Warum hast du nie mit mir darüber gesprochen? Wir wollten immer ehrlich zueinander sein.“ Ihre Stirn war in Falten gelegt, ihr Blick voller Fragen.

„Ich hatte Angst vor deiner Reaktion. Ich meine, du bist nicht so wie die anderen, aber ich wusste nicht, wie ich es dir hätte sagen sollen. Allein der Gedanke ist doch schon eine Art von Betrug.“ Meine Unterlippe zitterte, meine Augen brannten vom kalten Wind und den Tränen. Mein ganzer Körper schrie nach Alice, die für mich gerade so schrecklich unerreichbar wirkte, obwohl sie genau vor mir stand.

„Du bist die Liebe meines Lebens, Sarah. Ich will dich und unsere Beziehung nicht aufgeben, aber bitte gibt mir noch ein wenig Zeit. Das Vertrauen, das du missbraucht hast, muss ich erst wieder aufbauen und so etwas geht nicht von heute auf morgen. Meine Mutter ist stocksauer auf dich und versucht, mich so gut wie möglich von dir fernzuhalten. Sie hat Angst, dass du mir noch einmal so wehtust." Ihr Daumen strich mir unentwegt über die Wange. „Sie schafft es aber nicht. Ich fühle mich ohne dich so leer und verloren auf dieser Welt. Die Nächte ohne dich sind der reinste Albtraum, ganz zu schweigen davon, alleine auf dem Sofa zu liegen und niemand kuschelt sich an mich und haucht mir so liebevolle Küsse zu, wie du es getan hast. Andererseits fühle ich mich, als hättest du mein Herz rausgerissen und weggeworfen. Ich habe von der Tussi eine Anzeige wegen Sachbeschädigung am Hals und muss ihre Einrichtung ersetzen. Das nagt noch zusätzlich an mir." Sie lächelte mich müde an und ich schmiegte mich an ihre Hand, die auf meiner Wange ruhte.

„Ich wollte das nicht. Du bist die Einzige für mich, niemand kann mich so lieben, wie du es getan hast. Bitte lass uns von vorne anfangen."

Sie küsste meine Stirn und stieg in ihr Auto. Ich beobachtete, wie sie ausparkte und sich in den Verkehr einfädelte. Ich stand da und fühlte mich leer.

Kapitel 19

Ich ging den ganzen Weg nach Hause und kam gut zwei Stunden später als sonst bei meiner Mutter an. Unterwegs dachte ich über Alice' Worte nach und hoffte, sie würde sich noch einmal melden, doch mein Handy stand still. Ich berührte immer wieder die Stelle an der Stirn, die Alice geküsst hatte, und lächelte die Steine unter meinen Füßen an. „Ich kann ihr schon mal nicht egal sein", murmelte ich in mich hinein. Ich weinte zu meiner Überraschung nicht und war so motiviert durch den Kuss, dass ich anfing, zu joggen. Der Wind umspielte meine Nase und die Sonne wärmte mich etwas. Nach einigen hundert Metern musste ich pausieren. Es war eine dämliche Idee, mit dem Rauchen anzufangen. Ich zog die Schachtel mit den restlichen sechs Zigaretten aus meiner Tasche und warf sie in den Papierkorb, der einige Meter entfernt stand. Ich war bereit, alles anders zu machen, um Alice zurückzuerobern.

„Du bist von der Firma aus zu Fuß gegangen?!", krächzte Mutti entsetzt, als ich ihr von meinem Spaziergang erzählte.

Ich zog mich aus, nahm mir einen Kaffee und grinste sie an. „Mutti, sie will mich zurück, sonst hätte sie nicht meine Stirn geküsst." Ich tippte auf die Stelle, auf der Alice' Lippen mich berührt hatten, und grinste breit.

„Nun überstürze nichts, sonst wird sie sich wieder von dir distanzieren", warf Mutti ein, doch ich hörte ihr nicht zu.

„Ich lade sie zum Essen ein." Ich zog mein Handy aus der Tasche und suchte die Nummer von dem Griechen raus, den Alice so mochte.

Mutti riss mir das Handy aus der Hand. „Sarah! Himmelherrgott, hör mir gefälligst zu! Sie hat dir den kleinen Finger gereicht und du nimmst gleich den ganzen Arm! Geh es langsam an", zischte sie mich bedrohlich an.

Ich erwachte aus meinem Freudentaumel und senkte den Blick. „Du weißt gar nicht, wie gut es tat, neben ihr zu sitzen und ihre Nähe zu spüren. Auch wenn sie nur kurz mit mir gesprochen hat, es tat mir gut. Sie hat mir gesagt, dass Thea alles versucht, um sie von mir fernzuhalten", flüsterte ich ihr zu, während sie mich in den Arm nahm.

„Ich weiß, mein Kind. Geh es langsam an, ja?" Sie nahm mein Gesicht in die Hände und sah mich eindringlich an. Ich lächelte sie an und nickte.

Ich ging zu Sam, ohne mich vorher anzukündigen, und drückte auf die Klingel.

„Ja?", tönte es aus der Gegensprechanlage.

„Sarah hier", antwortete ich, doch er öffnete nicht die Tür. „Sam, mach auf, es ist kalt", bat ich ihn und rollte mit den Augen.

Er seufzte und öffnete die Tür. Ich ging zu ihm hoch und er scheuchte mich geradewegs in die Küche.

„Hey, ich habe Tim gar nicht begrüßt!", beschwerte ich mich, als er die Küchentür zuknallte.

„Ihr beide macht mich noch grau, bevor ich 30 bin!", fluchte er und raufte sich die Haare.

Was meinte er? Fragend sah ich ihn an, als er endlich mit der Sprache rausrückte. „Alice heult sich gerade bei Tim die Augen aus dem Kopf, weil sie dich an der Tankstelle hat stehen lassen ... und dann kommst du um die Ecke!", knurrte er mich an.

Ich riss die Augen auf. „Lass mich zu ihr", forderte ich und ging zur Tür, von der er mich wegzog.

„Nein. Mann, Sarah, nun brich es nicht so übers Bein, sie braucht Zeit", keifte er mir ins Ohr, doch ich riss mich von ihm los und ging schnurstracks ins Wohnzimmer, wo Alice im Arm von Tim weinte.

Er hob den Kopf und sah mich mit aufgerissenen Augen an. „Geh!", zischte er mir zu, doch Alice drehte sich zu mir um.

„Engel", flüsterte ich und ging langsam auf sie zu. In meinem Gesicht breitete sich ein Lächeln aus.

Tim schob sie hinter sich und stellte sich beschützend vor sie. „Sarah, das ist gerade ein undenkbar schlechter Zeitpunkt." Seine Stimme war selbstbewusst und bestimmend, doch er konnte mich nicht von Alice fernhalten.

Ich ging auf ihn zu. „Alice, ich möchte mit dir reden." Meine Stimme bebte und ich ballte meine Hände zu Fäusten, was Tim nicht entging.

„Ihr habt bereits geredet, jetzt gib ihr doch einfach die Zeit, um darüber nachzudenken!", knurrte Tim mich an.

Sam zog mich ganz vorsichtig zurück, als Alice hinter Tim hervortrat. „Lasst ihr uns kurz alleine? Sie wird sowieso nicht aufgeben, ihr kennt sie doch."

Tim ging nur widerwillig aus dem Wohnzimmer und schleifte seinen Verlobten mit sich. Ich hörte noch, wie er im Flur fluchte. „Wie kann man nur so stur sein!" Dann schloss ich die Wohnzimmertür und musterte Alice. Sie war nur noch ein Strich in der Landschaft und ich hatte Angst hatte, dass eine Windböe sie davon blasen würde. Vorhin war es mir nicht aufgefallen, ihr langer Mantel hatte es wohl zu gut kaschiert. „Ich weiß, es ist ein scheiß Zeitpunkt, aber ich möchte dir noch einmal sagen, wie sehr ich dich liebe und vermisse. Dich so zu sehen, tut mir im Herzen weh, es ist alles meine Schuld“, flüsterte ich, als ich langsam auf sie zuging.

Sie seufzte zitternd und sah an die Decke. „Die Arbeit lenkt mich halt gut ab, daher habe ich mich damit eingedeckt und esse kaum etwas“, antwortete sie langsam.

Ich griff vorsichtig nach ihrer Hand, an dem unser Verlobungsring wieder thronte. „Du trägst ihn wieder“, schmunzelte ich heiser.

Alice sah mich an. „Es ist halt ein schöner Ring, der voller Erinnerungen an eine schöne Zeit ist“, antwortete sie ruhig.

Ich führte ihre Hand zu meinen Lippen und küsste jeden einzelnen Finger, ohne sie anzusehen.

„Sarah, bitte“, flüsterte sie und entzog mir vorsichtig die Hand.

„Engel, ich halte es nicht mehr ohne dich aus.“ Ich ging einen weiteren Schritt auf sie zu und sie wich nicht vor mir zurück. Ich lächelte sie liebevoll an. Sie lief nicht mehr vor mir weg.

„Ich verstehe dich, aber ich kann jetzt nicht so tun, als wäre nie etwas passiert.“

Ich spürte ihren Atem auf meiner Haut und saugte den Duft ihres Parfüms ein, den ich so schmerzlich vermisste. „Das sollst du auch nicht, ich will dich einfach nur in meine Arme nehmen und festhalten. Ich will das mit dir zusammen durchstehen. Gemeinsam.“ Meine Stimme versagte. Ich biss mir auf die Lippe und Alice wandte ihren Blick von mir ab.

„Ich wünsche mir nichts mehr als das, aber es geht einfach nicht“, flüsterte sie kaum hörbar.

Ich legte behutsam meine Hand auf ihre Wange. „Was hindert dich daran?“, fragte ich neugierig und kräuselte die Stirn.

Alice fiel in meine Arme und schluchzte herzzerreißend. Sie fühlte sich so kalt an. „Warum hast du mir das angetan?“, schrie sie mir ins Ohr.

Ich drückte sie fest an mich und konnte meine Tränen nicht mehr zurückhalten. „Verzeih mir. Ich war so eine Vollidiotin“, keuchte ich und schloss die Augen.

Hinter mir sprang die Tür auf und ich hörte, wie jemand auf uns zu stapfte. Wir wurden auseinandergerissen, dass ich kurz ins Taumeln kam und eine schallende Ohrfeige bekam.

„Lass endlich meine Tochter in Ruhe, siehst du nicht, wie schlecht es ihr geht?!“, kreischte mich Thea an und sah mich mit einem puterroten Gesicht an.

Ich blickte mit ausdrucksloser Miene zurück.

„Mama, nein, lass mich los!“, schrie Alice und riss sich aus dem Klammergriff ihrer Mutter los. Sie stellte sich neben mich und nahm meine Hand. „Sarah hat Scheiße gebaut, das stimmt, ich liebe sie aber trotzdem und will mit ihr neu anfangen. Mir ist es egal, was du davon hältst. Ich lass mir nicht wieder vorschreiben, was ich zu tun und zu lassen habe.“ Alice Stimme überschlug sich vor Wut und Ablehnung ihrer Mutter gegenüber, die einfach nur fassungslos dastand.

Ich klammerte mich an Alice' Hand und sagte nichts. Thea schnaufte verachtend und verließ die Wohnung von Tim und Sam, die regungslos im Flur standen. Alice drehte sich in meine Arme und ich atmete den Duft ihrer Haare ein, die nach meinem Duschgel rochen. Mein Herz blühte auf und eine angenehme Wärme durchströmte mich. Ich hatte die Frau, die ich so sehr liebte, wieder in meinen Armen, küsste sanft ihre Haare und hauchte ihr mehrfach ein „Ich liebe dich“ zu. Ich war so glücklich wie nie zuvor.

Zusammen gingen wir zu Alice' Wohnung. Sie hatte ihre Hand so sehr in meine verkeilt, als würde ihr Leben davon abhängen oder ich würde mich in Luft auflösen, sollte sie mich loslassen. Wir redeten nicht und sie sah mich auch nicht an. Sie kramte die Schlüssel aus ihrer Tasche und schloss die Wohnungstür auf. Unbeholfen stand ich im Flur und beobachtete, wie sie ihren Mantel auszog und weghängte.

„Ich mache uns einen Tee“, flüsterte sie und stürmte in die Küche.

Ich legte meinen Mantel ab und ging zu ihr in die Küche. „Es ist ungewohnt, wieder hier zu sein.“ Ich konnte immer noch nicht glauben, dass sie Thea gesagt hatte, dass sie mit mir einen Neustart wagen wollte.

Alice und ich sahen uns wortlos an.

„Willst du mir wirklich noch eine Chance geben, alles besser zu machen?“, fragte ich sie unbeholfen.

Alice nahm mein Gesicht in ihre weichen Hände. „Du hast mir gefehlt. Ich sehne mich so nach deiner Nähe, auch wenn es im Moment noch wehtut. Bitte, versprich mir, dass du mich nie wieder so verletzen wirst.“ Alice' Augen füllten sich mit Tränen und ich nickte ihr zu. „Versprich es mir“, forderte sie mit sanfter Stimme.

„Ich verspreche dir, dass ich für immer an deiner Seite bleiben werde und dir treu bleibe. Du bist die Frau, die mein Herz erobert hat, und du wirst nie wieder von mir so enttäuscht werden.“ Ich ging auf die Knie und nahm ihre Hände. Ich lächelte zu ihr hoch und küsste zärtlich ihre Fingerknöchel. „Ich gehöre dir“, fügte ich leise hinzu.

Im Hintergrund schaltete sich der Wasserkocher aus, doch Alice ließ mich nicht los. „Sarah Fischer, du wirst mich alt und grau machen und vielleicht noch das ein oder andere Mal in den Wahnsinn treiben, aber ich verzeihe dir. Doch ich habe auch eine Bitte an dich." Ihre Stimme zitterte und ich sah sie erwartungsvoll an.

Ich war zu allem bereit. Ich würde ihre Bitte nicht abschlagen, sondern alles für sie geben, nur damit ich ihr strahlendes Lächeln sehen konnte.

„Wir gehen es dieses Mal langsam an. Als würden wir noch einmal unsere Kennenlernphase durchmachen, nur halt nicht so stürmisch, wie damals. Du wirst es auch nicht deiner Mutter sagen oder Marco oder sonst irgendwem. Es wird erst einmal unser Geheimnis bleiben." Sie lächelte mir entgegen und zog mich zu sich hoch.

„Versprochen."

Alice drehte sich um und befüllte unsere Tassen mit heißem Wasser, bevor sie diese ins Wohnzimmer trug. Ich setzte mich neben sie und hielt ihre Hand. So verharrten wir in angenehmer Stille. Ich wollte ihr noch so viel sagen, doch ich bekam kein Ton heraus. Ich war so glücklich, wieder an ihrer Seite zu sein, und hätte am liebsten die Welt umarmt. Dann nahm ich die Karte, die die ganze Zeit vor uns stand, und öffnete diese. Es war die Einladungskarte zur Hochzeit von Tim und Sam.

„Die ist echt schön", grinste ich und drehte sie hin und her.

„Die habe ich ja auch mit Tim ausgesucht", warf Alice ein, deren Kopf auf meiner Schulter ruhte.

Ich küsste ihre Stirn und legte die Karte wieder auf dem Tisch. „Ich würde dich so gern küssen, aber ich habe Angst, dass du es nicht willst oder es dir zu schnell geht", flüsterte ich, bevor ich meine Tasse Tee nahm.

Alice sah zu mir hoch und legte ihre Hand um meinen Hals. „So wie es jetzt gerade ist, gefällt es mir. Ich will es nicht überstürzen. Ich werde immer daran erinnert werden, was zwischen uns passiert ist." Sie tippte auf meinen Oberarm und lächelte schief.

„Ich kann es weglasern lassen, wenn du es willst. Ich will nicht, dass es dir schlecht geht", schlug ich hastig vor, doch sie legte den Finger auf meine Lippen.

„Es ist eine Widmung an deinen Vater, es bleibt dort, wo es ist." Sie küsste meinen Hals zärtlich. „Aber ..." Sie unterbrach mich und setzte sich auf. „Das Tattoo ist wunderschön, du konntest doch nicht wissen, dass sie nur scharf auf dich war. Es ist Vergangenheit." Sie nahm ihren Tee und schielte über den Tassenrand zu mir rüber.

Ich seufzte und stand langsam auf. „Es ist schon spät und es wäre falsch, bei dir zu schlafen", verkündete ich und leerte meine Tasse.

Alice nickte langsam und sah mich wehmütig an. „Du wirst denken, ich habe eine totale Macke, aber darf ich deinen Pullover haben? Ich vermisse deinen Geruch, wenn ich im Bett liege."

Ich schmunzelte, zog meinen Pulli aus und ging ins Schlafzimmer, um mir einen neuen zu holen. „Ich wusste ja schon vorher, dass du eine Macke hast, aber das ist eine neue", lächelte ich ihr über die Schulter zu. Ich stutzte kurz, als ich sah, dass dort ein anderes Bett als sonst stand.

„Ich habe alles neu gekauft. Ich konnte in dem alten Bett nicht mehr schlafen, nachdem ..." Ihre Stimme versagte.

Ich zog mir meinen neuen Pulli über und nahm sie im Arm. „Ich hätte es an deiner Stelle genauso gemacht", gab ich leise zu und reichte ihr meinen Pulli.

„Danke", flüsterte sie und drückte den Pullover an sich.

Ich zog mir meinen Mantel über und drehte mich noch einmal zu ihr um, bevor ich die Treppen runterging. „Gute Nacht", wünschte ich ihr.

Alice lehnte sich am Türrahmen und winkte mir zum Abschied. „Wir sehen uns morgen."

Kapitel 20

Ich versuchte, mir mein Dauergrinsen, das ich seit dem Vorabend auf den Lippen trug, aus meinem Gesicht zu wischen, und fuhr mit Mutti zur Arbeit. „Du bist anders als sonst, habe ich was verpasst?", fragte sie neugierig und bog ins Gewerbegebiet ein.

Ich schüttelte den Kopf und starrte auf mein Handy. Alice hatte mir heute noch nicht geschrieben und ich wusste nicht, ob es eine gute Idee war, einfach in ihr Büro zu spazieren. Sie wollte es langsam angehen und ich hatte es ihr versprochen, niemanden etwas zu sagen. Ich scrollte die alten Bilder durch und schwelgte in Erinnerungen. Ob es wieder so werden würde, wie damals, als ich sie in eine Schneewehe geschubst und ihr Gesicht mit Schnee gewaschen hatte? Ich schmunzelte und strich mir durch die Haare. Mutti seufzte theatralisch und maulte rum, welche Nuss ihren Parkplatz blockierte. Beim genauen Hinsehen erkannten wir, dass Alice die Nuss war.

„Alice, kannst du bitte dein Auto anders hinstellen, ich kann so nicht einparken", jammerte Mutti und ich grinste dämlich in mich rein, als ich in mein Büro ging.

„Mutti und das Einparken", lachte ich und schloss die Tür.

Sie klopfte an die Glastür und drohte mir mit dem Zeigefinger. Ich ging an meinem Platz und startete den Computer, bevor ich Sam begrüßte.

„Was ist gestern Abend noch passiert, als ihr einfach gegangen seid? Tim hat Thea angerufen, weil er sich Sorgen gemacht hat, es war wohl eine verdammt beknackte Idee", grummelte er müde.

„Nichts", log ich ihn an und checkte meine Mails, von der eine von Alice war. *Du. Ich. Mittag. Imbiss*, stand in der Nachricht und ich verkniff mir das Grinsen.

„Sarah, so wie du heute drauf bist, ist da was passiert", bohre Sam nach, doch ich wimmelte ihn ab. „Ich möchte einfach nicht darüber reden, okay? Ich hol mir erst einmal einen Kaffee." Ich ging aus dem Büro und Alice stand plötzlich vor mir. Wir sahen peinlich betreten in unterschiedliche Richtungen, bevor sie das Wort ergriff.

„Ich wollte dich gerade in mein Büro holen. Komm mit", sagte sie kühl und ging voran. Sie hatte ein Kostüm an und ich versuchte, ihr nicht auf den Po zu gucken, was mir wahnsinnig schwerfiel. Sie sah so sexy darin aus, obwohl es lockerer saß als sonst.

Im Büro angekommen, bot sie mir einen Platz an und schloss die Tür. Augenblicklich wurden ihre Gesichtszüge weicher und sie lächelte mich an. „Deine Mutter löchert mich ständig, warum du so gut drauf bist", schmunzelte sie, während sie sich neben mich setzte.

Ich nahm ihre Hand und küsste diese. „Hast du gut geschlafen?", fragte ich sie musternd. Ihre Augenringe waren zwar noch dunkel, aber sie wirkte frischer.

„Ja, ich habe mit deinem Pullover gekuschelt, das tat mir unglaublich gut. Wie war deine Nacht?"

„Welche Nacht?", lachte ich und sah in Alice' verwirrtes Gesicht. „Ich habe nicht eine Minute geschlafen. Ich war viel zu aufgekratzt und zu glücklich, dass wir es noch einmal probieren wollen. Es fühlt sich an wie damals, als ich dich das erste Mal gesehen und mich augenblicklich in dich verliebt habe", grinste ich ihr entgegen, doch Alice wandte ihren Blick von mir ab.

„Du bist schon wieder zu schnell", murmelte sie und sah auf das Bild von uns. Die Rosen standen nicht mehr auf den Schreibtisch und ich ließ den Kopf sinken.

„Tut mir leid. Ich gehe mal wieder."

„Warte. So meinte ich es nicht. Es ging mir eher um den Schlaf. Du warst erst krank und ich will nicht, dass du wieder flachliegst. Bitte achte auf dich und deinen Körper." Sie sah mich an und ich spürte ihre Lippen an meinem Hals.

„Ich liebe dich, Alice", flüsterte ich ihr zu und stand auf. Schnell ging ich aus ihrem Büro und machte mir einen Kaffee in der Küche.

Ich arbeitete konzentrierter als sonst, was Sam stark verwunderte. „Du kannst mir sagen, was du willst, ich glaube, ihr seid wieder ein Paar", platzte es aus ihm heraus, doch ich reagierte nicht. „Hallo! Erde an Sarah!", rief er und klatschte in die Hände.

Ich sah kurz zu ihm rüber und tippte weiter irgendwelche Zahlen in die Tabelle auf meinem Bildschirm. „Ja, was denn?", knurrte ich ihn an, als ich wie wild auf die Löschen-Taste hämmerte. „Bist du wieder mit Alice zusammen?", fragte er etwas energischer. „Ich habe dir vorhin schon gesagt, dass ich darüber nicht reden möchte, Sam", zischte ich ihm zu und lehnte mich zurück.

„Also ja. Ich kenne dich schon ein paar Jahre, vergiss das nicht", grinste er und bastelte einen Papierflieger.

„Wenn du meinst“, gab ich schnippisch zurück und bekam einige Augenblicke später seinen Papierflieger am Kopf. „Arschloch“, fluchte ich grinsend und legte die Brille auf den Tisch.

„Ich freue mich für dich“, lachte Sam und kam zu mir rüber.

„Behalte es einfach für dich. Kein Wort zu Alice oder zu Tim, sonst bin ich schneller wieder Single, als ich gucken kann“, knurrte ich ihn an. Er hob die Hände in die Luft und versprach mir, die Klappe zu halten. Er drückte mich an sich und ging wieder an die Arbeit. Würde er mich noch einmal als sturen Esel bezeichnen, würde ich ihm die Ohren lang ziehen. Er war fast so stur wie Alice, meine Mutter und ich zusammen.

Zur Mittagszeit schlich ich mich schon früher aus dem Büro und ging zum eingeschneiten Imbiss rüber, wo Alice bereits auf mich wartete. Sie hielt mir eine Bratwurst entgegen. Wir wanderten durch die Straßen und erzählten uns, was wir den ganzen Vormittag getrieben hatten.

„Engel?“

Alice zuckte zusammen und ließ meine Hand los. Ich sah traurig auf meine nun leere Hand, doch sie legte ihre wieder in meine. „Ich bin es einfach nicht mehr gewohnt, so genannt zu werden. Was denn, mein Liebling?“, entschuldigte sie sich und sah mich lächelnd an.

„Hast du schon ein Geschenk für Tim und Sam zur Hochzeit oder zumindest eine Idee?“, fragte ich sie hastig.

„Ja, ich habe eine Idee. Ich wollte den beiden eine Heißluftballonfahrt schenken. Ich kann ja sagen, dass das Geschenk von uns beiden ist“, antwortete sie mir und biss von ihrer Bratwurst ab.

„Nee, entweder teilen wir uns die Kosten oder ich kaufe denen noch etwas anderes“, maulte ich.

Alice stellte sich vor mir und sah mich böse an. „Du bist so ein Sturkopf! Dann teilen wir uns halt die Kosten. Steck das Geld einfach in unsere Urlaubskasse, okay?“, seufzte sie und legte den Kopf schief.

Ich beugte mich zu ihr und wollte sie liebevoll küssen, doch plötzlich stand sie wieder neben mir und nahm meine Hand. Ich schob mir ein Stück Bratwurst in den Mund und kaute genervt darauf rum.

Alice lag in meinen Armen und wir sahen auf die zugefrorene Warnow. Es war klirrend kalt, doch wir wärmten uns gegenseitig, so gut es halt bei minus 15 Grad ging.

„Ich war hier oft alleine und es war einfach nicht das Gleiche“, gestand mir Alice, die ihren Schal höher zog.

„Ohne dich fühlte ich mich unvollständig und leer. Du bist nun mal ein

Teil meines Lebens", ergänzte ich und streichelte ihren Rücken. „Scheiße, wir müssen zurück ins Büro." Alice sah auf ihre Uhr und zog mich hinter sich her. Ich stolperte ihr nach und löste mich von ihr. Sie sah mich fragend an und nickte schließlich.

„Kommst du nach der Arbeit zu mir?", fragte sie noch schnell, bevor wir wieder vor dem Bürokomplex standen.

„Wenn du mich dahaben möchtest, gerne", lächelte ich.

Sie ging schneller und ich wartete einige Minuten, bis ich um die Ecke bog.

Der Rest des Tages plätscherte so vor sich hin und zwischendurch lag ich mit dem Kopf auf dem Tisch und zerbrach mir diesen darüber, was ich Tim und Sam nur schenken konnte. Ich wollte nicht, dass Alice alles bezahlte, und grübelte unentwegt nach einer guten Idee. Nach zwei Stunden gab ich es schließlich auf und widmete mich wieder meiner Arbeit, die bald darauf von meiner Mutter unterbrochen wurde. Sie bat mich in ihr Büro und ich setzte mich langsam in Bewegung.

„Was ist denn nun wieder los?", fragte ich seufzend, doch ich bekam keine Antwort.

Alice sah mich an und ich unterdrückte ein Lächeln, als ich Muttis Büro betrat.

„Setz dich, Liebes", bat meine Mutter höflich und schob mich in Alice' Richtung. Ich zog mein Stuhl etwas von ihr weg, damit Mutti keinen Verdacht schöpfte, und setzte mich.

„Ach Mädels, ihr denkt doch nicht wirklich, dass ich eure Show nicht schon längst durchschaut hätte. Keine von euch beiden war in der Cafeteria und im Büro wart ihr auch nicht."

„Hättest du im Kopierraum nachgesehen, hättest du mich gefunden, wie ich weiße Blätter kopiert habe", antwortete ich ihr grinsend, sodass Alice in schallendes Gelächter ausbrach.

Doch sie beruhigte sich schnell wieder und räusperte sich. „Ich weiß nicht, was du meinst, Senta. Ich war an der Warnow und habe die Aussicht genossen. Ich weiß nicht, was deine Tochter getrieben hat", antwortete sie schulterzuckend und sah sie grinsend an.

Mutti grinste triumphierend zurück. „Ich habe euch die ganze Zeit beobachtet und ich habe mich sehr gefreut, wie ihr in den Armen des jeweils anderen lagt." Sie wischte sich die Freudentränen weg und sah uns erwartungsvoll an.

Das war's dann wohl mit dem Geheimhalten. Zerplatzt wie eine Seifenblase.

„Behalte es für dich. Bitte“, flehte Alice sie an.

„Deine Mutter hat gestern Abend vor meiner Tür gestanden und mir erzählt, dass du Sarah eine Chance geben willst und mit ihr aus der Wohnung von den Jungs verschwunden bist. Da war mir schon klar, dass es mit euch beiden wieder aufwärtsgeht. Ihr arbeitet konzentrierter und Alice sortiert nicht wieder die ganzen Rechnungen um“, lachte sie und kam um ihren Tisch herum. Ich fühlte mich so ertappt und hatte Angst, mein frisch zurückgewonnenes Glück gleich wieder zu verlieren.

„Ich weiß nicht, was in meine Mutter gefahren ist, sie benimmt sich wie ein angestochenes Schwein. Sie hat Sarah beschimpft und versucht, mich immer von ihr fernzuhalten. Gestern ist mir der Kragen geplatzt, ich habe mich wieder so eingesperrt gefühlt wie damals in Rosenheim. Ich will erst einmal keinen Kontakt zu ihr, sie soll sich beruhigen und sich bei Sarah entschuldigen.“ Alice Augen waren voller Wut und ich bekam ein wenig Angst vor ihr. Ihre Mutter war ihr sehr wichtig, sie würde sonst nie zu so drastischen Mitteln greifen und den Kontakt abbrechen.

„Engel, sie ist deine Mutter. Du solltest mit ihr darüber reden“, schlug ich vorsichtig vor, doch Alice schüttelte den Kopf.

„Ich lass sie spüren, wie es ist, wenn man alleine ist“, antwortete sie verbittert.

Mutti ergriff das Wort. „Lass etwas Zeit ins Land gehen und dann redet noch einmal, in Ordnung? Geht jetzt wieder an die Arbeit. Ich werde niemandem etwas sagen, versprochen.“ Sie hob Zeige- und Mittelfinger, als würde sie einen Eid ablegen.

Schmunzelnd stand ich auf und ließ Alice den Vortritt, als ich die Bürotür öffnete. „Gentlewoman“, grinste sie mir entgegen und bog in ihr Büro ein, während ich auf die andere Seite musste und mein Grinsen aus dem Gesicht wischte.

Ich fuhr mit dem Bus zu Alice und schloss die Tür auf. Das Erste, was mir auffiel, war, dass unsere Bilder wieder überall standen. Sie war früher zu Hause und hatte mir einen Kaffee gekocht, während sie jetzt unter der Dusche stand.

Ich legte mich aufs Sofa und schloss die Augen. Es fühlte sich gut an, wieder hier zu sein, wenn auch nur stundenweise. Der Duft von Zimt und Lebkuchen lag in der Luft. Ob sie uns etwas gebacken hatte?

Alice ging ins Schlafzimmer und kam im Schlafanzug aufs Sofa. Sie legte sich auf mich und ich kraulte ihre feuchten Haare. „Du benutzt mein Duschgel?“, schmunzelte ich, als mir der Duft von Zedernholz in die Nase stieg.

„Nicht schimpfen“, jammerte sie in meinen Bauch und kuschelte sich enger an mich. Ich streichelte ihr den Rücken und trank meinen Kaffee.

Später am Abend stand ich fertig angezogen an der Tür und nahm Alice in den Arm. „Schlaf gut und träum was Schönes, ja?“, flüsterte ich ihr ins Ohr.

Sie nickte und sah zu, wie ich unsere Wohnung verließ.

Ich trabte langsam zu meiner Mutter und dachte nach, was Alice jetzt wohl machen würde. Nach langer Zeit meldete sich mein Gewissen wieder und wollte mir Mut machen. „Sie wird ins Bett gehen und mit deinem Pulli kuscheln, bis sie dich morgen im Büro wiedersieht“, meinte mein Gewissen – theatralisch die Augen verdrehend.

Ich seufzte, als ich die Tür aufschloss und in mein Zimmer ging. Ich zog mich aus und schmiss mich in mein Bett. Mein Handy klingelte und ich stand auf, um es vom Schreibtisch zu holen.

*Ich liebe dich und bin froh, dass ich dich wiederhabe. Schlaf gut, mein Schatz. :**

Ich lächelte über die Nachricht von Alice und schickte ihr einen Kuss-Smiley zurück. Mir war immer noch unklar, warum ich sie betrogen hatte, und war froh, dass Alice uns eine Chance gab. Ich schlief ein und träumte von unserer Hochzeit.

Kapitel 21

Am Silvesterabend blieb ich zu Hause, während Mutti mit Marco und Martin zum Büro fuhren, um das Feuerwerk am Stadthafen anzusehen. „Du willst wirklich nicht mit?“, hakte Martin noch einmal nach und beäugte mich skeptisch. Ich schüttelte den Kopf. Seufzend öffnete er die Wohnungstür und verabschiedete sich von mir. „Ich wünsche dir schon mal ein gesundes neues Jahr und, dass deine Wünsche in Erfüllung gehen“, sagte er und drückte mich an sich. Mutti und Marco gingen ihm nach, und als ich hörte, wie der Kombi aus der Straße fuhr, zog ich mich schnell an und lief zu Alice' Wohnung.

Sie erwartete mich bereits und hielt mir die Tür auf. „Es sind nur noch fünf Minuten bis Mitternacht, beeil dich, ich schenke schon mal den Sekt ein.“ Sie deutete auf ihre Armbanduhr und lächelte mich an. Hastig zog ich mich aus und ging mit ihr auf den Balkon, wo man vermutlich nicht viel vom Feuerwerk sehen würde, doch ich wollte einfach nur bei ihr sein, wenn das neue Jahr begann.

Alice hatte meinen Pullover übergezogen und gab mir ein Glas Sekt. „Wie kannst du nur so übergroße Hoodies tragen, ich versinke in dem Teil! Den kann ich als Kleid tragen“, beschwerte sie sich, als sie sich die Kapuze aufsetzte, die ihr ins Gesicht rutschte.

„Die halten schön warm. Kostverächter“, gab ich ihr zurück und drückte sie an mich.

Sie stellte sich ans Geländer und sah in den sternenklaren Nachthimmel. „Wenn ich ehrlich bin, hatte ich Angst, dass ich Silvester alleine verbringe. Ich bin froh, dass du hier bist“, flüsterte sie, als ich mich an ihren Rücken schmiegte.

In diesem Moment ging das Feuerwerk los und erhellte den Himmel in verschiedenen Farben. Ich schlang meine Arme um Alice, die dem Spektakel zusah. „Frohes Neues, mein Engel“, flüsterte ich ihr zu.

Sie senkte ihren Kopf und drehte sich zu mir um. Ihre Augen leuchteten mir entgegen. Da konnte kein Feuerwerk dieser Welt mithalten. „Gesundes Neues“, lächelte sie und schob mir eine Strähne aus dem Gesicht. Ihr Zeigefinger wanderte von meiner Stirn über meine Wange, hinüber zu meinen Lippen, wo er einen Augenblick verharrte. Sie biss sich auf die Lippe und beugte sich langsam zu mir.

Ich nahm ihre Hände und legte sie um meinen Hals. „Ich will alles besser machen und dir zeigen, wie sehr …“ Noch bevor ich den Satz beenden konnte, legte sie ihre Lippen auf meine. Ich atmete tief ein, bevor ich ihren Kuss erwiderte, und konnte es kaum fassen, was sie gerade getan hatte. Ein Kuss, auf den ich so lange verzichten musste und der schöner war, als alle anderen Küsse davor, gefolgt von dem nächsten. Ich stellte das Sektglas ab und hob meine Liebste hoch. In Sekundenschnelle schlang sie ihre Beine um meine Hüfte und küsste mich umso leidenschaftlicher. Weder sie noch ich wollten, dass dieser Kuss jemals endete. Wir zuckten zusammen, als am Balkon eine Rakete vorbeischoss, und lachten danach über unsere schreckhafte Art. Irgendwo dudelte lautstark *Living next door to Alice*, was mich schmunzeln ließ.

„Dank diesem Song heiße ich so“, schmollte sie und nippte an ihrem Sektglas, was sie immer noch in der Hand hielt.

„Ich finde den Namen schön und er passt zu dir“, schmunzelte ich und setzte sie langsam ab.

„Glaub mir, wenn du den schon von deinem Lehrer vorgesungen bekommst, wenn du zu spät zum Unterricht kommst, und das an einer katholischen Mädchenschule, dann kannst du mich bestimmt verstehen, dass ich ihn nicht so toll finde“, gab sie trocken zurück und leerte ihr Sektglas. Sie schob sich an mir vorbei und stellte das leere Glas in die Spüle. Erwartungsvoll sah sie mich an, zog ihre Hände in die Ärmel des Pullovers und schlang sie um ihren Körper. „Komm rein, es wird kalt“, forderte sie quengelnd.

Ich nahm mein Sektglas, leerte es in einem Zug und ging hinein. Schnell schloss sie die Balkontür und ich kuschelte mich in ihre Arme. „Du musst gleich wieder los, sonst fällt es Marco und Martin auf“, seufzte sie leise.

Ich wollte nicht gehen, es war gerade so schön, und ich wollte wieder ihre Küsse schmecken, die mir alles bedeuteten. Ich schob ihr die Kapuze vom Kopf und küsste ihre Stirn. „Ich liebe dich“, murmelte ich gegen ihre Stirn.

Alice drückte mir einen flüchtigen Kuss auf die Lippen, doch ich zog sie an mich und intensivierte den Kuss. Zaghaft bahnte sich meine Zunge in ihren Mund und umspielte ihre sanft. Sie stöhnte leise auf und löste sich von mir. „Du musst los“, sagte sie traurig und streichelte mir über die Wange. Seufzend ging ich in den Flur und warf mir meinen Mantel über. Alice lehnte sich an den Türrahmen und beobachtete mich dabei. „Danke, dass du da warst. Ich konnte mir einfach nicht vorstellen, ohne dich ins neue Jahr zu starten“, lächelte sie mir zu, als ich mich umdrehte und sie noch einmal im Arm nahm.

Ich kämpfte mit den Tränen, gegen die ich haushoch verlor. „Es war viel zu kurz, doch ich freue mich, dass ich dich damit glücklich machen konnte. Schlaf gut und träume fein“, flüsterte ich mit tränenerstickter Stimme und drückte meine Lippen auf ihre.

Sie löste sich von mir und öffnete die Tür. Noch bevor meine Füße die erste Treppenstufe berührten, drehte sie mich um und drückte mir einen weiteren leidenschaftlichen Kuss auf die Lippen. „Wir schreiben. Schlaf gut“, verabschiedete sie sich und verschwand in ihre Wohnung.

Völlig verdutzt von dieser Aktion ging ich langsam die Treppen runter und sprintete dann die Straßen entlang nach Hause. Alice hatte mich geküsst! Diese Küsse, die mein Herz berührten und mich in einer angenehmen Wärme hüllten, wie ich sie schon lange nicht mehr gespürt hatte. Atemlos schloss ich zu Hause schnell die Tür auf, zog mich aus und warf mich in mein Bett. Gott sei Dank waren die anderen noch nicht wieder zurück. Ich nahm mein Handy und rief Alice an.

„Sehnsucht?“, lachte sie ins Telefon, was mich ebenfalls schmunzeln ließ.

„Ja“, gestand ich ihr leise.

„Wir können morgen am Strand spazieren gehen, wenn du magst. Ich nehme eine Thermosflasche Kaffee mit“, schlug Alice vor, während ich die Augen schloss und mich auf die Seite drehte.

„Das können wir gerne tun. Liegst du schon im Bett?“, fragte ich leise.

„Ja, mit deinem Pulli im Arm, der leider nicht mehr nach dir riecht“, seufzte sie.

Ich lächelte etwas. Sie hätte nur ein Ton sagen müssen und ich würde sofort wieder vor ihrer Tür stehen. „Dann bekommst du morgen Nachschub, ja? Schlaf, mein Engel.“

Sie ächzte ins Telefon, vermutlich streckte sie sich gerade. „Ich will aber noch nicht schlafen. Ich will deine Stimme hören. Erzählst du mir eine Geschichte, bis ich eingeschlafen bin?“, bettelte sie.

Ich seufzte und überlegte mir etwas. „Es war einmal eine junge heranwachsende Dame, die neben Alice wohnte“, fing ich an.

Sie lachte verachtend ins Telefon. „Arschloch. Hätte ich dir das bloß nicht erzählt“, murmelte sie mir ins Ohr.

Ich lachte schelmisch und fuhr fort: „Sie war ganz traurig, dass sie alleine im Bett lag und rief ihre Freundin an, damit die ihr eine Gutenachtgeschichte erzählte. Und die ging so: Es war einmal eine junge heranwachsende Dame, die neben Alice wohnte.“

„Das ist gemein, das sind solche endlosen Geschichten!“, quengelte Alice lauthals, was mich laut loslachen ließ.

Ich hörte, wie jemand die Tür aufschloss. „Die anderen kommen wieder. Schlaf. Ich melde mich später, sofern ich wach bleibe“, wisperte ich in mein Handy.

Verdammt, wieso mussten die jetzt heimkommen, wo es doch so schön war, mit Alice zu telefonieren?

„Also bist du vor 10 Uhr nicht wach. Schlaf gut. Gute Nacht“, flüsterte sie ins Telefon.

Ich kniff die Augen zusammen. „Ich will nicht auflegen. Es tut gut, deine Stimme zu hören“, murmelte ich leise.

„Liebling. Sag mir *Gute Nacht* und leg dann auf. Morgen hast du mich wieder.“ Alice Stimme bebte etwas, ich ahnte, dass sie gerade weinte.

„Gute Nacht. Ich liebe dich.“ Noch bevor sie antworten konnte, legte ich auf und packte mein Telefon auf den Nachtschrank. Ich rollte mich in meine Decke ein und schloss die Augen. Ihre Küsse konnte ich immer noch schmecken. Ich leckte mir die Lippen. Morgen würde ich sie wiedersehen.

Mutti klopfte an der Tür. Ich reagierte nicht. Sie öffnete die Tür und flüsterte meinen Namen. Ich verharrte in Stille und ließ den kurzen Moment mit Alice Revue passieren. Es war fast wie damals, es normalisierte sich schon etwas, außer dass ich nicht bei ihr schlief und ihr nur eine „Gute Nacht“ wünschte, wenn ich nach Hause ging. Irgendwann würde sie es zulassen, dass ich wieder neben ihr schlafen durfte, bis dahin musste ich einfach nur geduldig sein.

Kapitel 22

Über drei Wochen hinweg fand unser abendliches Ritual statt, dass ich sie in den Arm nahm und ihr eine *Gute Nacht* wünschte. Jeden Abend fiel es mir schwerer und ich verkniff mir immer wieder die Tränen. Alice streichelte meine Wange und sah mich traurig an.

„Nicht weinen, bitte. Es zerreißt mir mein Herz", flüsterte sie wehmütig und drückte mir einen Kuss auf die Wange. Wir waren eigentlich wieder ein Paar, das sich kennenlernte, mit dem Unterschied, dass wir schon fast zwei Jahre zusammen waren und uns die Marotten und Macken des anderen bereits bekannt waren. So kochten wir zusammen und ich war – wie es vorher schon gewesen üblich war – eigentlich nur zum Gemüseschneiden da, während Alice den Rest erledigte. Ich beobachtete sie, wie sie uns Kuchen backte oder einen leckeren Auflauf machte. Seitdem wir wieder zusammen waren, hatten wir uns – außer in der Silvesternacht – nicht mehr geküsst, nur auf die Wange oder die Stirn. Es kostete mich viel Kraft, den etlichen Versuchungen zu widerstehen, Alice zuliebe, die immer noch Probleme hatte, meine Nähe richtig zu genießen.

Ich saß auf unserem Sofa und starrte Alice ungläubig an. „Kannst du das noch einmal wiederholen?", fragte ich zögernd.

„Ich habe dich gefragt, ob du die Nächte wieder bei mir verbringen willst", wiederholte sie lächelnd.

Seit Wochen wollte ich nichts mehr, als neben ihr einzuschlafen und ihre Nähe zu spüren, doch jetzt war ich vollkommen verunsichert. Ich hatte Alice, die genau neben mir saß, so wehgetan und konnte mir immer noch nicht selbst verzeihen. „Ich weiß nicht, ob ich schon bereit dafür bin, wieder neben dir zu schlafen. Ich kann mir meinen Fehler einfach nicht verzeihen, weißt du?" Ich versuchte, meine Gefühle so gut wie möglich zu beschreiben, was meines Erachtens nicht so gut klappte.

Alice nickte kurz. „Ich verstehe, was du meinst, aber du bist zu streng mit dir. Seit fast zwei Monaten hast du nicht mehr neben mir gelegen. Am Anfang war ich froh darum, jetzt habe ich den Punkt erreicht, wo ich dich wieder an meiner Seite haben will. Es ist passiert, aber ich habe damit abgeschlossen und das solltest du auch. Wir können es nicht ändern, mein Liebling. Ich werde es akzeptieren, wenn du vielleicht noch ein wenig Zeit brauchst."

Ich brauchte einen Moment, bis ich die Information verarbeitet hatte. Sie wollte mich wieder an ihrer Seite und ich wusste nicht, womit ich das verdient hatte. Ich hatte ihr Herz gebrochen und war untreu gewesen. Jede andere Frau hätte mich sofort zum Mond geschossen, doch Alice tat dies nicht. Ich fragte sie, warum sie sich nicht eine andere Frau gesucht hatte, die ihr treu war.

Ihre Antwort war schlicht. „Warum soll ich etwas wegwerfen, was ich von ganzem Herzen liebe, wenn ich es auch reparieren kann?" Ich riss die Augen auf. Langsam legte ich meinen Kopf auf ihren Schoß und fing an zu weinen. „Ich will dich mit allen Ecken und Kanten, die du hast. Ich liebe dich", flüsterte sie mir zu und streichelte mir liebevoll über die Wange.

Ich hielt ihre Hand fest und sah durch den Tränenschleier zu ihr auf. „Ich will dich heiraten und dich glücklich machen. Ich will doch mit dir irgendwann, wenn wir alt und grau sind, unseren Enkeln beim Spielen zusehen." Ich wickelte meinen Körper um Alice, die nur dasaß und mich anlächelte.

Sie küsste meine Hand, die ihre fest umklammerte. „Lass uns ins Bett gehen", flüsterte sie schließlich.

Bald darauf lag ich in dem neuen Bett und kuschelte mich an Alice. Es war ungewohnt, dass wir im Pyjama schliefen, doch ich bestand darauf. Ich wollte nicht gleich in der ersten Nacht über sie herfallen, dafür kannte ich uns und unsere Marotten zu gut.

„Es ist so schön, endlich wieder mit dir hier zu liegen", seufzte Alice müde.

Ich küsste zärtlich ihren Nacken, sodass sie erschauderte. „Schlaf, du bist total geschafft vom Spaziergang", flüsterte ich in ihr Ohr.

Sie drehte sich zu mir um und küsste mich leidenschaftlich. Ich saugte die Küsse ein und klammerte mich an sie. Mein Bauch kribbelte ununterbrochen und ein Feuer durchzog meinen Körper mit angenehmer Wärme. Vorsichtig erwiderte ich ihre Küsse und streichelte sie liebevoll. „Ich liebe dich, mein Engel", hauchte ich ihr zu, als wir uns lösten.

Mein Handy durchbrach unsere traute Zweisamkeit und ich wendete mich zu meinem Nachttisch um. Ich erstarrte, als ich sah, wer mir geschrieben hatte.

Hey, ich hoffe, du bist noch Single, ich habe wahnsinnige Lust auf dich. Ich kann einfach nicht aufhören, an unsere unvergessliche Nacht zu denken.

Alice rutschte zu mir rüber und ich zeigte ihr die Nachricht. „Blockier sie. Sie hat uns genug Ärger gemacht. Sie hat wohl meine Schadensersatzzahlung erhalten und denkt, jetzt kann sie wieder bei dir landen", knurrte sie wütend und drehte mir den Rücken zu.

Ich löschte die Nachricht und blockierte ihre Nummer. Was fiel diesem Miststück nur ein, einfach so anzukommen und zu versuchen, mich rumzukriegen, nachdem sie der Grund dafür war, dass es mir wochenlang dreckig ging? Ich schnaufte vor Wut und wollte mich an Alice kuscheln, die mich aber abwies. „Engel, ich kann nichts dafür, dass sie mir geschrieben hat", murmelte ich betrübt und streichelte ihren Arm.

Langsam drehte sie sich zu mir und sah mich trübselig an. „Ich weiß, aber es reißt irgendwie die alten Wunden auf, die gerade erst verheilt waren." Sie nahm meinen Arm und legte ihn um sich. Meine andere Hand schob sie unter ihre Wange.

„Sie soll zur Hölle fahren", knurrte ich in das Laken und kuschelte mich enger an sie. Ich würde den gleichen Fehler nicht ein zweites Mal machen. Um keinen Preis der Welt.

Alice und ich lagen nebeneinander und starrten die Decke an. Wir konnten einfach nicht schlafen und grübelten vor uns hin. „Ich kann es einfach nicht fassen, dass sie sich erdreistet, sich bei mir zu melden", fluchte ich lautstark, während ich mich streckte. Mein Rücken schmerzte schrecklich, doch ich versuchte, mir das nicht anmerken zu lassen. Die alte Matratze war mir tausendmal lieber gewesen, als die neue, die bretthart war.

Alice drehte sich zu mir und legte den Kopf auf meine Brust. „Du hast sie blockiert und die Nachrichten gelöscht. Vergiss das Ganze einfach. Ich will daran einfach keinen Gedanken mehr verschwenden." Sie war wütend auf mich, was sie mich deutlich spüren ließ.

Ihre unverblümte Ehrlichkeit tat mir im Herzen weh, sodass ich sie näher an mich zog. „Ich habe Angst, dass du mir jetzt nicht mehr vertrauen kannst, nachdem die Nachricht kam. Ich will doch alles besser machen als vorher", jammerte ich in ihre Haare, die nach meinem Duschgel rochen. Die Angst bahnte sich den Weg durch meinen Körper, sodass ich kurz erschauderte.

Alice krallte sich an mein Oberteil, als sie zu mir aufsah. „Liebling. Du bist mein Ein und Alles. Wir schaffen das zusammen." Ihr Gesichtsausdruck war weich und ihre Lippen wurden von einem Lächeln umspielt. Ich küsste sanft ihre Stirn, während Alice Hand langsam mein Oberteil losließ.

„Hast du jetzt noch ein Geschenk für Sam und Tim gefunden?", fragte sie plötzlich und ich war überrascht, wie schnell sie das Thema wechselte. Ich rieb mir die Augen, während ich ihr antwortete. „Leider nicht, ich bin in solchen Dingen einfach schlecht“, murmelte ich ihr zu.

„Was bekomme ich denn zum Valentinstag?“, fragte sie mit einer spielerischen Unschuld.

Verdammt, das hatte ich ja total vergessen! Schnell suchte ich nach einer Idee, doch ich wurde nicht fündig. Mein Kopf war wie leer gefegt. Ich seufzte, als ich meinen Blick von ihr abwandte.

„Wir müssen den Tag nicht feiern, wenn du nicht magst“, schlichtete sie, als sie meinen Kopf wieder zu sich drehte.

Wie konnte man auch nur eine Hochzeit auf den Valentinstag legen, das war für Paare, die der Hochzeit beiwohnten, total unfair. Ich erinnerte mich an das Gespräch mit Gerd und was sein Mann für ihn gemacht hatte. Das hatte mir echt gut gefallen.

„Ich will so gerne etwas Schönes für dich machen, aber dafür ist es noch zu kalt.“

Alice sah mich neugierig an. „Zu kalt? Was geht in deinem Kopf vor sich? Erzähl!“, bettelte sie, während sie sich auf mich rollte.

„Das ist ein Geheimnis“, flüsterte ich, bis sie anfing, mich zu kitzeln. Ich brach in schallendes Gelächter aus und versuchte, ihre Hände festzuhalten, doch sie war einfach zu schnell.

„Los, sag!“, forderte sie immer wieder, während sie mich weiter quälte.

Ich schnappte nach Luft und sie gönnte mir eine kleine Pause. „Es wird wunderschön romantisch, mein Engel. Lass dich einfach überraschen. Sofern es etwas wärmer ist, mache ich das für dich“, versprach ich ihr und atmete tief durch.

Alice verzog das Gesicht und rieb ihre Nase an meiner. „Bekomme ich einen Tipp?“, fragte sie vorsichtig nach, während sie sich an mich schmiegte.

Ich legte die Arme um sie und kraulte ihren Rücken, während ich nachdachte, welchen Tipp ich ihr geben könnte, ohne die Überraschung zu versauen. „Nur wir beide“, antwortete ich ihr schließlich.

Alice sah mich skeptisch an. „Das ist doch kein Tipp!“, beschwerte sie sich lauthals.

Ich streckte ihr die Zunge aus. „Doch, ist es. Alles andere würde es verraten“, rechtfertigte ich mich, aber meine Liebste reagierte nicht. „Engel?“, flüsterte ich, doch sie war auf mir eingeschlafen. „Na toll. Sie weiß doch, dass ich auf dem Rücken liegend nicht schlafen kann“, jammerte ich leise und spürte ihren Atem durch mein Oberteil.

Stundenlang lag sie auf meinem Bauch und schlief tief und fest, als sie endlich von mir runterrollte und mir den Rücken zudrehte. Mein Rücken schmerzte ungemein und ich war froh, mich endlich auf die Seite drehen zu können. Ich kuschelte mich an Alice' Rücken und schlief ein, bevor der Wecker mich wenige Stunden später aus dem Schlaf riss.

Kapitel 23

Alice schaltete den Wecker aus und rollte sich in meine Arme. Sie murrte herum und knöpfte mein Oberteil auf. „Ich will nicht arbeiten, ich habe schon so viele Überstunden, dass ich getrost eine Woche Urlaub machen könnte“, murmelte sie leise und küsste liebevoll mein Brustbein.

Benommen von dem wenigen Schlaf, den ich hatte, kraulte ich ihr den Nacken, was mit einem müden Lächeln von Alice belohnt wurde. „Du willst mich doch nicht etwa verführen, oder?“, lächelte ich sie verschlafen an.

Sie setzte sich auf meinen Schoß und streichelte meinen entblößten Bauch. „Was hältst du davon, wenn wir einfach wegfahren? Nur du und ich?“, schlug sie mit schief gelegtem Kopf vor.

Ich richtete mich auf und küsste sie sanft. Ich fand die Idee schön, doch ich würde bestimmt nicht von jetzt auf gleich Urlaub bekommen. „Ich kann zumindest nachfragen, ob das gehen würde und Mutti dich so lange entbehren kann. Du bist ja ihre rechte Hand“, nuschelte ich zwischen den Küssen, die immer intensiver wurden. Ich griff in Alice’ verwuschelte Haare und zog sie vorsichtig von meinen Lippen weg. „Langsam. Bitte“, bat ich sie mit trübem Blick und ließ ihre Haare los.

„Es ist einfach so schön, dich bei mir zu haben. Ich vermisse den Sex mit dir so sehr“, gab sie seufzend zu und stand auf.

„Ich vermisse es auch, aber gib uns einfach ein wenig Zeit, ja? Ich habe eine gefühlte Ewigkeit auf dich gewartet und ich will nicht, dass wir es mittendrin abbrechen, weil es uns dann doch zu schnell geht. Wir beide haben es so entschieden und ich wünsche mir, dass wir uns daran halten, mein Engel.“

Sie nahm sich frische Unterwäsche aus dem Kleiderschrank und sah mich traurig an. „Stimmt. Bist du mir böse?“ Sie zog eine Schnute und ich schmunzelte ein wenig.

„Warum sollte ich dir böse sein? Wir sind bald zwei Jahre zusammen und wir fangen noch einmal von vorne an. Ich würde fast meinen, das ist normal. Geh duschen, ich mache uns Frühstück“, kommandierte ich sie.

„Jawohl, Oberbefehlshaber!“, gab sie mir sarkastisch zurück und verschwand aus dem Schlafzimmer.

Ich drehte das Radio auf und machte uns ein paar Brötchen. Der Kaffee stand bereits auf dem Tisch und ich deckte den Tisch. Alice umarmte mich und kuschelte sich an meinen Rücken.

„Den Blazer kenne ich noch gar nicht an dir. Er betont deine Taille und deine Schultern sehr." In ihrer Stimme lag etwas Verführerisches, doch ich blieb stur. Abgemacht war abgemacht. Langsam drehte ich mich zu ihr um und nahm ihre Hände. Sie trug ihren schwarzen Hosenanzug, den ich so unglaublich schön an ihr fand.

„Was hältst du davon, wenn wir heute Abend ins Kino gehen?", schlug ich ihr vor. Sie zog die Augenbrauen zusammen, bevor sie mir eine Antwort gab.

„Wenn du magst, ich würde lieber einen DVD-Abend machen wollen mit Kerzen und Knabberkram, was hältst du davon?", entgegnete sie leise. DVD-Abend bedeutete in Alice Sprache: *Ich will Sex mit dir, der Film ist absolut unwichtig und das Knabberzeug ist nur für zwischendurch, dass ich mich etwas stärken kann, bevor es in die nächste Runde geht.*

„DVD-Abend. Na gut, willst du noch etwas zu trinken einkaufen? Bier?", fragte ich zielstrebig nach.

Sie legte ihre Arme um meinen Hals und lächelte mich liebevoll an. „Können wir gerne machen." Sie wollte mehr, daran bestand kein Zweifel. Aber: War es richtig? Oder war es vielleicht noch zu früh dafür?

Der Duft von frischen Brötchen durchflutete die Wohnung, als wir gemeinsam auf dem Sofa saßen und frühstückten. Ich hatte es so vermisst, ihre Nähe zu spüren und solche Kleinigkeiten, die für andere eventuell bedeutungslos waren, wie zusammen Frühstücken, hoben meine Stimmung immens.

„Ich überlege, mir ein eigenes Auto zu kaufen, ich mag zwar den Audi sehr, aber ich will lieber etwas Eigenes haben", warf Alice ein und schielte mich über den Rand der Kaffeetasse an.

„Urlaub, neues Auto. Wann kaufst du dir ein eigenes Haus?", lachte ich sarkastisch, doch sie lachte nicht mit mir.

Sie stellte die Tasse ab und nahm meine Hand. „Meine Mutter hat das Anwesen verkauft und eine verdammt hohe Summe erhalten, die wir uns geteilt haben. Wir haben ausgesorgt", lächelte sie mich an.

„Nein, *du* hast ausgesorgt, ich noch nicht", berichtigte ich sie lächelnd, doch ich war voll ins Fettnäpfchen getreten.

Ihre Blicke wurden dunkler und sie rutschte näher an mich heran. „Wenn ich sage, dass WIR ausgesorgt haben, dann meine ich auch WIR. Ich habe aber noch kein Haus ausgesucht, falls es dich beruhigt", knurrte sie mich an.

Ich griff zum letzten Brötchen und schnitt es auf, während ich darüber nachdachte, was ich eigentlich überhaupt angespart hatte. Alice bezahlte fast alles und hatte sogar ratenweise die Einrichtung bei meiner Mutter abgestottert, obwohl die das nicht wollte.

„Du brauchst dir jetzt nicht deinen Kopf zerbrechen, ich mache das für uns."

Verdammt, wieso musste sie mich und meine Gesichtsausdrücke so gut kennen? Sie streichelte meinen Oberschenkel und lächelte mich an. „Wir können ja erst einmal nach einem neuen Auto gucken. Soll es wieder ein Audi werden oder hast du eine andere Marke im Sinn?", wich ich schnell aus, bevor es für mich noch unangenehmer wurde.

Sie überlegte einen Augenblick und rieb sich die Stirn. „Ich finde den Q5 ja echt schön, nur weiß ich nicht, ob ich so ein Schiff auch bewegen kann. Der A5 ist ja schon recht groß", fachsimpelte sie und sah mich fragend an.

Verteidigend hob ich die Hände und schüttelte den Kopf. „Das entscheidest du allein. Ich habe nicht mal einen Führerschein."

„Wir können morgen ja mal gucken fahren", schlug sie vor und stopfte sich den Rest ihres Brötchens in den Mund.

Aufgeregt erzählte ich Sam, dass Alice und ich wieder in einem Bett schliefen, und er platzte fast vor Freude. „Das ist super! Mann, da hat sich ja die ganze Tortur gelohnt! Ich freue mich so für euch, ich schreibe das gleich mal Tim." Er grinste mich breit an und zückte sein Handy.

Alice kam ab und zu in mein Büro und fragte mich Sachen, die sie eigentlich schon wusste, nur um in meiner Nähe zu sein. Sie war so unglaublich süß, dass ich anfing, Sam die Ohren voll zu schwärmen, wie toll sie doch war. „Es fühlt sich an, wie damals in der Berufsschule, als wir unser erstes Date hatten. Ich bin so wahnsinnig glücklich und bin froh, dass ich sie wiederhabe. Ich kann mir ein Leben ohne sie nicht vorstellen", seufzte ich verliebt und rührte im Kaffee herum, den Sam mir schon vor Stunden geholt hatte. Er griente in seine Unterlagen und irgendwie tat er mir leid, dass er sich meine Schwärmerei anhören musste.

„Alice, behalte deinen Audi, du musst dir doch keinen neuen Wagen kaufen!", krächzte Mutti über ihren Schreibtisch, auf dem drei Pizzakartons standen.

„Aber Senta, das Auto gehört der Firma und ich möchte einfach etwas Eigenes, wo mein Name auf dem Kaufvertrag steht und nicht der der Firma", brummte Alice, als sie sich das nächste Pizzastück nahm.

Ich hatte die Füße auf dem Tisch und Sam war die ganze Sache unangenehm. Er kaute schon eine Weile an seinem Pizzastück rum und wurde einfach nicht fertig. Ich blendete die hitzige Debatte von Alice und Mutti aus und tippte ihm auf die Schulter. „Stimmt etwas nicht?", fragte ich ihn fast schon mütterlich.

„Ach, ich habe ein wenig Schiss wegen der Hochzeit. Tim hängt sich da total rein und tut und macht und ich fühle mich so nutzlos", klagte er leise, sodass Alice und Senta nichts mithörten.

„Hast du denn schon deinen Anzug für die Trauung?", hakte ich nach.

„Ja, aber neben meinem zukünftigen Mann sehe ich aus wie ein nasser Sack", jammerte er.

„Nun halt mal die Luft an, ihr seht zusammen unglaublich süß aus und es wird euer schönster Tag im Leben werden", schimpfte ich drauflos.

Er lächelte ein wenig und zog sein Handy aus der Tasche. Er zeigte mir ein Bild seines dunkelblauen Anzugs.

„Der sieht echt super aus. Ich muss mir noch einen neuen kaufen, sonst laufen wir im Partnerlook rum", scherzte ich und schubste ihn sanft.

„Du und Alice, ihr müsst in der gleichen Farbe aufschlagen, ihr seid immerhin unsere Trauzeugen", gab er mir zurück und hatte sofort die Aufmerksamkeit meiner Liebsten.

„Was? Ich habe meinen Namen gehört", fragte sie verdutzt.

„Geht um unsere Klamotten für die Hochzeit", informierte ich sie kurz.

Sie riss die Augen auf. „Scheiße. Ich habe noch gar nichts für die Hochzeit", jammerte sie, bevor sie sich die Hand an die Stirn klatschte.

„Nächste Woche Dienstag ist die Trauung und du hast noch nichts?", fragte meine Mutter ungläubig nach. Sie sah etwas am Computer nach und sah Alice an.

„Nimm dir den Rest des Tages frei, wir haben sowieso schon alles so weit fertig, was wichtig war", ordnete sie an und räumte ihren leeren Pizzakarton weg.

„Wer soll mich beraten?", fragte Alice nach. Sie wollte, dass ich mitkam, dafür brauchte ich nicht mal wirklich mein Gehirn anstrengen.

Mutti überlegte kurz und ging zu ihrem Computer rüber. „Wenn Sarah einen halben Urlaubstag opfert, kann sie mitgehen", antwortete Mutti trocken.

„Das ist es mir wert." Ich nahm mein letztes Stück Pizza und schlang es runter.

Alice stand in einem verboten figurbetonten, smaragdgrünen Kleid vor mir, das bis zum Boden reichte. Ich lehnte mich etwas vor und nickte.

„Das ist es. Das müssen wir nehmen“, sagte ich langsam. Alice lächelte mich an und zog mich hoch. Ich hasste ihre Absatzschuhe jetzt schon, die mich neben ihr wie ein Zwerg wirken ließen.

„Warum ziehst du nicht auch ein Kleid an? Du hast doch einen so wunderschönen Körper, außerdem hätte ich dann weniger zum Ausziehen“, grinste sie frech.

Ich lächelte verlegen. Bisher war ich immer drum herumgekommen, ein Kleid zu tragen – und das sollte auch so bleiben. Ich konnte mir einfach nicht vorstellen, dass ich mich darin wohlfühlen würde. „Ich weiß nicht, ich fühle mich im Anzug einfach wohler, auch wenn ich neben dir wie ein kleiner Gnom aussehe“, wich ich vorsichtig aus. Ich streichelte sanft ihre Wange und streckte mich etwas, um sie zu küssen. „Probiere eins an. Für mich“, bettelte Alice und zog einen Schmollmund.

Ich seufzte und kratzte mich nachdenklich am Hinterkopf. Ich würde mich total unwohl fühlen. „Such mir eins aus“, murmelte ich nachgiebig.

„Farbe?“, fragte sie freudestrahlend.

Ich zuckte mit den Schultern. „Das darfst du entscheiden.“

Sie schoss los, sodass ihr Wunschkleid etwas wehte. Sie sah wundervoll aus und ich konnte mir sofort vorstellen, sie so zu heiraten. Alice kam mit einem schwarzen Kleid und einem dunkelgrünen, das farblich ihrem Kleid sehr ähnlich war, zurück und drückte mir beide in die Hand. „Anziehen!“, befahl sie mir mit einem liebevollen Lächeln.

Ich rief nach Alice, damit sie den Reißverschluss schließen konnte. Sie schlüpfte durch den Vorhang und zog den Zipper zu. Ich drehte mich langsam um und sie strahlte mich an. Sie musterte mich von Kopf bis Fuß und war sprachlos.

„Netter Balkon“, merkte sie nach einer Weile breit grinsend an, als ihr Blick auf meinem Ausschnitt ruhte.

„Du hast das Heck noch nicht gesehen“, gab ich ihr verschmitzt grinsend zurück.

Augenblicklich drehte sie mich um und kniff mir in den Po. „Ich glaube, ich habe mich neu in dich verliebt. Du siehst so heiß aus, ich muss mich zusammenreißen, damit ich nicht irgendwas Unüberlegtes mache“, hauchte sie mir ins Ohr. Sie zog mich an sich und massierte meine Brüste. „Ich will dich“, stöhnte sie mir leise zu.

Ich legte meine Hände auf ihre und ließ sie über meinen verhüllten Körper gleiten. „Warte, bis wir hier fertig sind, okay? Sieh das hier als kleinen Aperitif“, flüsterte ich ihr zu. Dabei vergaßen wir beide wohl, dass wir es doch eigentlich langsam angehen wollten.

„Dann schlüpf schnell ins andere Kleid“, flüsterte sie fordernd. Sie verließ die Umkleidekabine und ich musterte mich im Spiegel. So schlecht sah ich gar nicht aus. Es war ein trägerloses Kleid, das mir bis zum Knie reichte. Es schmiegte sich eng an mich und betonte meine relativ kleine Oberweite, die halb aus dem Kleid quoll. Alice hatte den Reißverschluss bereits geöffnet und ich schlüpfte in das dunkelgrüne Kleid, das etwas länger war. Es hatte eine A-Linie und gefiel mir überhaupt nicht. An mir sah das aus wie ein Zirkuszelt. „Engel?“, rief ich und prompt stand Alice in meiner Kabine.

„Das andere gefiel mir besser. Willst du wirklich nicht das schwarze haben?“, fragte sie nach und schob ihre Unterlippe vor.

„Ich kann auf Absatzschuhen überhaupt nicht laufen, das sieht aus, als würde ein Bauer übers Feld gehen“, jammerte ich und strich ihr eine Strähne hinters Ohr.

„Nicht mal, wenn ich dich ganz lieb darum bitte?“ Alice gab einfach nicht auf. „Die Jungs wollen, dass wir die gleiche Farbe tragen, also wäre das Schwarze sowieso nicht das Richtige.“ Abrupt verließ sie die Kabine und kam wenig später mit dem gleichen Kleid in Dunkelgrün wieder.

„Du gibst auch nicht auf, bis du deinen Willen hast“, knurrte ich sie an und rollte die Augen.

Sie steckte mir die Zunge aus. „Um die hohen Schuhe wirst du nicht herumkommen. Ich kaufe dir jetzt das Kleid und wir gucken noch nach ein Paar Schuhen für dich“, strahlte sie mich an. Ich schlüpfte wieder in meinen Hosenanzug und fühlte mich deutlich wohler. Wieder hatte sie ihren Sturkopf durchgesetzt und mich um den Finger gewickelt.

Langsam und mit zittrigen Beinen richtete ich mich auf und ging ganz zögerlich auf Alice zu, die sich das Lachen verkniff. „Wehe, du lachst, dann gehe ich mir sofort einen Anzug kaufen!“, brummte ich ihr zu.

„Es ist doch ganz einfach, komm, gib mir deine Hände.“

Etwas genervt von ihrer penetranten Sturheit reichte ich ihr meine Hände und ließ mich langsam von ihr führen. „Engel, das ist echt nicht meins. Kann ich nicht einfach flache Schuhe anziehen?“, jammerte ich leise, als ich sehr wacklig wieder zu der Sitzgelegenheit tapste und sie flehend ansah.

Sie blieb hart. „Das sieht scheiße aus. Du kannst zu Hause üben und ich werde auch nicht lachen“, versprach sie mir und küsste meine Nase. Widerwillig kaufte ich die Schuhe und wir gingen zurück zum Auto. Nicht mal meine Mutter hatte mich als kleines Mädchen in ein Kleid stecken können, doch Alice hatte es binnen weniger Minuten geschafft. Da konnte Mutti sich eine ganze Scheibe abschneiden.

Wir kauften noch schnell Bier und Knabberkram ein, bevor wir nach Hause fuhren. Alice nahm während der Fahrt meine Hand und küsste sie liebevoll. „Weißt du eigentlich, wie schrecklich es war, als mein Beifahrersitz leer war?“, flüsterte sie und schaute mich kurz an.

Mein Kopf ruhte am Fenster. „Und ich habe es so vermisst, mit dir durch die Stadt zu fahren oder zum Strand“, flüsterte ich, ohne sie anzusehen. Sie ließ meine Hand los und parkte ein. Wenn sie nur wüsste, wie sehr ich es genoss, endlich wieder neben ihr zu sitzen und zu wissen, dass ich wieder ein Teil ihres Lebens war. Das hätte sie sich nicht mal in ihren kühnsten Träumen vorstellen können.

Am Abend schauten wir irgendeinen Actionfilm, den wir uns irgendwann mal gekauft hatten, und tranken nebenbei Bier. Ich hatte mein Hemd ausgezogen und provozierte Alice bis aufs Blut. Immer wieder streichelte sie mich zärtlich, doch ich schob grinsend ihre Hand weg. „Erst schauen wir den Film und dann darfst du eventuell weitermachen“, feixte ich zu ihr rüber.

Sie presste ihre Lippen aufeinander und starrte mich an. „Du spannst mich auf die Folter. Das ist nicht nett“, zischte sie mich an, bevor sie an ihrem Bier nippte.

Ich ahnte, dass ich die Konsequenzen im Bett würde tragen müssen. Doch ich schob den Gedanken beiseite und starrte in den Fernseher, wo gerade eine Fabrik explodierte und riesige Stichflammen die Fenster zerschellen ließen. Ich hatte es vermisst, Alice aufzuziehen und sie bis aufs Blut zu reizen. Triumphierend grinsend nippte ich an meinem Bier und seufzte theatralisch. Diesen Moment konnte mir keiner mehr nehmen.

Später lag Alice auf mir und stöhnte auf. Meine Küsse, die ich auf ihrem Oberkörper verteilt hatte, trieben sie wohl an den Rand der Verzweiflung. „Dafür wirst du büßen“, giftete sie mich an und zog ruppig ihre Schublade vom Nachtschrank auf. Ohne ihren Blick von mir abzuwenden, zog sie an langes schwarzes Seil heraus, dass sie um meine Handgelenke schlang. Sie knotete mich am Kopfende fest und sah mich gierig an. Ich genoss ihre Blicke, die voller Sehnsucht und Leidenschaft waren. Ich ließ mein Becken kleine Kreise vollführen, sodass Alice' Blick sich verfinsterte und sie sich über die Lippen leckte.

„Du bist ein Biest“, wisperte sie und verband mir die Augen. Zahllose Küsse hauchte sie mir auf die Haut, während ihre Hand meine Oberschenkel streichelte.

Ich genoss es in vollen Zügen und drückte ihr mein Becken entgegen, als sie meine empfindsamste Stelle berührte. Ich hörte sie leise lachen, bevor sie mich weiter liebkoste.

Dann löste sie das Seil und ich kauerte mich zusammen. Mein Körper bebte und zitterte unaufhörlich. Alice, die neben mir lag und ihren Kopf auf ihrem Arm abstützte, streichelte mir vom Hals über den Arm und zurück. In regelmäßigen Abständen erzitterte mein Körper, bevor er sich wieder beruhigte. Es war, als hätte mein Körper Ebbe und Flut.

„Beruhige dich, mein Liebling“, flüsterte sie mir zu.

Ich zog meine Decke über mich und rollte mich darin ein. Ich hatte noch nie so einen Höhepunkt erlebt, wie eben. Alice rutschte unter meiner Decke und schmiegte sich in meine Arme. „Du treibst mich noch in den Wahnsinn, Engel. So etwas kannst du nicht mit mir machen“, keuchte ich, als ich das Zittern unterdrücken wollte und es einfach nicht klappen wollte.

„Schlaf, mein Schatz. Du kannst kaum noch die Augen offenhalten.“ Alice küsste mich zärtlich, doch ich war zu kraftlos, um ihre Küsse zu erwidern, und schlief ein.

Kapitel 24

Ich stand unter der Dusche und zählte Biss- und Kratzspuren der letzten Nacht, die überall auf meinem Körper zu finden waren. Alice grinste mich an, während sie ihre Haare föhnte. „Ich sehe aus, als hätte mich jemand durch ein Brennnesselfeld gezogen, bevor ich in eine Dornenhecke geschubst worden bin!", maulte ich sie an, während ich die Seifenreste von meinem Körper spülte.

Sie grinste nur in den Spiegel und schaltete den Föhn aus. „Was hast du gesagt?", fragte sie unschuldig und bürstete ihre Haare zurecht.

Ich warf ihr einen bösen Blick zu, den sie gar nicht bemerkte. „Freches Biest", knurrte ich und griff nach dem Handtuch auf der Waschmaschine, um mich darin einzuwickeln. Ich ließ den Vorhang in die Vorrichtung an der Decke knallen und schüttelte meine nassen Haare. Alice stieß einen spitzen Schrei aus und strich sich über den feucht gewordenen Nacken. „Das war die Rache", grinste ich triumphierend und ging ins Schlafzimmer, um mich fertig zu machen. Mutti hatte mir erzählt, dass im Audi Zentrum Aktionswochen waren und wir dort mal nach einem neuen Auto schauen sollten.

Alice ging schon das achte Mal um den eisvogelblauen Q5 herum und beäugte ihn kritisch. Ich stand mit den Händen in den Hosentaschen da und verfolgte grinsend ihre Umrundungen. „Ich weiß nicht, ob ich dieses Pferd geritten bekomme", seufzte sie schließlich und strich sich nachdenklich durch die Haare.

Ein junger Mann im piekfeinen Anzug kam auf uns zu und fragte, ob er uns eventuell helfen könnte. „Ich möchte den gerne Probe fahren, ich bin mir nicht sicher, ob es meine Größe ist", gab Alice verlegen grinsend zu.

„Kein Problem, ich hole nur eben die Schlüssel und dann können wir auch schon los", schlug er freundlich lächelnd vor und verschwand wieder, um wenige Minuten später mit dem Schlüssel winkend zurückzukommen. „Dann wollen wir mal. Ich bin übrigens Herr Reichert." Er streckte Alice die Hand entgegen.

„Henndriks. Freut mich sehr", lächelte sie ihm zu.

Er betätigte den Knopf, wodurch die Schlösser piepend aufsprangen. Ich stieg hinten ein, während Alice und Herr Reichert vorne Platz nahmen. „Sitzheizung, Klimaautomatik, Tagfahrlicht, Freisprecheinrichtung und sogar eine Lenkradheizung“, ratterte er die Fakten herunter und gab Alice die Schlüssel.

Sie startete den SUV, der leise schnurrend ansprang. „Ich bin es gar nicht gewohnt, so hoch zu sitzen“, lachte Alice verlegen und fuhr die Auffahrt herunter. Wir fuhren die Stadtautobahn entlang, wo Alice mit weiteren unzähligen Fakten bombardiert wurde.

„Was sagen Sie zu dem guten Stück?“, fragte Herr Reichert, als wir wieder auf dem Gelände des Audi Zentrums waren und ausstiegen.

„Er fährt sich echt gut. Sprechen wir mal über das Wichtigste: den Preis.“

Ich ahnte, dass Alice jetzt knallhart verhandeln würde. Der Verkäufer nannte uns den Preis, was mir nur ein spöttisches Schnaufen entlockte. „Da müssen Sie mir aber noch was Schönes drauflegen. Wie wäre es mit einem Satz Sommerreifen? Er ist ja leider nur vierfach bereift“, seufzte Alice und legte ihr süßestes Lächeln auf.

Nachdenklich kratzte sich Herr Reichert am Kopf und willigte schließlich ein. „Dann hole ich den Wagen nächste Woche gewaschen und poliert ab“, grinste Alice und streckte ihm die Hand entgegen. Dieses kleine Biest hat sich gerade noch einen Bonus herausgehandelt, bevor er einschlug. Ich wartete draußen und Alice verschwand mit ihm im Büro, um die Formalitäten zu klären.

„Macht deine liebste Alice Frustshoppen?“

Ich drehte mich zu der Stimme um und zuckte zusammen, als ich Lara sah. Mein Körper verkrampfte sich augenblicklich und der blinde Hass stieg in mir hoch. Das konnte doch nicht wahr sein, ich musste träumen. Sie sah krank und abgemagert aus, ihre Augen waren rot unterlaufen, die Wangen waren eingefallen und ihre roten Haare zerzaust, als hätte sie gerade erst eine durchzechte Nacht hinter sich.

„Was willst du hier?“, knurrte ich sie wütend an.

„Genau das Gleiche wie ihr beide: Ein Auto kaufen“, antwortete sie mir breit grinsend, während sie sich mir langsam näherte.

Ich wich zurück und versuchte, ihrem Blick standzuhalten. „Hast du nicht schon genug Unheil angestellt? Ich habe deinetwegen fast meine Verlobte verloren!“, zischte ich ihr zu, doch sie ließ sich davon nicht beeindrucken. Ich schlug ihre Hand weg, die mein Gesicht streicheln wollte, als Alice auf uns zustürmte.

„Verschwinde!“, giftete sie Lara an, die immer noch lächelnd dastand.

„Süß. Du hast eine unglaublich talentierte Verlobte, die ungeheuerlich schöne Dinge mit ihrer Zunge anstellen kann", schmunzelte sie spöttisch in Alice' Richtung.

„Geh einfach, okay? Du hast genug Schaden angerichtet", keifte ich sie an. Alice' Kopf war puterrot, ihre Hände waren zu Fäusten geballt.

„Willst du mich etwa schlagen? Los, trau dich! Trotzdem hatte ich Sex mit deiner Sarah und so etwas kannst du mir nicht aus dem Leib prügeln", lachte Lara abfällig.

Ich zog Alice zurück, die auf Lara zustürmen wollte, und hielt sie fest. „Engel, das will sie doch nur, damit sie dich noch einmal verklagen kann", bremste ich sie knurrend. Ich sah Lara an, Alice pumpte in meinen Armen und wurde ein wenig ruhiger.

„Man sieht sich immer zweimal im Leben. Ciao", verabschiedete sie sich höhnisch und ging schnurstracks vom Gelände des Autohauses.

Alice weinte in meinen Armen und ich wusste nicht, wie ich sie trösten oder überhaupt mit der Situation umgehen sollte. Der Tag hatte eigentlich so schön angefangen und wurde von Lara in wenigen Augenblicken zerstört. „Kann sie uns nicht einfach in Ruhe lassen und wieder verschwinden?", schluchzte Alice in meinem Mantel.

Ich streichelte ihr über dem Rücken und versuchte, ruhig zu bleiben. Es wäre mir eine Freude gewesen, hätte Alice ihr eine Ohrfeige verpasst, doch es hätte wiederum auch Konsequenzen gehabt, die wir uns zu dem Zeitpunkt nicht hätten ausmalen können. Irgendwie musste ich sie doch trösten können. „Wir sehen sie nie wieder. Lass uns nach Hause fahren", flüsterte ich ihr zu und küsste ihre Haare. Lächelnd gab ich ihr ein Taschentuch, um ihre Tränen wegzuwischen.

Wir saßen eine Weile im Auto, bis Alice sich wieder beruhigt hatte und wir heimfahren konnten. Keiner sagte etwas, nur das Radio dudelte leise vor sich hin. Unsere Stimmung war auf dem Nullpunkt angekommen.

Alice lag auf mir und streichelte meinen Arm ununterbrochen. Ich rückte mein Kissen zurecht und nahm sie in meine Arme. „Denke nicht mehr darüber nach. Nächste Woche hast du ein wunderschönes neues Auto", sagte ich leise zu ihr und versuchte, so viel Vorfreude wie möglich in meine Stimme zu legen.

„Damit fahr ich sie um, dann ist endlich Ruhe", brummte Alice in meine Brust, bevor sie zu mir hochsah. Sie wirkte so deprimiert und niedergeschlagen, wie ich es von ihr nicht kannte.

„Du willst dein Auto mit so etwas beschmutzen?", fragte ich sie mit hochgezogener Augenbraue.

„Dann müsste ich mir gleich wieder ein neues kaufen, du hast ja recht“, seufzte sie, während sie sich langsam aufsetzte.

Ich lächelte vor mir hin und streckte mich. „Wollen wir etwas kochen? Ich habe irgendwie tierischen Hunger“, warf ich ein. Ich wollte sie ablenken und das ging bei ihr am besten, wenn sie Beschäftigung hatte.

Meine Augen tränten, als ich die Zwiebeln schnitt. „Wieso muss ich das immer machen?“, schniefte ich in Alice’ Richtung, die gerade den Reis ins Wasser kippte. Sie grinste in den Topf hinein und ich bekam keine Antwort. Ich kippte die in Würfel geschnittenen Zwiebelstücke in die Schale und schnäuzte meine Nase.

„Sei nicht so weich, schneide bitte noch den Chili“, zog Alice mich auf und zeigte auf die roten Schoten neben mir.

„Ich bin doch schon scharf genug“, jammerte ich und griff nach dem Messer. Widerwillig schnitt ich die Schoten zurecht, als Alice liebevoll meinen Nacken küsste.

„Du bist mein Chili fürs Leben. Ich liebe dich, mein Schatz“, säuselte sie mir ins Ohr, bevor ein weiterer Kuss in meinem Nacken landete. Ich grinste in mich hinein und schob die fertig geschnittene Schote in die Schale.

Mein Plan ging auf: Sie war wesentlich entspannter als vorher.

„Ich will den Sommer wieder“, maulte Alice, als wir im Wohnzimmer zu Abend aßen. Sie liebte es, in der Abendsonne zu essen oder einfach nur zu entspannen, während sie ein Buch las. Ich schob mir ein Löffel Reis in den Mund und sah aus dem Fenster. Es war bereits dunkel und der Halbmond strahlte in unser Wohnzimmer.

„Meine Mutter möchte sich mit dir aussprechen“, riss mich Alice aus meiner Suche nach dem *Großen Wagen*.

Erschrocken sah ich sie an. „Wieso? Sie hat mir doch vorgeworfen, ich wüsste gar nicht, was Liebe sei. Das tat verdammt weh.“ Ich tippte auf meine linke Brust und aß unbeirrt weiter.

Alice seufzte und schob ihr Essen beiseite. „Liebling, sie ist meine Mutter und ich möchte nicht zwischen den Stühlen sitzen. Ich möchte, dass ihr euch aussprecht, und wenn ihr euch anschreit, es ist mir egal, Hauptsache, ihr klärt das. Du musst sie ja nicht heiraten, sondern mich.“ Ihre Stimme war ruhig und einfühlsam, sodass ich gezwungen war, über ihre Worte nachzudenken.

Thea hatte mich das letzte Mal angeschrien und wollte Alice von mir fernhalten, so etwas konnte man nicht einfach vergessen. Andererseits wollte ich auch nicht, dass meine Liebste zwischen mir oder ihrer Mutter entscheiden musste und somit willigte ich ein, mit ihr zu reden.

Am nächsten Tag saß ich auf Theas Sofa und trank meinen Kaffee. Alice erzählte ihr von dem neuen Audi. „Wir wollen wahrscheinlich auch noch eine Woche in den Urlaub fahren, da ist es halt doof, mit dem Auto der Firma unterwegs zu sein. Das neue Auto hat zudem viel mehr Stauraum, dann kann ich mehr mitnehmen, als sonst immer“, argumentierte sie, als Thea fragte, wozu wir so einen großen Wagen bräuchten.

Am Abend zuvor hatte Alice mir erzählt, dass sie den Wagen gekauft habe, damit wir – wenn wir mal so weit wären – keinen neuen kaufen müssten, wenn wir in die Phase der Familienplanung gingen. Ich war ein wenig geschockt gewesen, wie weit sie schon dachte, doch es gefiel mir irgendwie auch, mir vorzustellen, wie mein Bauch immer größer wurde und wir Nachwuchs bekamen.

„Liebling, ich rede mit dir!“, rief Alice und riss mich aus meinen Träumereien.

Ich schüttelte kaum merklich den Kopf und sah sie fragend an. „Tut mir leid, ich habe nicht zugehört. Was gibt's denn?“, fragte ich zögernd nach.

„Du wolltest mit meiner Mutter was klären“, wiederholte sie zähneknirschend.

Ich sah zu Thea rüber, die mit ineinander gefalteten Händen im Sessel saß. Sie lächelte mich an und wartete wohl darauf, dass ich etwas sagte. Ich räusperte mich kurz und nahm meinen Mut zusammen. „Warum hast du mir einen so harten Satz wie *Du weißt gar nicht, wie man liebt* um die Ohren gehauen?“, fragte ich sie ganz unverblümt. Aus den Augenwinkeln heraus konnte ich sehen, wie Alice die Augen verdrehte. Das war aber die Frage, die mich am meisten beschäftigte, und ich war noch nie ein Mensch gewesen, der so etwas wie Taktgefühl besaß.

„Es war vielleicht sehr hart ausgedrückt, da gebe ich dir recht, ich war in dem Augenblick sehr emotional geladen, es ging ja schließlich um meine Tochter. Ich möchte mich dafür entschuldigen. Ich weiß, dass du Alice liebst, du hast auch wie eine Löwin um sie gekämpft. Was mir aber bitter aufstößt, ist, dass du mein Kind betrogen hast“, antwortete Thea mir mit ruhiger Stimme.

Mein Herz zog sich zusammen, als sie wieder auf meinen Seitensprung anspielte – und es tat schrecklich weh. Für sie war es eine Todsünde, wie für jeden anderen Menschen auch. Ich atmete durch und sah zu ihr auf. „Ich habe mich mehrfach dafür entschuldigt, und wenn ich es rückgängig machen könnte, würde ich es sofort tun, aber die Möglichkeit gibt es leider nicht. Ich bin unglaublich glücklich, dass Alice mich zurückgenommen hat und wir auch endlich wieder das Bett miteinander teilen. Ich möchte einfach nur, dass wir beide gut miteinander auskommen und dass deine Tochter nicht zwischen den Stühlen sitzt, das ist Stress für sie und für uns, den wir nicht brauchen", erwiderte ich vorsichtig, denn ich wollte keinen Streit vom Zaun brechen, darauf hatte ich absolut keine Lust und würde die Fronten auch nur unnötig verhärten.

„Weißt du, Sarah, irgendwann werdet ihr heiraten", seufzte sie und zeigte auf meine linke Hand, an dem mein Verlobungsring steckte. „Ihr Vater wird sie nicht zum Altar führen, also werde ich es wohl machen. Ich gebe dir also das Wertvollste, was ich noch besitze, und ich weiß nicht, ob ich bis dahin schon wieder so viel Vertrauen in dich und deine Liebe zu Alice habe, dass ich es auch tatsächlich machen werde." Ihre Blicke durchbohrten mich und es fiel mir schwer, sie weiter anzusehen.

Alice nahm meine Hand und streichelte sie zärtlich. „Das ist gerade echt nicht fair von dir, Mama. Sarah hat ihre Lektion gelernt und ich habe ihr verziehen, weil ich sie liebe. Gib ihr doch wenigstens eine Chance und bohre nicht in alten Wunden rum", warf Alice erzürnt ein.

Thea verdrehte die Augen und beugte sich vor. „Wer einmal betrügt, tut es immer wieder", flüsterte sie verheißungsvoll.

Das war genug. Das war der Tropfen, der das Fass zum Überlaufen brachte. Ich stand abrupt auf und nahm meinen Mantel.

„Liebling, bitte komm wieder her", rief Alice in den Flur.

Ich stapfte halb angezogen ins Wohnzimmer, ging aber nicht weiter, als bis zum Türrahmen. „Ich habe einen Fehler gemacht, der wird mir jetzt immer wieder unter die Nase gerieben. Ich kann nicht mehr, als mich entschuldigen und dir sagen, dass es nie wieder passieren wird. Aber momentan wird mir genau daraus mein Strick gedreht. Verdammt, ich bin doch auch nur ein ganz normaler Mensch, der Fehler macht!", presste ich aus meinen Lippen und wickelte mir den Schal viel zu eng um den Hals.

Alice sah mich zweifelnd an, was mir in der Seele wehtat. „Schatz, bitte. Ich will es endlich vom Tisch haben. Bitte setz dich wieder", flehte sie mich an. Was tat man nicht alles für die Liebe! Mein Gewissen sah wie gebannt dem Szenario zu. Ich ging zum Sofa und ließ mich hineinfallen.

Thea wirkte geknickt und wippte mit den Füßen hin und her. „Sarah, ich wollte dir damit nicht wehtun, entschuldige bitte. Verstehe aber auch meine Seite. Alice ist das Einzige, was ich noch habe. Versprich mir, dass du ihr nie wieder wehtun wirst." Ein leichtes Zittern war in ihrer Stimme zu hören, doch sie brach nicht in Tränen aus.

Ich war immer noch auf 180 und suchte verzweifelt nach Worten. „Thea, ich liebe Alice, ich kann mich nur wiederholen, es war falsch, sie zu betrügen. Ich habe um sie gekämpft und ich bin so froh, dass ich wieder an ihrer Seite sein darf. Sie ist mein Leben, ohne sie kann und will ich nicht leben. Jeden Moment, den ich mit ihr erlebe, lässt mein Herz aufgehen. Jeder einzelne Kuss, den sie mir zuhaucht, lässt mein Herz schneller schlagen. Jede Berührung von ihr lässt mich erzittern. All das will ich nie wieder hergeben. Ich verspreche dir, deiner Tochter immer treu zu sein. Gerne wiederhole ich das für dich, wenn wir heiraten."

Alice kuschelte sich an mich und kraulte meinen Kopf. Ohne es bewusst wahrzunehmen, hatte ich ihr eine kleine Liebeserklärung gemacht, die sie vermutlich nie vergessen würde.

Thea lächelte mich warmherzig an. Sie nickte nur und Alice küsste meine Wange. „Ihr solltet jetzt gehen, ich bekomme nachher noch Besuch von einem netten Herrn." Thea stand plötzlich auf und bat uns freundlich heraus.

Verdutzt zog Alice ihren Mantel an und verabschiedete sich von ihrer Mutter. „Ich wusste gar nicht, dass du ein Date hast. Ruf mich an und erzähle mir, wie es gelaufen ist, ja?", fragte sie neugierig und ging zur Tür. Ich stand vor Thea und wusste nicht, ob ich sie umarmen sollte oder nicht.

„Ach Sarah, komm her, so schüchtern kenne ich dich nicht", lachte Thea und strich mir wohlwollend über die Wange. Ich lächelte zögernd und ging schnell zu Alice, die bereits im Hausflur stand. Thea winkte uns nach und schloss die Tür.

„Das war echt die schönste Liebeserklärung, die ich jemals von dir bekommen habe, mein Liebling. Es hat nicht viel gefehlt und ich hätte geweint", grinste Alice zu mir rüber, als wir durch die Straßen spazierten.

Ich feixte zu ihr rüber und hatte ein Kribbeln im Bauch. „Es ist einfach aus mir rausgeplatzt. Ich habe nur das gesagt, was ich für dich empfinde", wiegelte ich ab, doch sie zog mich in ihre Arme.

„Ich will mit dir mein restliches Leben verbringen und dich glücklich machen. Ich will, dass in diesem wunderschönen Körper irgendwann ein Baby heranwächst, dass deinen Nachnamen trägt. Ich will mit dir zusammen in einem Haus am Waldrand wohnen, wo ein Hund unser Grundstück beschützt. Du bist einfach ein Traum, auch wenn du manchmal nur Murmeln und Knete im Kopf hast." Ihre Augen leuchteten, während sie mir eine Liebeserklärung machte, die mich zu Tränen rührte.

Ich wischte schnell die Tränen weg und drückte meine Lippen auf ihre.

„Ich liebe dich, Engelchen“, nuschelte ich ihr zwischen den Küssen zu und sie zog mich enger in ihre Arme.

Langsam kraulte sie mir den Kopf. „Es ist kalt. Lass uns schnell nach Hause aufs Sofa“, flüsterte Alice mir zu, bevor sie meine Nase küsste. Hand in Hand spazierten wir heim und grinsten vor uns hin.

„Das mit den Murmeln und der Knete nehme ich dir aber übel“, warf ich ein und wir beide mussten lachen. Sie und keine andere war die richtige Frau an meiner Seite.

Kapitel 25

Wir saßen als Trauzeugen in der ersten Reihe. Die beiden Stühle vor uns waren noch leer. Der kleine Raum des Standesamtes war in Regenbogenfarben gehüllt. Vor uns stand ein massiver Eichentisch, der bestimmt schon das vorletzte Jahrhundert erlebt hatte. Sam zupfte nervös seine regenbogenfarbene Fliege zurecht und es bildeten sich schon die ersten kleinen Schweißperlen auf seiner Stirn.

Ich ging zu ihm rüber und boxte ihm auf den Oberarm, was in meiner Aufmachung im Kleid und hohen Schuhen wohl ein wenig befremdlich aussah. „Hey, es ist der schönste Tag deines Lebens! Es sind schon fast alle Gäste da und Tim ist bestimmt bereits total aufgeregt. Alles wird gut", versuchte ich, ihn aufzumuntern, doch er war einfach zu nervös. Ich sah mich um und schaute in viele unbekannte Gesichter. Der Großteil der Anwesenden waren Freunde von Tim. Seine Eltern waren vor vielen Jahren verstorben und somit brachte seine Tante ihn zum Altar oder vielmehr zur Standesbeamtin, die hinter dem Eichentisch saß und wohl noch ein paar Kleinigkeiten durchging.

Sams Mutter kam herein und gab der Standesbeamtin, die einen schicken lachsfarbenen Anzug trug und langsam aufstand, zu bedeuteten, dass alle da seien und es losgehen konnte. Schnell setzte sich Frau Fechtner neben Alice und mich und lächelte ihrem aufgekratzten Sohn zu, der ganz blass um die Nase wurde.

Leise ertönte eine gefühlvolle Ballade aus den Lautsprechern, alle erhoben sich und wenige Augenblicke später schritt Tim mit seiner Tante am Arm herein. Mir fiel die Kinnlade runter. Sein beigefarbener Anzug saß wie angegossen. Kein Wunder, dass Sam, der einen dunkelblauen Anzug trug, sich fühlte, als hätte er einen nassen Sack an. Tim sah einfach immer fantastisch aus. Seine Tante trug ein cremefarbenes bodenlanges Kleid mit kleinem Ausschnitt, in dem eine dünne Perlenkette hing.

Erst jetzt erkannte ich die Ballade und mir stiegen Tränen in die Augen. Alice nahm meine Hand und küsste diese. Sie hatte den Song wohl auch erkannt und war genauso gerührt wie ich.

Sam kämpfte mit den Tränen und nahm seinen zukünftigen Mann im Empfang. Marleen, Tims Tante, legte seine Hand in die von Sam und wünschte ihnen alles Glück dieser Erde, bevor sie ihren Platz neben Frau

Fechtner einnahm. Sie tupfte sich die Tränen weg, während Tim und Sam sich etwas zuflüsterten. Sie nahmen Platz und sahen sich verliebt an.

Alice und ich erhoben uns und bezeugten ihre Ehe, wenn es auch nur symbolisch war. Wir gaben Sam und Tim die Eheringe, die wir fein säuberlich auf einem regenbogenfarbenen Ringkissen aufgefädelt hatten. Sam zitterte fürchterlich und ließ fast den Ring für Tim fallen. Ich schmunzelte etwas, doch schließlich schafft er es, den Ring überzustreifen. Als Tim den Ring für Sam nahm, flüsterte er ihm noch ein „Ich liebe dich" zu und lächelte ihm mit Tränen in den Augen an.

Alice lehnte ihren Kopf an meine Schulter. Als wir wieder saßen, küssten sich die beiden frisch verheirateten Männer, die sich auf Sams Nachnamen geeinigt hatten, liebevoll.

„Ich fange gleich an zu heulen, das ist so schön", seufzte mir Alice theatralisch ins Ohr. Ich konnte sie verstehen, es war ein überaus schöner Moment, den wir miterleben durften.

Die Standesbeamtin beglückwünschte die beiden und schnell wurden noch einig Bilder gemacht. „Die Trauzeugen müssen noch dazu!", rief der glatzköpfige Fotograf und winkte uns herüber.

„Halt mich fest, ich bin froh, wenn ich die Teile ausziehen kann", murmelte ich ihm zu, als ich es wankend und fast umknickend zu ihm geschafft hatte.

Alice hatte ihren Willen durchgesetzt und ich hatte ewig mit ihr verhandelt, dass ich nur bei der Trauung das Kleid tragen würde. Sie hatte eingewilligt und mein Anzug hing bereits im Auto bereit. Wir posierten für die Bilder und gingen zurück an unseren Platz, bis das Hochzeitspaar auszog. Langsam gingen wir hinterher und Alice legte ihre Hand auf meinen Po. „Fall mir bloß nicht hin", knurrte sie zu mir rüber.

Ich war froh, als wir endlich draußen waren und einen Sekt gereicht bekamen. „Super Idee mit den beiden Aushilfen, Alice", lobte Tim sie und nahm ihre Glückwünsche entgegen. Er strahlte bis über beide Ohren und ich grinste ihn an.

„Du schöner Mann, alles Gute wünsche ich euch", gratulierte ich ihm und schlang meine Arme um seinen Hals, während Alice Sam bemutterte.

„Du warst so nervös. Jetzt ist es geschafft", tröstete sie ihn lächelnd, als sie sich von ihm löste.

Er grinste zu mir rüber und ich umarmte ihn. „Das ich dich noch einmal im Kleid sehen werde, hätte ich niemals gedacht. Du siehst echt heiß aus", flüsterte er mir grinsend zu.

„Alice kann auch kaum die Finger von mir lassen", murmelte ich ihm feixend zu. Wir stießen mit den anderen Gästen an und ich holte wenig später meinen Anzug aus dem Auto. Dann verschwand ich auf der Toilette und zog mich um. Im Spiegel prüfte ich, ob alles saß, und schrak zusammen, als plötzlich eine rothaarige Frau hinter mir stand.

„Im Kleid hast du mir besser gefallen“, lächelte sie mir zu.

Ich sagte nichts und hastete zu Alice. Das konnte doch nicht wahr sein, das hatte ich mir doch nur eingebildet, versuchte ich, mir einzureden. „Lara ist hier, ich habe sie auf Toilette gesehen“, sprudelte es aus mir heraus, als ich mein Kleid ins Auto räumte.

Alice ging mit eiserner Miene schnurstracks zu Tim, der sich gerade mit seiner Tante unterhielt, und zog ihn zu uns. „Diese Lara ist hier und sie stand definitiv nicht auf eurer Gästeliste. Hat jemand von den Gästen sie als Begleitung mitgebracht? Ich will sie nicht hier haben, sie wird meine und Sarahs Stimmung in den Keller ziehen!“, zischte sie ihn an.

Tim stand wie versteinert da. „Ich kläre das sofort. Sam!“, rief er zu seinem Mann rüber.

Der kam auch sofort grinsend auf uns zu, doch als er unsere Gesichter sah, verschwand das Grinsen schnell. „Was ist los?“, fragte er verunsichert, als sein Blick durch die Runde schweifte.

„Lara ist unter den Gästen und sie muss weg“, knurrte ich leise und beobachtete, wie sie gerade die Treppe herunterkam. „Bringt sie weg oder sie wird hier gleich liegend abtransportiert!“, bellte ich Tim und Sam an.

Sofort gingen sie auf Lara zu und verwiesen sie von der Feier. Sie rebellierte und schrie rum, sodass ich zu ihr ging.

„Liebling, warte.“ Alice hielt mich am Arm fest und peitschte voran, direkt auf Lara zu und verpasste ihr eine Ohrfeige, die sogar ich aus einiger Entfernung hören konnte.

Jetzt gingen mit ihr die Pferde durch. Ich rannte zu meiner Verlobten und zog sie zurück. „Alice, spinnst du?“, fuhr ich sie an und drückte sie an mich. Sie zappelte und Laras breites Lächeln machte es nicht besser. Was sollte der Scheiß und wieso musste sie so eine Show abziehen? Sie hatte doch gesagt, dass sie mich nicht mehr sehen wolle. Ich verstand die Welt nicht mehr.

„Deine Verlobte hat Temperament, das sollte sie unbedingt in den Griff bekommen“, murmelte Lara und strich sich über die Wange, auf der Alice Hand gelandet war. Ihre Begleitung, der Fotograf, kam zu ihr, und Tim machte kurzen Prozess. Er hatte wohl auch die Nase voll von diesem ganzen Theater.

„Verschwindet. Dein Job ist getan“, giftete er beide an und zog einen 50 Euro-Schein aus seiner Hosentasche, die er dem Fotografen in die

Brusttasche stopfte. Seine Halsschlagader pulsierte sichtlich. Alice warf Lara einen letzten vernichtenden Blick zu, bevor sie in den Wagen stiegen und davonfuhren.

Ich ließ Alice los und holte uns einen Sekt. „Den brauchst du jetzt." Ich reichte ihr das Glas, das sie in einem Zug leerte, dann goss sie mein Glas gleich hinterher.

Mutti kam zu uns und sah uns abwechselnd an. „War das etwa diese Lara?", fragte sie verwirrt.

Ich nickte nur. Meine Laune war im Arsch.

Wir fuhren zum Festsaal, der in einem Vorort von Rostock lag. Alice hatte ihr Lenkrad während der Fahrt so fest umklammert, dass ihre Fingerknöchel hervortraten. „Ich zeige sie an, die stalkt uns doch!", fluchte sie, als sie einparkte und sich abschnallte.

„Schau mich mal an", bat ich sie mit ruhiger Stimme.

Alice sah mich wutentbrannt an, bis ich ihr sanft von der Stirn, über die Wange und dann ihre Lippen streichelte, so wie sie es am Silvesterabend bei mir getan hatte. Sie schmiegte sich in meine Handfläche und seufzte leise. „Meine Laune ist auch nicht die tollste, aber lass uns einfach einen schönen Tag haben. Den Jungs zuliebe, die heiraten nicht jeden Tag. Außerdem ist dein Lächeln viel schöner als dein grimmiges Gesicht." Alice lächelte mich an und küsste mich sanft. „Übrigens fand ich die Ohrfeige super. Beim Faustschlag wäre vielleicht sogar meine Unterhose feucht geworden", grinste ich sie an, als ich ausstieg. Sie lachte und steckte mir die Zunge aus. Schnell richtete sie ihre Frisur und kam zu mir, während sie den Knopf für die Zentralverriegelung betätigte.

So gefiel sie mir tausendmal besser, abgesehen davon, dass sie in ihrem Kleid und den verboten hohen schwarzen Schuhen atemberaubend gut aussah. Ohne Wenn und Aber hätte ich sie an Ort und Stelle geheiratet. Ihre grünen Augen leuchteten mich verliebt an und sie streichelte mir über das Brustbein, wo mein Amulett, das sie mir geschenkt hatte, hing. „So gefällst du mir viel besser. Wir müssen dringend einen Fotografen organisieren. Gibt es da keinen bei dir aus dem Verein?", fragte ich sie mit gekräuselter Stirn.

Alice sah mich an, als hätte sie die Idee des Lebens. Sie kramte ihr Handy aus meiner Tasche und wählte eine Nummer. „Robert! Notfall! Du und deine Kamera werden gebraucht, du machst doch immer so schöne Bilder. Der Fotograf meines besten Freundes, dessen Trauzeugin ich bin, ist nach der Trauung abgehauen und wir brauchen dringend Ersatz. Kannst du bitte ganz schnell herkommen?", bettelte sie inständig.

Einige Sekunden später lächelte sie und strich mir über die Schulter. Sie gab Robert die Adresse durch und bat ihn, einen Anzug anzuziehen. „Danke dir. Wir sehen uns ja gleich." Freudestrahlend beendete sie das Telefonat und steckte das Handy zurück in meiner Tasche. „Er ist in einer Stunde hier, er will sich aber beeilen. Tim! Sam!", rief sie rüber, die kurz nach uns angekommen waren. „Ich habe einen Freund angerufen, der kommt und macht Bilder. Er braucht ungefähr eine Stunde, bis er hier ist", freute sie sich mit piepsiger Stimme.

Beide fielen ihr um den Hals. „Du bist einfach das Organisationstalent schlechthin, Alice! Tausend Dank, ich dachte schon, wir werden gar keine Andenken an diesen Tag haben", seufzte Sam erleichtert.

Ich stand daneben und grinste in mich hinein. „Ich habe halt die tollste Frau überhaupt", warf ich schulterzuckend ein.

Die Gäste strömten in den Saal und nahmen ihre Plätze ein. Durch die hohe Decke hörten sich die zahlreichen Gespräche an, wie das Summen in einem Bienenstock. Wir saßen am Tisch des frisch getrauten Paares und Mutti war von der Dekoration, die in Blau und Beige gehalten war, völlig begeistert.

„Es war echt anstrengend, dies alles zu besorgen und herzuschaffen, aber es hat sich gelohnt. Es sieht echt toll aus", lächelte Alice glücklich und zupfte die schmalen blau- und beigefarbenen Bänder am silbernen Kerzenständer zurecht.

Ich rutschte nervös auf meinem Stuhl herum. Mein Magen fühlte sich ganz flau an, weil ich als Trauzeugin nur wenig zu diesem Tag beigetragen hatte und eigentlich mehr damit beschäftigt gewesen war, meine Beziehung zu retten. Betrübt schaute ich auf mein Platzschild und drehte es zwischen den Fingern hin und her.

„Schau nicht so traurig drein", flüsterte Alice mir ins Ohr.

Ich lächelte schief, doch es änderte nichts an meiner Gefühlslage. Ich hatte auf ganzer Strecke als Trauzeugin versagt. „Ich fühle mich einfach schlecht, weil ich eigentlich gar nicht geholfen habe. Meine Höchstleistung war das Überreichen der Eheringe, das war's dann auch", murmelte ich geknickt. Ich drehte langsam meinen Kopf zu Alice und sah direkt in ihr breites Grinsen.

„Aber das hast du sehr gut gemacht, Liebling", tröstete mich meine Liebste.

Ich sah aus dem Fenster, an dem gerade ein großer Mann im Anzug mit zwei Taschen vorbeihuschte. Alice folgte meinem Blick und sprang von ihrem Stuhl auf.

„Robert ist da!", rief sie und machte sich auf den Weg, um ihn im Empfang zu nehmen. Tim rannte ihr hinterher.

„Sarah? Ist alles in Ordnung?", fragte Mutti und kam zu mir rüber. Sie setzte sich auf Alice' Platz und sah mich besorgt an. Ich hätte sie anlügen können, aber das fühlte sich mehr als falsch an.

„Das ist jetzt schon das zweite Mal, dass diese Lara wie aus dem Nichts plötzlich da war. Alice hat das Gefühl, sie stalkt uns", seufzte ich leise.

Mutti sah mich fragend an. „Das zweite Mal?"

„Ja, sie war auch plötzlich auf dem Gelände des Audi Zentrums, als Alice die Formalitäten für den neuen Wagen geklärt hat", klärte ich sie auf.

„Diese Frau ist doch nicht ganz richtig im Kopf. Passt auf euch auf, ja?", flüsterte sie mir zu und ging zurück an den Nachbartisch, wo Tims Freunde saßen.

Was wäre, wenn Lara uns auseinanderbringen wollte und nichts unversucht ließ? Sie machte mir auf einer gewissen Art und Weise Angst. Sie kam immer wie aus dem Nichts und verschwand jedes Mal so schnell, wie sie gekommen war. Und dabei hatte sie immer diese gespielte freundliche Art gepaart mit einer Prise Spott für Alice, die doch so schon genug gelitten hatte. Ich wollte einfach nur, dass Lara aus unserem Leben verschwand und ich mit meiner Liebsten, die gerade mit Robert zu mir kam, ein schönes ruhiges Leben haben konnte.

Robert sah mit seinen kurzen braunen Haaren, dem gepflegten Vollbart und seinen schwarzen Anzug unglaublich gut aus. „Hey, Sarah, schön, dich auch mal wieder zu treffen. Du siehst echt gut aus!", begrüßte er mich freudig.

„Hey Großer, danke, du siehst auch echt zum Anbeißen aus. Toll, dass du so schnell kommen konntest", bedankte ich mich bei ihm grinsend. Ich sah erst jetzt, dass er seine Kamera in der Hand hielt. „Hast du schon ein paar Bilder geschossen?", fragte ich neugierig.

„Oh, ja, ich habe einige von deiner Frau gemacht. Hier, schau." Er drehte sich zu mir und ich sah gespannt auf das Display. Alice lächelte mir entgegen, ihre grünen Augen stachen heraus und ihr hing eine Haarsträhne im Gesicht, was sie so unverschämt süß aussehen ließ. Ich blickte zu Alice hoch, die mich anlächelte.

„Die anderen sind leider verschwommen, die sortiere ich aber später aus. Ich geh erst einmal herum und mach mal ein paar Bilder." Robert machte sich auf den Weg – und wo eine Kamera war, war auch meine Mutter nicht weit. Sie kannte Robert nur flüchtig und fragte ihn über alle möglichen Dinge aus. Der Arme konnte einem wirklich leidtun, dass er sich ihrem Kreuzverhör stellen musste.

Alice und ich gingen zum Tisch, der voller Geschenke war. Jemand hatte eine Torte aus Toilettenpapierrollen gebastelt, die filigrane Verzierungen hatte. Oben drauf thronten zwei Figuren im Anzug, die sich küssten.

„Das ist echt schön. Ich will auch so etwas zu unserer Hochzeit haben", maulte ich, während Alice eine kleine Truhe öffnete, in der unzählige Lose waren. Sie sah sich kurz um und öffnete vorsichtig eines. „Aha! Das ist ja richtig gut. Guck mal, Schatz", flüsterte sie mir zu und zeigte mir das Los.

„Woran erkennst du, dass ich Sex mit dir will?", las ich leise vor und wandte meinen Blick Alice zu, die breit grinste.

„Das sind wohl alles solche Lose mit Fragen, die einem sonst nicht einfallen", freute sie sich und rollte das Los wieder zusammen.

„Woran erkennst du denn, dass ich Sex mit dir will, Engel?", fragte ich sie frech grinsend.

Sie überlegte kurz, bevor sie mir antwortete. „Deine Augen verraten dich meist. Es ist, als würde ein Feuer darin brennen. Und deine Stimme wird dunkler", bekam ich als Antwort, während sie ein flaches Geschenk nahm, dass eine Fußmatte enthielt, auf der *Mr. und Mr. Fechtner* geschrieben stand. Ich mochte dieses Geschenk irgendwie. Alice legte es wieder weg, als ich Tims Stimme durch die Lautsprecheranlage hörte.

„Bitte alle einmal alle raus auf die Rasenfläche, es gibt noch einen Strauß zu ergattern!", schallte seine gut gelaunte Stimme aus den Boxen.

„Los, Liebling, den schnappen wir uns!" Alice nahm meine Hand und zog mich zum Ausgang, aus dem bereits die Gäste strömten. Es roch nach verschiedenen Parfüms und Aftershaves, die mir in die Nase stiegen – und eins war schöner und angenehmer als das andere.

„Na, mein Kind, willst du etwa deiner Mutter den Strauß streitig machen?", lachte Mutti und tätschelte mir die Schulter.

„Nicht, dass es in Streit ausartet", warf Martin ein, den ich heute noch gar nicht gesehen hatte. Er trug den Smoking, den er schon auf unserem Abschlussball getragen hatte, und sah wieder sehr schick darin aus. Seine Haare hatte er sich mit Unmengen von Haarwachs zur Seite gezogen und, zu meiner Überraschung, war er sogar rasiert. Er zwinkerte mir zu und ich stolperte fast über die Türschwelle.

„Trottel", brummte Alice mir grinsend zu.

Sam stand mit einem Strauß Lilien vor uns und ich hätte fast vor Freude gequiekt. Ich liebte Lilien in allen Varianten und Farben.

Alice bemerkte mein freudiges Grinsen und küsste meine Wange. „Du bekommst einen Brautstrauß mit Lilien. Versprochen", lächelte sie mir zu und stellte sich zu den anderen Fangwilligen.

Ich trottete ihr – mit Mutti im Nacken, die aufgekratzter war als sonst –, hinterher. Ich stellte mich recht mittig in die Masse von Junggesellen und wartete darauf, dass Sam sich endlich umdrehte und den Strauß warf.

„Bereit?“, fragte er endlich grinsend die Gruppe vor sich und einige riefen ihm ein aufgeregtes „Ja!“ zu.

Er drehte sich um, Alice sah aus, als würde sie für den Strauß morden wollen, und einige Sekunden später hielt sie den Strauß tatsächlich in der Hand. Dass sie dabei fast hingefallen wäre, war ihr wohl egal. Strahlend sah sie mich an und küsste mich liebevoll. „Dann sind wir wohl die Nächsten“, sagte sie verlegen grinsend.

Mutti kam lachend zu uns herüber. „Meine Mädchen werden heiraten!“, rief sie überglücklich und drückte uns an sich.

„Mutti, du erdrückst uns!“, jammerte ich und löste mich aus der Umarmung. Ich zog meinen Schlips zurecht und Alice lächelte abwechselnd mich und den Strauß in ihrer Hand an.

„Mensch, Sarah, dann feiern wir nächstes Jahr deine Hochzeit!“, rief Sam mir zu. Tim nahm seinen Mann in den Arm und küsste ihn liebevoll.

Hatte jemand überhaupt auf dem Schirm, dass Alice und ich nicht mehr verlobt waren, zumindest nicht wirklich? Und es wieder darum ging, die Frage aller Fragen zu stellen? Daran hatte wohl niemand gedacht.

„Du bist also Sarah. Tim und Sam haben mir schon sehr viel von dir erzählt.“

Ich drehte mich zu der Stimme um und sah einen blonden, langhaarigen Mann vor mir, zu dem ich aufschauen musste. Sein Anzug passte ihm nicht ganz, doch er machte einen sympathischen Eindruck. Seine braunen Augen hatten etwas Liebevolles, Ruhiges, das mir irgendwie gefiel.

„Ich bin Lenny“, stellte sich die große stämmige Gestalt vor und reichte mir die Hand.

Ich schüttelte diese und grinste ihn an. „Meinen Namen kennst du ja. Ich hoffe, die beiden haben nur Gutes über mich erzählt“, erwiderte ich, während Alice mit meiner Mutter wieder in den Festsaal ging.

„Sie haben mir erzählt, dass du und Sam Kollegen seid und du nicht ganz glücklich in deinem Job bist“, antwortete er mir.

Ich seufzte und kratzte mich am Hinterkopf. Jetzt machte das also schon die Runde. „Ja, ich mache das für meine Mutter, ich würde lieber etwas mit Tieren machen“, antwortete ich zaghaft. Ich hatte das Gefühl, ihn schon länger, als die einigen Sekunden, die vergangen waren, zu kennen. Mein Bauchgefühl sagte mir, man konnte ihm vertrauen.

„Das ist sehr lobenswert. Manchmal brauchen Tiere uns mehr, als man zu glauben vermag. Wollen wir reingehen und dort unser Gespräch fortsetzen? Es ist doch etwas kalt hier draußen", schlug er vor und trat den Weg in den Saal an, noch bevor ich antworten konnte.

„Ich habe eine Tierarztpraxis und betreue nebenbei noch den angrenzenden Gnadenhof. Mir wurde zugetragen, dass du schon mal auf einen Gnadenhof gearbeitet hast", fuhr er fort, während wir uns an einem Tisch setzten.

„Ja, das ist aber leider schon eine Weile her, aber es hat mir viel Spaß gemacht. Leider haften daran aber auch schlechte Erinnerungen."

Er runzelte die Stirn und nippte an seinem Wasserglas. „Magst du darüber reden?", fragte er vorsichtig.

Ich überlegte einen Augenblick. Meine Gedanken kreisten um Ashlyn, doch ich wollte mir einfach nicht damit den Tag vermiesen. „Lieber nicht, aber erzähl mir doch mal von deinem Gnadenhof", wich ich aus, doch wieder ertönte eine Stimme aus den Lautsprechern und unterbrach unser Gespräch. Ich erkannte, dass es Tims Tante Marleen war.

„Die Jungs schneiden jetzt die Hochzeitstorte an. Denkt daran, je mehr Leute drum herum stehen und zusehen, umso mehr Glück haben die beiden in ihrer Ehe", dröhnte es aus den Boxen.

Lenny und ich beschlossen, später weiterzusprechen, und gingen in die Mitte des Raumes, wo auf einem Servierwagen eine große, mit kleinen Orchideenblüten – die wohl aus Fondant gemacht worden waren –, weiße, dreistöckige Torte stand. Bei ihrem Anblick konnte ich regelrecht spüren, wie ich zunahm.

Dann begann ein kleiner Streit, wer der Eheleute nun die Hand oben auf dem Messergriff haben sollte – und Robert schoss ein Bild nach dem anderen. Letzten Endes hatten beide Ehegatten die Hände ungefähr gleich hoch und schnitten mit einem breiten Lächeln auf den Lippen die Torte an.

Ich ging zu Alice, die nur wenige Meter von mir entfernt stand. Dabei kam mir eine Idee. „Ich würde gerne wetten, dass du mindestens ein Drittel der Torte alleine verschlingst, hast du ein Problem damit?", fragte ich grinsend.

Alice lachte mich an. „Mach. Das Geld geht dann in unsere Hochzeitskasse", zwinkerte sie mir zu und schnappte sich einen Teller.

Schnell ging ich zu Mutti und sie setzte 50 Euro, dass Alice sogar die Hälfte schaffen würde. „Sie hat während eurer Trennung stark abgenommen, die Kalorien kann sie gut gebrauchen", fügte sie hinzu, als sie mir den Schein in die Brusttasche meines Hemdes steckte.

Ich fragte so ziemlich jeden Gast, der anwesend war, und erntete erstaunte Blicke, als Alice sich zum sechsten Mal ein Stück Torte holte.

„Mann, wie bleibt sie nur so schlank, wenn sie so viel in sich hineinstopft?", fragte mich ein stämmiger älterer Herr und gab mir seinen Einsatz.

„Wenn ich es rausfinde, sage ich dir Bescheid. Ich habe keine Ahnung, wie sie das macht", antwortete ich ihm grinsend.

Alice setzte sich wieder an meine Seite. „Sag mal, habe ich was im Gesicht oder wieso gucken mich alle an?", knurrte sie zu mir rüber, als sie ein Bissen vom Kuchen in sich reinstopfte.

„Du bist einfach wunderschön in deinem Kleid und ich verdiene mit dir gerade ein Vermögen", erwiderte ich feixend und strich ihr eine Strähne aus dem Gesicht.

Sie fasste in meine Tasche und ihre Augen wurden größer, als sie die vielen Scheine spürte. „Nicht schlecht, oder?"

Ich biss mir auf die Lippe, als sie anfing, meinen Oberschenkel zu streicheln.

„Engel, ich zerre dich gleich auf die Toilette, wenn du so weitermachst", brummte ich in ihr schmunzelndes Gesicht, doch sie machte einfach weiter.

Ich knöpfte meine Hose zu, während Alice ihr Kleid zurechtzupfte. „Das war mal was anderes und es hat mir sehr gefallen. So etwas können wir ruhig öfter machen", flüsterte ich ihr zu. Sie hatte mich mit ihren Berührungen so sehr erregt, dass wir tatsächlich auf die Toilette verschwunden waren und hier unsere Lust ausgelebt hatten.

Ich strich mir ein paar Mal durch die Haare, als Alice meinen Hals küsste. „Ich liebe dich, du siehst so sexy im Anzug aus", hauchte sie mir zu, sodass sich meine Nackenhaare aufstellen. Sie verließ die Toilette und ich grinste noch einen Moment lang in den Spiegel. Ich verstaute das Geld, dass ich durch die Wetten eingenommen hatte, in meinem BH und ging zurück zu meiner Liebsten.

Auf halbem Weg fing mich Sam ab, der mich dämlich angrinste. „Nächstes Mal ein wenig leiser. Auf der Herrentoilette konnte man euch hören", wisperte er mir zu.

Scheiße, wir waren so im Rausch gewesen, dass wir gar nicht bemerkt hatten, wie laut wir gewesen waren. Ich wurde rot und rieb mir die Stirn. „Sorry", murmelte ich ihm zu.

„Die wollen irgendwelche Spiele mit uns machen, ich bin gespannt, was die sich alles haben einfallen lassen." Sam wirkte ein wenig nervös, als sich sein Mann zu uns gesellte.

„Ich dachte ja, wir sind heute die Turteltauben, aber du und Alice, ihr macht uns ziemliche Konkurrenz“, lachte er.

„Es tut mir leid“, entschuldigte ich mich nochmals und ging zu meiner Liebsten. Sie schlang ihre Arme um mich und ich fühlte mich neben ihr wieder so unglaublich klein. Das war alles andere, aber kein Trost für mich, denn wohl die Hälfte der Gäste hatte unsere Nummer auf der Toilette mitbekommen.

„Tanzt du nachher mit mir?“, erkundigte sie sich augenzwinkernd.

„Habe ich eine Wahl?“, entgegnete ich ihr flehend.

„Nein“, gab sie mir trocken zurück, während sie meine Haare zurückstrich.

Marleen stellte zwei leere Punica-Flaschen auf eine freie Fläche und bat das Hochzeitspaar zu sich. „Meine Lieben. Es gibt ja auch mal Zeiten, in denen man knapp bei Kasse ist. Da braucht man schon mal einen Notgroschen. Ihr beide bekommt von mir jeweils einen Notgroschen. Den klemmt ihr euch beide zwischen die Knie und versucht, ihn in die Flasche zu bekommen“, erklärte sie den beiden. Der DJ, den man hinter seinen ganzen Pulten kaum sehen konnte, spielte das *Benny Hill Theme*, während die beiden versuchten, den Cent in die Flasche zu bugsieren. Tims Geldstück fiel klirrend auf den Flaschenhals und rollte weg. Er jagte ihm nach, während Sam es schaffte, das Centstück zu versenken. Die Gäste jubelten dem Sieger zu, der tröstend seinen Mann küsste.

„Du bist trotzdem der tollste Mann für mich“, grinste Sam verliebt. Alice legte ihre Arme um mich und ich fand es niedlich, wie süß Sam und Tim zueinander waren.

„Du hättest bei dem Spiel schon längst geschimpft wie ein Rohrspatz. Geduldsspiele sind absolut nichts für dich“, flüsterte sie mir zu.

„Du kennst mich einfach zu gut, mein Engel. Ich würde es aber durchziehen und du wärst ein harter Gegner“, fügte ich hinzu, während sie mir über den Bauch streichelte. Dort machte sich sofort ein Kribbeln breit, als wäre ich neu verliebt. Alice war die Frau, die ich vermutlich nächstes Jahr heiraten würde, und in Gedanken plante ich jetzt schon den Ablauf. Ich wusste, dass Alice genau dasselbe tat.

Ich schaufelte mir den Salat auf den Teller und unterhielt mich nebenbei mit Lenny. „Ich hätte echt Lust, bei dir zu arbeiten, aber dann sollten wir uns noch einmal treffen. So etwas beschließt man nicht eben mal zwischen Tür und Angel.“

„Ich würde mich echt freuen, aber sprich zuerst mit deiner Alice darüber. Ich gebe dir noch meine Nummer, damit wir uns verabreden können." Lenny lud sich einen Berg Kartoffelsalat auf seinen Teller und ging zu seinem Tisch zurück. Nachdem ich mir ein paar Steaks auf meinen Salat platziert hatte, schlenderte ich an den anderen Tischen vorbei und setzte mich zu Alice, die sich wohl zügelte. „Dein Teller ist ja fast leer", merkte ich skeptisch an und bekam dafür strafende Blicke.

„Nachher erhalte ich noch den Ruf weg, ich sei verfressen. Daher esse ich lieber weniger und nasche zwischendurch immer etwas weg", nuschelte sie mit vollem Mund und bediente sich an meinem Teller. Ich sagte nichts dazu und grinste vor mich hin. Meine Raupe Nimmersatt.

Tim und Sam tanzten einen langsamen Walzer, als eine ruhige Ballade aus den Lautsprechern drang. Sie sahen sich verliebt an und flüsterten sich etwas zu, während sie sich langsam drehten.

„Sie sind aber auch wie füreinander geschaffen", seufzte Mutti neben mir. Sie hatte Tränen in den Augen und tupfte sie vorsichtig weg. Zu meiner Überraschung trug sie ihre Haare offen, was sie eigentlich nur selten tat, doch sie wirkte damit so jung und frisch, dass man niemals geglaubt hätte, dass sie bereits 43 war. Martin gab ihr einen tröstenden Kuss auf die Wange und legte seine Arme um sie.

Die Ballade verstummte und die beiden frisch gebackenen Eheleute lagen sich in den Armen. Ich wusste, dass Sam kein begnadeter Tänzer war, aber er hatte sich sehr tapfer geschlagen. Alice zog mich auf die Tanzfläche und wir tanzten zu einem mir unbekannten langsamen Song. Seitdem ich mit ihr zusammen war, konnte ich tatsächlich ganz passabel tanzen und so schwangen wir uns elegant über das Parkett. Martin tanzte mit Mutti neben uns, doch ich schenkte all meine Aufmerksamkeit der Frau, die uns führte.

„Ich würde dich am liebsten sofort heiraten, Liebling." Alice schenkte mir ein schüchternes, aber dennoch liebevolles Lächeln.

„Nichts würde ich lieber tun. Wir haben ja noch ein wenig Zeit", grinste ich zurück, während wir uns drehten.

„Wir haben uns ja schon vor ein paar Monaten über den Nachnamen geeinigt. Soll es denn auch so bleiben?", hakte Alice nach.

Ich nickte nur.

„Ich will mit dir ein Haus kaufen, wo du dich austoben kannst. Du bist so kreativ und schöpfst das Potenzial nicht aus."

Ich schmunzelte über ihre Worte und dachte kurz an die Bilder, die ich gezeichnet hatte, von denen sie aber nichts wusste. „Ich dachte, wir wollen tanzen und nicht unsere Zukunft planen?", wich ich grinsend aus. Ich bekam einen Kuss auf die Stirn und Alice zog mich in ihre Arme. „Sarah, ich will deine Frau werden und mit dir eine Familie gründen. Ich will mit dir alt werden“, flüsterte sie in meine Haare.

Ein Schwall von Glücksgefühlen durchzog meinen Körper und ich strahlte meine Liebste an. „Dann sollten wir mal anfangen zu planen, aber nicht heute. Lass uns etwas trinken gehen.“

Ich zog sie sanft zur Bar, wo wir uns Tequila bestellten. „Ich muss doch eine alte Schuld einlösen. Das war damals so abgemacht und ich halte meine Versprechen.“ Ich zog meinen Blazer aus, mir war vom Tanzen so irre warm geworden.

Marleen kam zu uns und fragte, wie es uns ging. „Ihr seid aber auch wirklich ein schönes Paar, man sieht euch an, wie verliebt ihr seid!“, grien-te sie uns an, während sie sich einen Sekt einschenkte. „Wie lange seid ihr denn schon zusammen?“, fügte sie hinzu und sah uns erwartungsvoll an.

„Im Sommer sind es zwei Jahre“, erklärte Alice ihr mit einem strahlenden Lächeln.

Marleen fiel die Kinnlade runter. „Also, das hatte ich jetzt nicht erwartet. So wie ihr euch anseht, könnte man meinen, ihr seid gerade mal einen Monat zusammen.“ Sie nippte an ihrem Sektglas und begutachtete Alice' langes Kleid. „Du siehst echt bezaubernd aus. Wo hast du das gekauft?“ Die beiden unterhielten sich über Kleider und ich schaltete ab, während ich mir ein Bier bestellte.

Alice gähnte und ich holte unsere Mäntel aus dem Auto. „Martin und Mutti nehmen uns mit. Du hast getrunken, da lasse ich dich nicht mehr ans Steuer“, belehrte ich Alice, die sich kaum noch auf den Beinen halten konnte.

Mutti hielt sie fest, während ich sie in den Mantel schälte. „Da hat jemand aber sehr tief ins Glas geschaut“, lachte Mutti und wir brachten meine volltrunkene Liebste zu Martins Auto.

Marleen hatte sie mit Sekt abgefüllt und nun hatten wir das Debakel, dass Madame nicht mehr einen Fuß vor den anderen setzen konnte.

Tim und Sam kamen zu uns gelaufen und verabschiedeten uns. „Alice, mein Schatz, du hast dich mit Sekt abgeschossen!“, krächzte Tim schadenfroh, der auch schon angeheitert war.

„Tim, die wollen mich ins Bett stecken, mach bitte was! Ich muss doch noch mit dir tanzen!“, nuschelte sie in die Nacht, während sie ihre Schuhe auszog. Ich verstand jetzt, warum sie es nie mochte, wenn ich sturzbetrunken war. „Komm her“, bellte ich sie an und umfasste ihre Beine und den Brustkorb, sodass sie in meinen Armen lag, als ich sie hochhob.

„Sei nicht so ruppig mit mir!“, jammerte Alice, die ihren Kopf an meine Schulter lehnte. Martin schloss das Auto auf und ich setzte sie auf den Rücksitz. Ich schnallte Alice an und knallte die Autotür unbeherrscht zu. Ich war unglaublich wütend auf sie, dass sie sich so hatte volllaufen lassen. „Es war echt schön. Sorry, dass wir schon so früh gehen müssen, aber der Schluckspecht braucht sein Bett“, entschuldigte ich mich seufzend und umarmte Tim und Sam zum Abschied. Ich setzte mich zu Alice nach hinten, die schon schnarchte. Ihr Kopf hing auf ihrer Schulter und sie wirkte völlig hilflos. Ich nahm ihre Hand und küsste ihren Handrücken. „Du machst mich irre, aber ich liebe dich auch, du versoffenes Stück“, murmelte ich ihr zu, während sie immer lauter schnarchte.

Mutti und Martin stiegen ein und sahen Alice an. „Die wird morgen nicht aus dem Bett kommen“, schmunzelte Mutti, als wir losfuhren.

Martin hievte Alice hoch und manövrierte sie schließlich ins Bett, nachdem wir zu Hause angekommen waren. Ich zog sie aus und schälte sie in ihren Pyjama. „Danke, alleine hätte ich es echt nicht geschafft.“

„Stell ihr mal ein Glas Wasser ans Bett, das könnte sie brauchen“, schlug Martin vor.

Ich ging in Richtung Küche. Abrupt blieb ich im Wohnzimmer stehen. Unsere Bilder lagen zerrissen auf dem Boden, überall waren Scherben verteilt. „Martin, komm schnell her!“, rief ich, der prompt zu mir polterte.

Er musterte das Chaos und zog sein Handy aus der Hosentasche. „Ich rufe die Polizei.“ Er ging ins Schlafzimmer und ich kniete vor dem Scherbenhaufen. Ich brauchte nicht lange zu überlegen, wer das gewesen war, es lag klar auf der Hand – und sie hatte auch einen Grund gehabt. Lara war in unsere Wohnung eingebrochen ... und ich fühlte mich hier plötzlich nicht mehr sicher.

Kapitel 26

Als ich den Scherbenhaufen aufkehren wollte und in die Küche ging, stand plötzlich Lara vor mir. Ich zuckte zusammen. Ihr Make-up war zerlaufen, ihre Haare zerzaust und ihr wirres Lächeln auf den Lippen verunsicherten mich. Das musste alles ein Albtraum sein, anders konnte und wollte ich mir dieses Szenario nicht erklären.

„Ich will, dass du mir gehörst“, flüsterte sie mit einem hämischen Unterton.

Ich stolperte ein paar Schritte zurück und schüttelte den Kopf. „Lara, du spinnst doch! Was willst du von mir?“, rief ich aufgebracht.

Sie hob ihren blutüberströmten Arm und trat näher an mich heran. Ich erschauderte. Sie hatte sich geritzt. Meinetwegen. Wegen Alice. „Sarah, ich liebe dich! Alice kann dir nicht geben, was du brauchst. Die Nacht mit dir war doch wunderschön oder empfandst du es nicht so?“ Ihr Lächeln war konfus und jagte mir einen kalten Schauer über den Rücken. Sie trat noch dichter an mich heran, als Martin zu uns kam. Er nahm ihr das Messer weg, dass sie in der anderen Hand hielt, und versuchte, sie festzuhalten, doch sie kreischte und schrie, als würde sie Höllenqualen durchleiden. „Sie liebt dich nicht!“, brüllte sie mit weit aufgerissenen Augen zu mir rüber.

Ich war wie versteinert. Mein Blut schoss durch die Adern und hämmerte unentwegt an meine Schläfen. Mein Kopf raste und ich wusste nicht, was ich tun sollte.

Lara sah mich höhnisch grinsend an, als sie sich etwas beruhigt hatte. „Ich hatte gehofft, Alice kommt alleine nach Hause. Sie hätte den nächsten Morgen nicht mehr erlebt und ich hätte dich endlich für mich gehabt. Ich würde dir die Welt zu Füßen legen, wie sie es niemals tun kann. Ich habe mich doch schon auf deinem Arm verewigt“, lachte sie abfällig.

„Du bist krank und brauchst Hilfe.“ Ich zuckte wieder zusammen, als Alice, die sich kaum auf den Beinen halten konnte, in der Tür stand.

Lara kreischte wieder und versuchte, Martins festem Griff zu entkommen. „Sarah gehört mir!“, krächzte sie gehässig.

Das Klingeln an der Tür ließ mich und alle anderen Beteiligten im Raum zusammenschrecken. Wie in einem Albtraum gefangen, tapste ich zur Tür und öffnete den Polizeibeamten.

„In der Küche", flüsterte ich geistesabwesend und schloss die Tür, bevor ich mich an sie lehnte und durchatmete. Ich kämpfte mit mir selbst und hatte das Gefühl, diesen Kampf nur mit der Hilfe der anderen gewinnen zu können. Ich zitterte am ganzen Leib und konnte nur schwer atmen. Oh nein, das durfte jetzt einfach nicht passieren. Es war doch schon genug Trubel. Mein Körper wollte nicht mehr, das alles war zu viel. „Martin!", rief ich panisch und er kam sofort zu mir gelaufen. Ich hörte noch, wie Lara schrie und die Polizisten auf sie vehement einredeten.

Sie hatte sich losgerissen und polterte ins Wohnzimmer. Irgendetwas in ihrer Hand blitzte auf, bevor es sich in Alice' Rücken bohrte, die gerade zu mir kommen wollte. Ein schmerzerfüllter Schrei hallte in der Wohnung wider und ich raffte mich auf. Martin war schneller als die Beamten und zog Lara von meiner Freundin runter.

Ich sah, wie meine Verlobte auf dem Boden lag und aus ihrem Rücken Blut sickerte. Mein Herz, das wir gerade nach unserer Krise erst mühevoll wieder zusammengesetzt hatten, zerbarst in unzählige Teile.

Die Beamten riefen sofort einen Rettungswagen, während ich in Tränen ausbrach. Einer der Polizisten setzte Lara schließlich fest, die wie in Trance auf den Boden sah. Ich kroch zu meiner Liebsten und presste meine Hand auf ihre Wunde.

„Alles wird wieder gut", flüsterte Alice mir zu, während sie schwer atmete.

Instinktiv griff ich nach ihrer Hand, die schlaff auf dem Boden lag. Ich war daran schuld. Wäre ich ihr nicht fremdgegangen, nur um meine Neugierde zu stillen, wäre das alles nicht passiert. Weinend drückte ich ihre Hand auf mein Herz, das wie wild schlug. „Bleib bei mir, Engel", schluchzte ich, dann stand neben mir auch schon ein Rettungssanitäter. Wenig später hörte ich das Klicken von etwas Metallischem und Laras entsetzliches Jammern.

Mutti zog mich hoch und presste mich an sich. Ich wusste nicht, wann sie hochgekommen war und was sie alles mitbekommen hatte, aber in diesem Augenblick war ich froh, dass sie mich beruhigend in ihren Armen wiegte. Die Sanitäter wurden inzwischen hektisch und mich packte die Angst, Alice zu verlieren. „Bleib bei mir, ich will alles wieder gutmachen", wimmerte ich in die Brust meiner Mutter, die ihre Arme um mich schlang. Ihr Herz hämmerte in ihrer Brust, ihr Atem war zitternd und unregelmäßig. Sie liebte Alice, wie ihre eigene Tochter. „Sie wird wieder gesund, lass die Leute ihre Arbeit machen", versuchte sie mich zu beruhigen, doch als ich hörte, wie die Rettungskräfte etwas von einer Not-OP erwähnten, riss ich mich von ihr los.

Martin fing mich jedoch gleich ab und drückte mich gegen die Wand im Flur. „Du kannst ihr jetzt nicht helfen!“, brüllte er mich ungestüm an. Ich weinte, und als ich das schwache, aber regelmäßige Piepen ihrer Herztöne aus dem Gerät hörte, konnte ich mich etwas beruhigen. Alice wurde ins Krankenhaus gebracht und ich stand einfach nur da, wusste nicht, wohin mit mir.

„Kann ich mitfahren? Sie ist meine Freundin“, rief ich den Sanitätern hinterher, die mir aber nur mitteilten, dass sie Alice ins Südstadt Klinikum bringen würden.

Die Polizeibeamten stellten mir Fragen und berichteten, dass Lara bereits mit einem Einsatzwagen ins Präsidium gebracht worden war und bald auch ärztlich untersucht würde. Ich beantwortete die Fragen, während meine Mutter mich im Arm hielt. Martin rief Thea an, die er kurz danach abholte und ins Krankenhaus brachte.

Nachdem die Polizisten unsere Wohnung verlassen hatte, holten wir Muttis Auto und fuhren zum Südstadt Klinikum, wo wir auf Thea trafen, die mir wutentbrannt entgegenkam. „Du bist schuld, dass meine Tochter jetzt im OP liegt und um ihr Leben kämpft! Hättest du diese andere Frau niemals kennengelernt, wäre es nie so weit gekommen!“, krächzte sie unter Tränen.

„Thea, es bringt doch nichts, jetzt zu streiten! Alice würde es nicht wollen!“, keifte Mutti sie an und bäumte sich vor ihr auf. Ich traf hinter Mutti und machte mich klein. Thea hatte recht und es tat weh, sie so aufgelöst zu sehen.

„Was wisst ihr schon, was meine Tochter braucht!“, giftete Thea, die bedrohlich nah vor meiner Mutter stand.

Eine Schwester kam aus einem Zimmer und schickte uns nach draußen. „Hier sollen sich kranke Patienten erholen und zur Ruhe kommen! Wenn Sie sich beruhigt haben, dürfen Sie sich wieder hier einfinden“, bellte die stämmige Dame uns an.

Ich setzte mich ins Foyer und starrte auf den Boden. Behutsam streichelte mir Mutti durch die Haare. „Ich bin dafür verantwortlich, dass Alice jetzt operiert wird. Es ist ganz allein meine Schuld.“ Meine Stimme war ruhig und in meinem Körper herrschte eine Leere, die ich nicht beschreiben konnte. Eine Mischung aus Selbstzweifel, Trauer und Wut kochte in mir hoch und ich ballte meine Hände zu Fäusten.

„Sarah, du konntest nicht wissen, dass Lara so ist. Sie wird zur Verantwortung gezogen und ich vermute, dass sie therapeutische Hilfe braucht. Alice ist hart im Nehmen, sie wird es schaffen“, versuchte Mutti, mich aufzubauen.

Ich sprang von meinem Stuhl auf und funkelte sie wütend an. „Hätte ich mir nicht dieses blöde Tattoo machen lassen, wären Alice und ich jetzt zu Hause und glücklich miteinander! Hätte ich nicht mit dieser Gestörten geschlafen, würde Thea mir nicht den Kopf abreißen wollen", zischte ich meine Mutter an, die mich entsetzt anstarrte.

„Komm, Sarah, wir gehen mal an die frische Luft", warf Martin ein, der mich an der Schulter packte und nach draußen schob. Dort war es kalt und ich zog mein Jackett enger an mich.

„Du hast einen Fehler gemacht, das macht jeder mal im Leben. Keiner konnte wissen, dass so etwas passiert. Die Gemüter von Thea und Senta sind erhitzt, was auch verständlich ist, aber Alice muss wissen, was sie tut. Sie liebt dich und hat dir eine Chance gegeben. Vorhin wart ihr beide so unglaublich glücklich zusammen, man hätte euch stundenlang zusehen können, wie ihr rumgeturtelt habt. Mensch, Sarah! Es ist eure Beziehung und nicht die von Thea oder deiner Mutter!", wies er mich zurecht. In seinen Augen blanke Enttäuschung zu sehen.

Ich seufzte und überlegte einen Moment. Alice liebte mich, doch ich machte mir Vorwürfe, die ich einfach nicht aus meinem Kopf verdrängen konnte. „Was ist, wenn Alice mich nicht mehr will, nachdem was vorhin passiert ist?", flüsterte ich betroffen.

Martin seufzte genervt und sah mich mit schief gelegtem Kopf an. „Lass erst einmal die OP durch sein. Und wenn sie wieder bei Kräften ist, könnt ihr darüber reden. Jetzt ist es zu früh. Denk nicht so viel nach." Er ging rein und ließ mich in der Kälte stehen.

Ich trat frustriert gegen den Mülleimer. Warum musste mir immer so etwas passieren? Wir hatten eine Weile ein echt schönes ruhiges Leben gehabt, dass ich sehr mochte, und jetzt war wieder alles chaotisch und kompliziert, was mich zur Weißglut trieb. Ich wollte hier einfach nur weg und alles vergessen. Meine Verlobte, die jetzt operiert wurde, würde mir dieses Mal vielleicht nicht verzeihen. Ich presste meine Hände gegen meine Augenhöhlen. Diese Verzweiflung und dieses Gefühl, entmachtet zu sein, fraßen mich langsam, aber stetig auf. Alles, was jetzt geschah, konnte ich in keinster Weise beeinflussen. Ich musste mich in mein Schicksal ergeben.

Dann kam meine Mutter zu mir. „Komm rein, es ist kalt, nicht, dass du wieder krank wirst", bat sie mich lächelnd. Ich wusste nicht, wie lange ich bereits in der Kälte stand, aber es war wohl schon so lange, dass ich meine Zehen nicht mehr spüren konnte. Ich trottete zurück ins Foyer und setzte mich so weit wie möglich von Thea weg.

Nach drei Stunden konnten wir endlich zu Alice, die am ganzen Körper mit piependen – und mich einschüchternden – Geräten verkabelt war und am Handgelenk einen Katheter gelegt bekommen hatte. Thea rannte weinend zu ihr und wimmerte irgendetwas Unverständliches in ihre Decke.

Ich setzte mich auf einen Stuhl in der Ecke und sah aus dem Fenster. Es war finstere Nacht und ich sah mich selbst im Fensterglas. Ich hatte tiefe dunkle Augenringe, meine Frisur war zerzaust und meine Augen wirkten leer und entkräftet. Ich konnte Alice nicht ansehen, ich gab mir die ganze Schuld dafür, dass sie hier lag.

„Liebling", hörte ich sie leise flüstern, doch ich sah sie nicht an. Stattdessen sah ich zu Boden und kämpfte mit den Tränen. Rasselnd atmete Alice durch. „Sarah, komm bitte zu mir", flüsterte sie erneut, dieses Mal mit ein wenig mehr Nachdruck. Ich vermied jedoch jeglichen Blickkontakt zu ihr und so bat sie schließlich Martin, Mutti und Thea, uns alleine zu lassen. Die drei kamen ihrem Wunsch nach und schlossen leise die Tür hinter sich.

„Es ist meine Schuld", flüsterte ich und biss mir auf die Lippe.

„Schau mich bitte an." Alice' Stimme wurde etwas schwächer und ich tat ihr den Gefallen, damit sie nicht noch mehr Energie an mich verschwenden musste. Sie brauchte ihre Kräfte, um wieder gesund zu werden. Sie lächelte mich matt an und ich sackte neben ihr zusammen.

Auf den Knien sitzend hielt ich ihre Hand und weinte bitterlich. „Es tut mir so leid, ich will das alles wieder in Ordnung kommt und wir endlich glücklich werden. Ich hätte mir niemals das Tattoo stechen lassen sollen." Meine Stimme zitterte wie Espenlaub.

Alice streichelte meine Hand ohne Pause. „Ich hatte von Anfang an kein gutes Gefühl dabei. Sie war so auf dich fixiert und konnte nicht die Finger von dir lassen." Ihre Stimme versagte und ich sah zu ihr hoch.

„Wir können später darüber reden. Schlaf. Ruh dich aus", flüsterte ich ihr zu.

„Küss mich bitte", bat sie mich leise.

Ich stand langsam auf und strich ihre Haare beiseite. Behutsam legte ich meine Lippen auf ihre.

„Ich liebe dich", hauchte sie mir erschöpft zu, doch ich konnte ihr nicht antworten. Die Schuldgefühle wurden von Minute zu Minute größer. Ich küsste flüchtig ihre Hand und ging so schnell wie möglich aus dem Zimmer. Was würde aus unserer Beziehung werden? Und was würde mit Lara passieren? Mein Kopf war voller Fragen, als ich die Tür hinter mir schloss.

Thea funkelte mich an, sagte aber nichts.

„Wie geht's ihr?", fragte Martin, der Mutti im Arm hielt.

„Beschissen, wie es einem halt nach einer OP geht", antwortete ich trocken und ging heraus. Ich holte mir am Zigarettenautomaten eine Schachtel und zündete mit zittrigen Händen meine Zigarette an, als ich draußen stand. „Warum muss Liebe so wehtun und warum muss mir immer so etwas passieren? Kann ich nicht einfach in Ruhe mein Leben leben?", flüsterte ich in die Nacht hinein. Ich sehnte mich in die Zeit zurück, in der ich Alice kennengelernt hatte und alles nur halb so kompliziert gewesen war wie jetzt. Ich lachte in mich hinein und ging ein paar Mal den Gehweg auf und ab. Meine Gefühle zu Alice waren zwar da, doch ich hatte das Gefühl, das Thea recht hatte: Ich tat ihr nicht mehr gut. Ich war wie ein Gift, das man nicht bemerkte und das sich schleichend im Körper ausbreitete und dem Einnehmenden – in diesem Fall Alice – schleppend zur Strecke brachte. Eine Gefahr für jeden, der mit mir in Berührung kam.

Nach dem Verlassen des Krankenhauses fuhren wir zur Wohnung meiner Mutter. Als ich endlich erschöpft in meinem Bett lag, zog ich das Amulett, das Alice mir geschenkt hatte, aus meinem Hemd. Ich öffnete es und las mehrmals die eingravierte Schrift. „Nur mit dir. Ein Leben lang", flüsterte ich in die Dunkelheit. Meine Zweifel an der Beziehung fraßen mich innerlich auf. Ich fühlte mich wie ein Tier, das bei lebendigem Leib von einer Schlange verköstigt wurde. Ich hatte nur zwei Optionen, zwischen denen ich wählen konnte: Ich gab unsere Beziehung auf – aus Rücksicht auf Alice – oder ich versuchte, diese Beziehung ein weiteres Mal zu retten, was mich sehr viel Kraft kosten würde.

Mutti kam in mein Zimmer und setzte sich auf die Bettkante. „Möchtest du reden?", fragte sie mich mitfühlend.

Ich drehte mich von ihr weg und hielt die Kette weiter fest in meiner Hand. „Ich tue Menschen nur weh. Alice hat eine andere Frau verdient als mich", antwortete ich emotionslos.

„Sarah, das stimmt nicht."

„Doch. Lara war meinetwegen in der Wohnung und hat ihr das Messer in den Rücken gerammt. Ich bin doch die Ursache, warum es so kam." Ich wollte heulen, doch ich konnte einfach nicht. Mutti streichelte mir über den Arm und zog mich langsam zurück in die Rückenlage. Waren da Tränen in ihren Augen?

„Es gibt Dinge, die kann man nicht ändern. Es ist passiert und es tut mir im Herzen weh, wie kalt du gerade wieder wirst. Du willst vor diesem Problem weglaufen, so wie damals, als du dich verschlossen hast.

Niemand durfte dir zu nah kommen, du hast jeden sofort abgewiesen. Bitte werde nicht wieder so.“ Ihre Stimme brach ab und ich hörte sie schluchzen.

Ich starrte hoch zur Decke und reagierte nicht auf ihre Berührungen. „Thea hatte recht. Ich schade Alice“, flüsterte ich, als ich zu meiner Mutter sah.

„Das stimmt nicht. Thea hat einfach nur Angst um ihre Tochter, so wie ich gerade Angst um dich habe“, schlichtete sie hastig.

„Lass mich bitte allein“, forderte ich leise.

Mutti stand auf und ging zur Tür. „Sie liebt dich, egal was passiert ist. Du bist ein Teil ihres Lebens“, flüsterte sie mir zu.

„GEH!“, schrie ich aus voller Kehle und wenige Sekunden später war meine Mutter verschwunden. Ich weinte in mein Kissen und fühlte mich so hilflos. Hilflos, meine Gefühle nicht in den Griff zu bekommen oder zu wissen, wie es weitergehen sollte. Ich hatte Angst um Alice und um mich. Mein Leben, das ich mir so mühsam aufgebaut hatte, glitt mir aus den Händen. Ich war dabei, mich in der eisigen Kälte meines Herzens zu verlieren. Ich küsste das Amulett, als würde mein Leben davon abhängen, und riss die Augen auf. Verdammt, ich liebte Alice und ich konnte niemanden zumuten, wieder zu diesem emotionslosen Monster zu werden, was ich einmal gewesen war. Ich ohrfeigte mich verbal selbst und atmete durch. So wollte ich nie wieder werden. Mir tat Mutti leid, die gerade die volle Breitseite meines Gefühlswirrwarrs abbekommen hatte. Ich würde mich sofort bei ihr entschuldigen, doch erst musste ich noch etwas anderes tun. Ich zog mein Handy aus der Tasche und wählte die Nummer von Herrn Doktor Grebe.

Kapitel 27

Herr Doktor Grebe, mein Psychotherapeut, saß vor mir und sah mich fragend an. „Du hattest es mit dem Gespräch sehr eilig, wie kann ich dir helfen?“, fragte er ruhig.

Ich atmete tief durch und versuchte, die Geschehnisse der letzten Wochen zusammenzubekommen. Ich erzählte ihm von dem Alice’ Antrag, dem Tattoo, von Lara und der letzten Nacht.

Er notierte sich einige Dinge in seinem Notizbuch.

„Ich spüre in mir eine verzweifelte Leere, die mich auffrisst, und ich schaffe es nicht eigenständig, diese zu vertreiben. Ich will damit auch nicht leben. Alice bedeutet mir viel, aber diese Angst und diese Attacke auf sie geben mir das Gefühl, ich gehöre nicht an ihre Seite, weil ich ihr nicht mehr guttue. Ich war gestern nach der OP bei ihr und ich konnte sie nicht ansehen aufgrund der Vorwürfe, die ich mir mache, und …“

Er hob die Hand und ich hörte abrupt auf zu reden. „Sarah, du musst zuerst einmal zur Ruhe kommen. Du bist gerade völlig durch den Wind aufgrund der Ereignisse. Atme mal tief durch.“

Ich tat, was er mir sagte, und fühlte mich ein wenig besser.

„Diese Leere war schon mal in dir, oder? Du beschreibst sie sehr genau, das können Menschen, die das zum ersten Mal erleben, nicht“, fragte er nach und sah mich mit prüfendem Blick an.

Ich nickte stumm.

„Angst ist etwas Natürliches. Du hast Verlustängste. Damals hast du mir erzählt, dass, seitdem Alice in dein Leben getreten ist, sich alles verändert hat. Dass du beispielsweise Gefühle wieder zulassen kannst. Das waren alles positive Gefühle. Jetzt hast du ein negatives und damit scheinst du nicht zurechtzukommen. Aus einem einfachen Grund: Du kennst es nicht. Nimm es wahr, es wird immer wieder kommen.“

„Herr Doktor Grebe, warum soll ich etwas Schlechtes an mich heranlassen?“, fragte ich verwirrt nach. Das klang doch alles vollkommen paradox, kein Mensch wollte etwas Schlechtes erleben und sich schon gar nicht damit abfinden.

„Nichts ist so schlecht, als dass es nicht für irgendetwas gut ist, meinte einmal ein guter Freund von mir. Gib dir ein paar Tage Zeit und rede mit Alice darüber.“

Ich rollte die Augen. „Sie wissen doch, ich habe schon am Anfang unserer Beziehung solche Ängste gehabt." Ich riss die Augen auf und verstand plötzlich, was er meinte.

Er lächelte zufrieden und klappte sein Notizbuch zu. „Vertrauen. Ganz genau. Du kannst keine deiner Taten ungeschehen machen, du kannst aber in die Liebe und das Vertrauen deiner Freundin, entschuldige, Verlobten setzen. Solange sie dich liebt und dir vertraut, sind deine Ängste vollkommen unbegründet."

Ich nickte. „Was mache ich mit ihrer Mutter? Sie hat schon mal versucht, Alice von mir fernzuhalten. Was soll ich tun, wenn sie das wieder versucht? Ich kann letzten Endes nicht mehr tun, als mich entschuldigen und Besserung geloben. Sie war gestern so voller Hass und Wut auf mich", fragte ich ihn mit zusammengezogenen Augenbrauen.

Er lachte kurz und grinste mich an. „Schwiegermütter können schwierig sein, aber wen wirst du heiraten? Sie? Oder Alice?"

Ich schmunzelte und stand auf.

„Grüße Alice von mir. Ich würde mich freuen, wenn ihr beide noch einmal herkommt, wenn sie wieder genesen ist", rief er mir nach, als ich bereits die Türklinke in der Hand hielt.

„Das werden wir ganz bestimmt. Danke für Ihre Zeit, Herr Doktor."

Ich stand in Muttis Büro, die heute nicht ganz bei der Sache war. Sie hatte ihr Wasserglas verschüttet, was sie total aus der Fassung brachte. Ich wischte mit ein paar Tüchern ihren Tisch sauber, während sie im Bürostuhl hing und aus dem Fenster starrte.

„Ohne Alice bekomme ich heute nichts auf die Reihe", flüsterte sie gedankenverloren.

„Sie wird bald wieder da sein. Wie geht es Thea?", fragte ich vorsichtig nach.

„Sie ist bei ihrer Tochter im Krankenhaus", antwortete Mutti kurz und sah mich an. „Ihr beide müsst euch aussprechen, denkt doch auch an Alice. Sie leidet bestimmt darunter, dass ihr euch immer so streitet."

Ich kratzte mich am Hinterkopf und überlegte kurz. „Was soll ich ihr denn sagen? Lara hat eine Schraube locker und deshalb Alice niedergestochen."

„Du bist nicht schuld, dass Lara in eurer Wohnung war", zischte Mutti mich an.

Ich schreckte zurück und sah sie ungläubig an. „Ich geh wieder in meinen Glaskasten", gab ich trotzig zurück und knallte ihre Bürotür zu. Ständig wurde ich gefragt, wo Alice war, und ich riss mich zusammen, niemanden anzufahren oder direkt auszurasten. In meinem Büro ließ ich mich in meinem Bürostuhl fallen und sah zu Sams leerem Platz rüber. „Deinen Rat könnte ich jetzt echt gebrauchen“, murmelte ich und widmete mich halbherzig meinen Aufgaben.

Ich saß im Bus, der zum Krankenhaus fuhr, und versuchte, das Gespräch mit Doktor Grebe noch einmal auf mich wirken zu lassen. Ich hatte die Idee, Thea zunächst aus dem Weg zu gehen, bis sich die hitzigen Gemüter beruhigt hatten. Allein Alice zuliebe wollte ich keinen Streit anfangen – ich liebte sie, was ich ihr beweisen wollte.

Auf dem Platz neben mir lag ein Strauß Blumen, den ich noch für sie gekauft hatte. Als ich aus dem Bus ausstieg, ging ich langsam zum Eingang und dachte noch einmal nach. Wenn Thea da wäre, würde ich sie nur freundlich begrüßen und mich voll und ganz Alice widmen, die mich jetzt brauchte. Ich ging zum Fahrstuhl und drückte auf die Nummer der Etage, wo meine Verlobte lag. Ich schaute in den Spiegel und erschrak ein wenig vor mich selbst, denn ich sah ausgelaugt und müde aus. Ein Zustand, der hoffentlich nicht mehr lange andauern würde. Der Fahrstuhl kam zum Stehen und ich ging zielsicher zu Alice' Zimmer.

Als ich die Tür öffnete, stand Thea vor mir und mein Herz blieb kurz stehen. „Hallo“, murmelte ich.

„Alice schläft, du kannst wieder gehen. Die Blumen stelle ich ihr hin und richte ihr Grüße aus.“ Ihr Ton war forsch und abweisend.

Ich stand wie angewurzelt in der Tür und bewegte mich keinen Millimeter. „Lass mich wenigstens nach ihr sehen“, bat ich sie freundlich, doch sie ließ mich nicht durch.

„Liebling?“, hörte ich Alice flüstern und schob mich an Thea vorbei, die vor Wut schäumte.

„Ich bin hier“, lächelte ich, als ich zu ihrem Bett ging.

Alice sah geschafft aus, wirkte aber fitter als nach der OP. Vorsichtig küsste ich ihre Stirn, die ganz heiß war. „Ich bin froh, dass du da bist. Du hast mir gefehlt.“ Ihr Lächeln war matt und langsam schob sie ihre Hand unter der Decke hervor. Ich nahm sie und legte sie auf meine Wange, die vom Sturm, der draußen tobte, ganz kalt war.

„Einer muss ja die Buchhaltung machen. Wie geht es dir?“, fragte ich behutsam nach.

„Könnte besser sein, aber du bist jetzt da. Du siehst müde aus.“

Ich küsste ihre Hand und schloss die Augen für einen Moment. „Ich war heute in aller Frühe schon bei Herrn Doktor Grebe. Ich soll dir schöne Grüße ausrichten.“

Ich versuchte, so viel Hoffnung und Liebe wie möglich in meine Worte zu legen, was mir aber nur mäßig gelang.

Alice sah mich besorgt an und strich mir mit zittrigen Händen über die Wange. „Hattest du eine Panikattacke?“, fragte sie mich eindringlich. Zitternd atmete sie durch. Es kostete sie viel Kraft, zu sprechen, was ich nachvollziehen konnte.

Ich schüttelte den Kopf und sah aus dem Fenster. Draußen war es grau und regnerisch, die Wolken zogen im Eiltempo weiter, ein idealer Tag, um mit Alice auf dem Sofa zu liegen und Filme zu gucken, doch sie lag hier und konnte nicht weg. „Es tut mir im Herzen weh, dich hier liegen zu sehen. Ich weiß jetzt, wie du dich gefühlt hast, als ich im Krankenhaus war.“ Meine Unterlippe zitterte und ich kämpfte gegen den Kloß im Hals an.

Thea schnaufte abfällig. Sie stand noch immer an der Tür. „Du bist der Grund, warum Alice hier überhaupt liegt“, fauchte sie mich an.

„Mama, bitte lass uns alleine“, bat Alice sie mit eindringlichem Blick.

„Sie ist schuld!“, krächzte Thea und zeigte auf mich, als wäre ich gar nicht da.

„Mama, wenn ich dir wichtig bin, gehst du jetzt bitte. Ich will mit Sarah alleine sein. Ich brauche keinen Wachhund“, knurrte Alice und atmete danach tief ein. Sie war noch schwach, aber ihren Sturkopf konnte ihr nichts und niemand nehmen.

Thea verließ das Zimmer und wir waren endlich allein.

„Sie versucht schon die ganze Zeit, auf mich einzureden, dass ich dich verlasse und mit ihr wegziehe“, seufzte Alice leise.

Ich sah traurig auf die triste Krankenhausbettwäsche und biss mir auf die Lippe. „Das tat weh“, flüsterte ich und wischte mir eine Träne aus dem Augenwinkel. Erst jetzt merkte ich, wie unsinnig es war, meine Mutter mit meiner eiskalten Art zu strafen, die ich letzte Nacht an den Tag gelegt hatte.

„Du glaubst doch nicht wirklich, dass ich mit ihr gehe, oder?“, fragte Alice mit einem schiefen Grinsen.

Ich schmunzelte und legte meinen Kopf auf ihre Beine. „Sie ist deine Mutter, aber du bist sturer als ein Esel“, antwortete ich langsam.

„Niemand bekommt mich von dir weg. Du bist die Frau, die ich nächstes Jahr heiraten werde, egal wie sehr meine Mutter schimpft. Du kannst nichts für das hier.“ Sie zeigte auf die Wunde zwischen ihren Schulterblättern, die mit einem Verband bedeckt war.

Ich runzelte die Stirn und sah Alice an. „Du wirst mir jetzt bestimmt böse sein, aber ich gebe mir die Schuld dafür. Hätte ich nicht spontan mein Tattoo machen lassen, wäre es niemals so weit gekommen. Ich war sehr egoistisch. Bitte verzeih mir", bat ich sie leise.

Alice lachte auf und verzog danach schmerzerfüllt ihr Gesicht. Ich streichelte ihre Wange und küsste sie zärtlich. „Du machst mich noch grau, bevor ich die 30 geknackt habe. Niemand konnte wissen, dass Lara so ist."

Als sie den Namen der Person nannte, die ihr das angetan hatte, zuckte ich zusammen, was nicht unbemerkt blieb. „Ich verstehe dich und deine Bedenken, aber du hattest darauf keinen Einfluss. Wir haben schon so viel zusammen geschafft, da werden wir daran doch nicht scheitern, oder?", grinste sie mir müde entgegen.

Ich streichelte sie vorsichtig. „Nur mit dir", fing ich an.

„Ein Leben lang", flüsterte Alice, bevor über ihre Wange eine Träne rollte.

Diese Geste bedeutete mir so viel, sodass mein Herz einen Sprung machte. Wie dumm wäre ich gewesen, wenn ich Alice verlassen hätte. Wir würden es gemeinsam durchziehen und alles wieder richten. Ich wischte die Träne weg und in dem Moment kam meine Mutter herein.

„Oh. Ich komme später wieder", flüsterte sie, als Alice mich liebevoll küsste.

Ich hörte nur, wie die Tür wieder zuging, und legte mich in Alice' Bett. „Lass das nicht die Schwestern sehen, die erteilen dir Hausverbot und ohne dich überlebe ich das nicht", grinste Alice mich an.

Ich stupste meine Nase an ihre und küsste ihre Stirn. „Ich liebe dich. Wir schaffen das gemeinsam."

Ich musste eingeschlafen sein, als Alice mich aus dem Bett schob. Ich setzte mich auf dem Stuhl, als kurz danach eine Schwester hereinkam. „Frau Henndriks, wie geht es Ihnen? Ich will Ihren Verband wechseln", trällerte die schlanke Dame, als sie auf Alice zuging.

„Soll ich rausgehen oder kann ich bleiben?", fragte ich höflich, doch die Schwester realisierte mich gar nicht. Sie schnitt den Verband auf und Alice zog deutlich hörbar Luft durch die zusammengepressten Zähne. „Autsch", murmelte sie ins Kissen.

Ich bekam einen kurzen Blick auf ihre Wunde, der mich zusammenzucken ließ. Ein circa zehn Zentimeter langer Schnitt wurde mit einigen Fäden zusammengehalten. Ich unterdrückte meinen Würgereiz. Hut ab, dass die Schwester das einfach so, ohne mit der Wimper zu zucken, ansehen konnte.

„Das wird jetzt etwas brennen, wenn ich die Kompresse drauflege", warnte die Schwester Alice vor, die bereits ihr Kissen umklammerte. Sie kniff die Augen zusammen und fluchte leise ins Kissen, als das Verbandsmaterial ihre Wunde berührte. „So, nur noch fixieren und einen Verband rum, dann sind wir auch schon fertig. Vor der Tür stehen übrigens Besucher, die zu Ihnen wollen. Soll ich sie wegschicken?", fragte die Schwester, als sie Alice vorsichtig aufrichtete.

„Sie können ruhig rein", keuchte Alice, als sie endlich saß. Sie sah mich mit schmerzverzerrtem Gesicht an, das mir einen Stich ins Herz versetzte. Dann drehte sie sich auf die Seite und lächelte mich an.

Mutti, Martin und Marco kamen rein und brachten meinen Blumenstrauß mit, den Thea mir vorhin abgenommen hatte. Ich besorgte aus dem Schwesternzimmer eine Vase und stellte den Strauß auf dem Tisch vor Alice' Kleiderschrank.

„Scheiße, ich habe dir gar keine Klamotten mitgebracht!", fluchte ich, doch Mutti hielt eine Tasche hoch. „Danke, Mutti. Ich möchte mich noch für letzte Nacht entschuldigen, als ich so ruppig zu dir war. Es tut mir wirklich leid", entschuldigte ich mich kleinlaut und nahm ihr die Tasche ab.

„Ach Sarah, es war für dich eine schwierige Situation, ich nehme deine Entschuldigung an und wir lassen Gras über die Sache wachsen", winkte Mutti ab, als ich Alice' Sachen in den Schrank räumte.

„Ihr beide sollt euch doch nicht streiten", murmelte Alice, die mit dem Rücken zu mir lag.

Immer wieder sah ich auf den Verband und kämpfte mit meinen Gewissensbissen. Ich legte die Tasche weg und schloss die Türen des Kleiderschranks. „Engel, wir streiten nicht. Ich bin nur kurzzeitig in alte Gewohnheiten gefallen, aber es ist alles wieder in Ordnung", schlichtete ich schnell, als ich um Alice' Bett herumging.

Sie atmete tief durch und sah mich böse an. „Sei nicht so hart zu dir selbst und hör auf, dir immer Vorwürfe zu machen", brummte sie mich an.

Beschämt wandte ich den Blick von ihr ab und setzte mich auf das leere Bett neben ihr. Ich ließ meine Beine baumeln und sah aus dem Fenster, wo immer noch das triste Grau vorherrschte.

„Habt ihr schon Sam und Tim informiert, dass ich im Krankenhaus liege?", fragte Alice.

„Nein, die sind schon in die Flitterwochen geflogen und kommen erst in zwei Wochen wieder. Sie würden sich nur Sorgen um dich machen und sie sollen doch die Zweisamkeit genießen", antwortete Martin, der falsch herum auf einem Stuhl saß.

Marco setzte sich zu mir auf das Bett und boxte mir auf den Oberarm. „Mit dir wird es nie langweilig“, grinste er mich an.

Ich schmunzelte etwas und rieb mir über die Stelle, die er geboxt hatte. „Als würde ich das bewusst machen. Ich will auch nur ein ruhiges Leben führen, doch irgendetwas ist ja immer“, schnaufte ich lachend.

Er nahm mich im Arm und drückte mich ein wenig. „Ich weiß. Wird schon, Schwesterherz.“

„Liebling?“

Ich sah langsam zu Alice rüber, die mich mit ihren Blicken verfolgte. „Hm?“

„Ich möchte dich gerne die Nacht über hier haben“, flüsterte sie erschöpft.

Ich kniete mich an ihr Bett und legte meinen Kopf auf meine Hände, die auf dem Bett ruhten. „Ich würde nichts lieber tun, als bei dir zu bleiben, aber ich muss morgen arbeiten. Und deiner Mutter würde das überhaupt nicht gefallen. Ich will mich nicht noch mehr mit ihr streiten“, flüsterte ich ihr zu, während sie meine Wange streichelte.

„Ich kann auch eine Vertretung für dich holen, Sarah, das ist kein Problem“, merkte Mutti an.

Alice nickte langsam. „Dann kannst du bei mir bleiben. Was interessiert mich, was meine Mutter darüber denkt? Kannst du vielleicht noch meinen iPod holen? Ich will wenigstens ein bisschen Musik hören, wenn ich alleine bin.“ Ich stand auf, ging zu ihrem Kleiderschrank, holte den iPod aus der kleinen Schublade und gab ihn Alice.

„Wir haben an alles gedacht, ich habe auch ein Buch eingepackt, solltest du ein wenig Abwechslung brauchen“, grinste Martin und strich meiner Freundin übers Bein. Alice bedankte sich und meine Familie verabschiedete sich, während ich nach einer Krankenschwester suchte. Ich klopfte an die Tür des Schwesternzimmers, als mir die schlanke Dame von vorhin öffnete. „Ich würde gerne heute Nacht bei meiner Freundin bleiben, wäre das in Ordnung? Ich bin auch leise!“, stotterte ich herum, sodass sie mich breit angrinste.

„Das Bett ist sowieso frei. Ich komme später noch einmal und sehe nach dem Rechten.“

Ich grinste sie an und ging zurück in Alice’ Zimmer, wo nun Thea an ihrem Bett stand. „Das kann doch nicht dein Ernst sein?! Ich will das nicht, Alice!“, zischte sie gerade ihre Tochter an.

„Mach, was du willst, ich werde bei Sarah bleiben, egal was du gegen sie hast, es ist mir egal. Klär es mit ihr und halte mich da raus!“, keifte sie zurück und Thea erschrak, als ich langsam zu Alice Bett ging.

„Ich kann hier schlafen, hat die Schwester gesagt, sie kommt nachher noch einmal rein“, erklärte ich Alice kurz und zog meine Schuhe aus. Mein Handy klingelte und ich huschte auf Socken zum Fahrstuhl, wo Martin stand, um mir meine Sachen zu geben.

„Pass gut auf dein Mädchen auf. Thea ist mega sauer auf dich“, warnte mich Martin.

„Alice hat ihr schon die Meinung gesagt. Sie kriegt sich irgendwann wieder ein. Ich meide die Gespräche mit ihr“, antwortete ich und nahm meine Tasche. Wir verabschiedeten uns kurz und ich ging zurück in Alice' Zimmer. Thea verabschiedete sich gerade und rauschte wortlos an mir vorbei.

„Ist es für euch in Ordnung, wenn ich euch duze? Ich will ja nicht unhöflich sein“, fragte Kati, die Krankenschwester, nach, als sie Alice' Geräte überprüfte.

„Ich bin Sarah. Mich stört das nicht“, antwortete ich und rollte mein Bett zu Alice rüber.

„Alice. Danke, dass Sarah bei mir bleiben kann, das bedeutet mir sehr viel“, lächelte sie die Schwester an.

„Soll ich euch den Fernseher anmachen?“, schlug diese vor, als sie alle Daten notiert hatte, die auf den Geräten standen. Ich zuckte mit den Schultern und Alice schüttelte den Kopf. „Okay, dann wünsche ich euch eine gute Nacht. Wenn was ist, einfach klingeln“, grinste sie und verließ unser Zimmer.

Alice griff nach meiner Hand und küsste diese. „Ich hab Hunger, aber das Essen hier ist so schrecklich“, erzählte sie mir, während ich jeden einzelnen Finger an ihrer Hand küsste.

„Ich könnte dir eine Pizza bestellen, wenn du magst“, schlug ich vor.

„Frag mal Kati, ob sie ein wenig Obst dahat oder welches besorgen kann.“ Alice lächelte mich an und ich ging wieder los zum Schwesternzimmer.

„Kati?“, rief ich durch die offene Tür.

„Braucht ihr was?“, fragte sie zurück.

„Habt ihr eventuell ein wenig Obst für Alice? Sie hat großen Hunger.“

Kati überlegte kurz und strich ihre schwarzen langen Haare zurück. „Ich schau, was ich machen kann, und bringe es euch dann“, sagte sie schließlich.

Ich kuschelte mich so eng wie möglich an meine Liebste, die mich unentwegt anlächelte, als Kati uns eine große Schale voller Obst brachte.

„Mehr konnte ich nicht auftreiben“, seufzte sie und wir bedankten uns bei ihr. Sie verschwand wieder und ich zog mich langsam aus.

„Nicht so schnell. Ich will es genießen“, flüsterte Alice und biss sich auf die Lippe. Ich streifte mein Hemd langsam ab und grinste sie an. Dann legte ich es auf einen Stuhl, öffnete meinen BH und zog gemächlich die Träger von meinen Schultern.

„Du siehst oben ohne so sexy aus, wenn du diese Hose trägst“, seufzte Alice, als ich meinen Gürtel und dann langsam meinen Hosenknopf öffnete.

„Es gehört alles dir ... und nur dir. Für immer. Niemand wird uns jemals auseinanderbringen“, flüsterte ich ihr zu, während ich die Hose von meinen Beinen streifte. Ich holte mir ein Shirt aus meiner Tasche, die auf dem Tisch stand, und zog es mir über.

„Hey, nichts überziehen, ich will doch deinen schönen Körper sehen“, schmollte Alice.

„Du sollst dich schonen. Ich füttere dich.“ Ich nahm die Schale Obst und schob meiner Liebsten eine Weintraube in den Mund.

„Das haben wir noch nie gemacht“, nuschelte sie.

„Das stimmt, aber es gefällt mir. Du wirst satt und ich habe Spaß dran“, grinste ich zufrieden.

Alice’ Mund glich einem schwarzen Loch, welches das Obst nur so verschlang. Die Schale war bald leer, dann nahm sie meine Hand und legte sie auf ihre Brust. „Ich möchte dich etwas fragen“, sagte sie schließlich und ich wurde ein wenig nervös. „Was hast du letzte Nacht deiner Mutter gesagt, dass du dich dafür entschuldigen musstest? Sie meinte, du wärst in alte Gewohnheiten gefallen. Was meinte sie damit?“

Ich rückte etwas näher an Alice heran und küsste sie liebevoll. „Ich habe mich ganz kurz verloren. Ich war wieder ohne jegliche Emotionen oder Gefühle und habe das an meiner Mutter ausgelassen, die mich nur trösten wollte.“

Alice legte die Stirn in Falten. „Also warst du wieder eiskalt?“, hakte sie nach und ich nickte bestätigend. „Ich finde das nicht gut. Du bist nicht mehr wie damals. Du bist eine wundervolle, hilfsbereite und vollkommen bescheuerte Frau mit wunderschönen blauen Augen, in denen ich mich so gerne verliere. Eine Frau, die ich von ganzem Herzen liebe.“ Sie schenkte mir ein liebevolles Lächeln und ich drückte meine Lippen auf ihre. Ihre Zunge glitt in meinen Mund und spielte mit meiner. Mein Bauch kribbelte und die Schmetterlinge darin flogen Formation. Das waren keine Schmetterlinge mehr, das war ein ganzes Schmetterlingshaus. Wie dumm ich doch gewesen war, als ich sie betrogen hatte. Warum hatte ich das nur gemacht? Ich hatte doch alles, was ich mir je erträumt hatte. „Heirate mich, mein Engel“, flüsterte ich ihr zu. Ich spürte ihr Grinsen auf meiner Haut, als sie mich küsste und mich näher an sich zog.

„Ich muss dir etwas erzählen“, hauchte sie mir zu und legte sich vorsichtig auf den Bauch. Ich deckte sie ordentlich zu und sah sie erwartungsvoll an. „Ich habe ein schönes Haus gefunden, das ich gerne kaufen möchte. Für uns. Kannst du mir bitte mein Handy geben, das müsste auf dem Tisch liegen“, bat sie mich.

Schnell holte ich das Teil und sah aufgeregt auf das Display, während sie das Bild heraussuchte. „Hier.“ Sie gab mir mein Handy und ich hatte plötzlich ein zweistöckiges Haus vor der Nase, mit überdachtem Balkon und Terrasse. Das tiefblaue Dach schien neu zu sein und die Fassade erstrahlte in einem sanften Ockerton.

„2000 Quadratmeter Land gehören noch dazu, da kannst du dich austoben. Ich hatte bereits mit dem Makler gesprochen, damit wir es uns ansehen können. Nach dem Vorfall von gestern möchte ich es lieber heute statt morgen kaufen.“ Alice sah mich erschöpft an.

„Wie teuer?“, fragte ich knapp. Sie hatte mir immer noch nicht gesagt, wie viel sie für das elterliche Anwesen bekommen hatte, und ich wollte nicht, dass sie in finanzielle Schwierigkeiten kam.

„Mach dir darüber keine Sorgen. Gefällt es dir?“, fragte sie neugierig, als ich ihr das Handy wiedergab.

„Es ist echt schön, ich möchte es gerne von innen sehen und dann entscheiden wir das zusammen. Werde aber erst wieder gesund. Kann ich dir irgendwas Gutes tun, mein Engel?“

Alice seufzte und sah mich müde an. „Rücken streicheln geht ja nicht“, murmelte sie und griff meine Hand, die sie unter ihrer Decke schob.

„Sex ist jetzt nicht unbedingt rückenschonend. Schlaf. Ich bin auch müde“, flüsterte ich.

Sie bekam einen sanften Gutenachtkuss und versuchte, sich bequem hinzulegen. „Ich liebe dich“, nuschelte sie noch, bevor sie einschlief. Sie hielt meine Hand fest und wieder zuckte sie im Schlaf. Ich zupfte mein Kissen zurecht und deckte mich zu. Ein neues Leben mit Alice in einem Haus. Ich grinste in mich hinein und strich mir über den Bauch. Wann wohl die Kinder dazukommen würden? Ich konnte mich mit dem Gedanken anfreunden und grübelte, wie wir wohl unseren Nachwuchs nennen würden.

Kapitel 28

Um sieben Uhr am nächsten Morgen wurden wir vom Arzt geweckt, der Alice gleich untersuchte. Er beäugte mich skeptisch und schob mich im Bett liegend beiseite. Ich staunte ein wenig und verhielt mich während der Untersuchungen ganz ruhig. „Ich denke, in zwei Tagen können Sie die Klinik verlassen. Die Wunde verheilt hervorragend und die Fäden lösen sich von selbst auf. Ich würde Sie dann noch zur Kontrolle sehen wollen, ob alles weiterhin so gut abheilt. Haben Sie irgendwelche Beschwerden?“, ratterte er trocken runter, während er etwas auf seinem Klemmbrett notierte. Alice schüttelte den Kopf und der Arzt verschwand wieder durch die Tür.

Gähnend streckte ich mich, bevor ich aufstand.

„Kannst du mir aufhelfen, Liebling? Ich muss mal zur Toilette“, fragte mich Alice schüchtern.

Ich sprang aus dem Bett und zog sie vorsichtig hoch. Ganz langsam führte ich sie zur Toilette und ging raus, bis sie fertig war. „Das ist so unromantisch“, lachte ich, als ich den Raum verließ.

„Es kommt zumindest nicht auf meine Liste der Dinge, die ich gerne mit dir zusammen machen möchte. Es tut aber beim Gehen noch etwas weh, sonst würde ich dich nicht um so etwas bitten“, rief Alice durch die Tür. „Ich fühle mich wie 90! Magst du mir wieder hoch helfen?“, maulte sie und ich ging in ihre Kabine hinein. Sie streckte mir bereits ihre Hände entgegen, die ich grinsend nahm.

„Halte dich mal an den Wänden fest, du rennst mir nicht mit runtergelassener Unterhose über den Flur“, lachte ich und zog sie an.

„Sag ich ja. Ich bin eine Oma“, murrte Alice, als ich sie zum Waschbecken führte.

„Komm, Omi, Hände waschen“, grinste ich breit und erntete für meine gehässige Aussage böse Blicke. Ich steckte ihr die Zunge raus, dann gingen wir langsam in ihr Zimmer zurück, in dem für Alice ein kleines Frühstück stand.

„Willst du nicht zur Arbeit?“, fragte sie mich, als ich ihr das Brötchen mit Marmelade beschmierte.

„Mutti hat doch gesagt, sie sucht Ersatz für mich, ich kann dich schlecht alleine lassen“, gab ich zurück und reichte ihr das halbe Brötchen.

„Du kannst aber nicht immer den *Ich-bin-die-Tochter-der-Geschäftsführerin-Bonus* ausspielen“, schmatzte sie mit vollem Mund, während ich mich anzog. Ich wollte für uns einen Kaffee aus der Cafeteria holen und auch etwas frühstücken.

„Ich weiß, aber ich will für dich da sein. Ich will alles besser machen, als vorher“, seufzte ich traurig, während ich meine Manschettenknöpfe schloss.

Alice sah mich seufzend an und streckte mir ihre Hand entgegen. Ich nahm diese und legte sie langsam auf die Seite. „Du bist perfekt, so wie du bist. Hör auf, dich unter Druck zu setzen. Ich liebe dich und das wird sich auch nicht ändern.“ Sie küsste mich sanft und ich ging in die Cafeteria. Wenn schon Alice meinte, ich wäre zu streng mit mir selbst, musste da ja was dran sein. Und ich musste tatsächlich zugeben, dass ich oft zu hart mit mir umsprang. Vielleicht könnte sie mir helfen, dass ich das ändern konnte. So wie sie mir damals geholfen hat, offen über meine Gefühle zu reden.

Ich holte zwei Kaffee und für mich vier belegte Brötchen, von denen ich mindestens eins sicherlich an Alice würde abgeben müssen. Das, was sie im Krankenhaus serviert bekam, sah nicht gerade lecker aus.

Auf dem Weg zurück zu meiner Liebsten traf ich auf Thea, die mich erschrocken ansah. „Musst du nicht arbeiten?“, krächzte sie mich an, während wir um die Ecke bogen.

„Ich habe heute frei“, antwortete ich ihr kurz und beschleunigte meine Schritte. „Mutter im Anmarsch“, knurrte ich Alice an und gab ihr ein belegtes Brötchen zusammen mit dem Kaffeebecher.

Wir schwiegen uns an, während Alice ihr belegtes Brötchen verdrückte. Thea setzte sich auf das Bett, in dem ich geschlafen hatte, und sah ihre Tochter an. „Geht es dir besser?“, fragte sie kurz, ohne sie anzusehen.

„Ich werde in zwei Tagen entlassen“, nuschelte Alice mit vollem Mund und nahm einen Schluck Kaffee. Ich seufzte und setzte mich auf ihr Bett. Thea beobachtete mich mit Argusaugen, die jeden Schritt und jede Bewegung analysierten. „Mama, hör auf damit.“ Alice stützte sich auf ihren Arm und in ihren Augen flackerte so etwas wie Wut auf.

„Ich verstehe einfach nicht, wie du ihr alles verzeihen kannst“, platzte es aus Thea heraus, die vom Bett aufgesprungen war.

Ich zuckte kurz zusammen und faltete meine Hände ineinander.

„Aus demselben Grund, aus dem du meinen Vater alles verziehen hast. So etwas nennt man Liebe, falls es dir entfallen ist“, zischte Alice sie an.

Thea riss die Augen auf, bevor sie einen Schritt auf uns zumachte. „Wie redest du mit deiner Mutter?“, fragte sie zornig.

Ich sah auf meine gefalteten Hände hinab und hielt mich zurück. Mir war die Sache unangenehm und irgendwo gab ich mir ja auch die Schuld an Alice' Situation.

„Ich habe es dir schon in verschiedenen Varianten erklärt, aber du verstehst es einfach nicht! Es ist nicht Sarahs Schuld. Es gibt genug Menschen, die nicht ganz bei Trost sind, die es auch hätten tun können. Dass es ausgerechnet Sarahs Liebelei war, die einfach nicht versteht, dass sie mich liebt und etwas falsch gemacht hat, kann doch keiner ahnen." Alice saß fast in ihrem Bett, so sehr hatte sie sich in Rage geredet.

Thea stand einfach nur da und schüttelte den Kopf. „Sie wird es immer wieder machen. Sie wird dich immer wieder betrügen und du wirst so naiv sein und ihr immer wieder verzeihen."

Alice betätigte die Klingel. Wenig später kam eine Schwester zur Tür herein. „Meine Mutter möchte gehen und ich möchte sie hier auch nicht mehr sehen", wies sie die Schwester an und sah dabei ihre Mutter an.

„Das kann nicht dein Ernst sein", flüsterte sie – fassungslos gestikulierend – und starrte uns an.

„Frau Henndriks, bitte gehen Sie. Ihre Tochter braucht Ruhe." Sanft schob die Schwester Thea aus dem Zimmer, die noch auf dem Flur lauthals protestierte.

„So kannst du nicht mit deiner Mutter umgehen!", hallte es aus dem Flur, während Alice unbeirrt ihren Kaffee austrank. Ich stand auf und sah sie an. „Ich lasse mir unsere Beziehung nicht schlecht reden." Ihre Stimme war ruhig, fast schon freundlich, doch ich wusste nicht, wie ich mit der Situation umgehen sollte. „Liebling, sie kapiert es sonst nicht! Ich habe es ihr wie ein Mantra heruntergebetet, dass ich dich liebe und bei dir bleiben werde", fuhr sie mich an.

Ich lehnte mich an ihr Bett und sah betrübt zu ihr herüber. „Sie ist aber deine Mutter", gab ich ruhig zurück.

Alice' Blicke ruhten auf mir, als sie sich wieder hinlegte. „Ich werde mich mit ihr versöhnen, aber erst einmal will ich sie nicht sehen. Kannst du mir einen Gefallen tun und beim Autohaus anrufen, dass ich das Auto am Wochenende nicht holen kann? Ich bezweifle, dass ich Samstag schon in der Lage bin, Auto zu fahren", bat sie mich so, als wäre nie etwas geschehen, und reichte mir ihr Telefon. Daran hatte ich gar nicht mehr gedacht. Es gab momentan ein solches Auf und Ab in unserem Leben, dass es einer Achterbahn Konkurrenz machen und mich aus der Bahn werfen konnte. Dazu kam, dass mich Alice' Stimmungswechsel vollkommen verwirrt hatte. Erst machte sie ihre Mutter die Hölle heiß – und jetzt lächelte sie mir entgegen.

Ich ging aus dem Zimmer und wählte die Nummer des Audi Zentrums. „Fischer, ich rufe im Auftrag von Frau Henndriks an, sie hat letzte Woche den Q5 bei Ihnen gekauft. Sie kann das Auto aus gesundheitlichen Gründen nicht abholen und ich soll sie fragen, ob es auch nächstes Wochenende geht", plapperte ich ins Telefon, als jemand den Anruf entgegennahm.

„Kein Problem, richten Sie bitte unsere Genesungswünsche aus, sie soll kurz vorher anrufen, wenn sie das Auto holen möchte", quietschte mir eine Dame ins Ohr und ich verabschiedete mich. Ich steckte das Telefon weg und ging wieder zu ihr hoch, als meine Mutter mich anrief.

„Sarah? Ich wollte dir nur sagen, dass Martin und ich uns für das Haus entschieden haben und wir dort in zwei Wochen einziehen. Du müsstest dein Zimmer ausräumen."

Ich blieb ruckartig stehen. Meine Mutter und ihre spontanen Entscheidungen. Saßen jetzt alle auf gepackten Koffern und wollten ein neues Leben in einem neuen Haus beginnen? „Ich komme Samstag vorbei, wenn Alice aus dem Krankenhaus entlassen wird. Kannst du mir schon ein paar Kisten hinstellen? Alice und ich wollen auch aus unserer Wohnung ausziehen. Sie hat bereits ein Haus ausgesucht."

„Ich weiß, ich weiß, das habe ich ihr ja gezeigt und sie hat sich sofort in das Haus verliebt."

Ich seufzte und strich mir übers Kinn. Es war ja schon fast klar gewesen, dass Mutti davon wusste. „Meinst du nicht, dass es ein wenig zu groß ist? Klar, wir wollen irgendwann Kinder haben, doch ich bin erst 20 und ich habe da ein wenig Angst, mich zu übernehmen", fragte ich Mutti zweifelnd.

Sie lachte ins Telefon. „Ihr schafft das, das weiß ich. Es ist nicht weit weg von unserem neuen Haus. Marco ist schon wie wild am Packen. Ich komme nachher noch ins Krankenhaus." Sie legte auf und ich ließ die Infos erst einmal sacken, als mir jemand auf die Schulter tippte.

Kati stand hinter mir. „Na? Wie geht's euch beiden?", fragte sie, während sie den Fahrstuhl holte.

„Alice geht es schon besser, sie wird Samstag entlassen", antwortete ich ihr, während ich mein Handy wegsteckte.

„Cool! Freut mich, dass sie so schnell wieder fit ist. Ich freue mich für euch. Ihr seid echt ein süßes Paar", grinste sie mir entgegen.

Ich spürte, wie ich rot wurde, dann stiegen wir gemeinsam in den Fahrstuhl ein. „Danke. Sie bedeutet mir alles, ich kann mir nicht vorstellen, ohne sie zu leben. Wir wollen uns demnächst ein Haus anschauen", sprudelte es aus mir heraus.

„Sarah, halt doch einfach mal die Klappe, es muss doch nicht jeder wissen", schoss es mir sogleich durch den Kopf.

Kati klappte die Kinnlade herunter und sie umarmte mich lachend. „Das ist doch toll! Ich wünsche euch beiden alles Glück der Welt. Ihr passt gut zusammen."

Alice war genervt, dass sie im Krankenzimmer herumliegen musste, und legte ihr Buch beiseite. „Ich will mich bewegen, wenigstens ein bisschen. Ich bin jetzt schon total gelangweilt von der Atmosphäre hier. Schlafen kann ich auch nicht mehr und im Fernsehen kommt nur Schrott", seufzte sie und rieb sich die Augen.

Ich grinste in mich hinein und besorgte mir einen Stift und Papier. Ich zeichnete von ihrem Handy die Grundrisse ab. „Wo willst du unser Sofa hinstellen?", fragte ich sie grinsend. Alice strich sich eine Strähne hinters Ohr und tippte auf die Mitte des größten Raumes. Ich zog eine Augenbraue hoch und zeichnete das Sofa ein.

„Ich hätte gerne einen Kamin, ich muss dich doch noch Holz hacken sehen", lächelte sie mich an.

Ich zeichnete an der Wand gegenüber dem Sofa ein kleines Quadrat und schrieb ein *K* hinein. Davor zeichnete ich ein Rechteck und dieses Mal zog Alice eine Augenbraue hoch. „Bärenfell", erklärte ich ihr schmunzelnd.

„Du Romantikerin", lachte Alice und streichelte mich sanft.

„Haben wir eine offene Küche?", fragte ich nach, was mit einem Nicken bestätigt wurde.

„Ich habe schon überlegt, ob wir uns nicht eine neue Küche kaufen sollen – mit einer Kochinsel. Du weißt, dass ich so etwas unglaublich praktisch finde, man hat einfach mehr Platz", argumentierte sie.

Ich seufzte und zeichnete die Küche ein. So ging es weiter, bis wir mit dem ganzen Haus fertig waren. Zum Schluss zeichnete ich auf dem Hof noch ein kleines Quadrat ein. „Was soll das sein?", fragte mich Alice stutzig, die sich inzwischen aufgesetzt an meine Schulter gelehnt hatte.

„Na ja, unser Hund muss ja irgendwo schlafen", feixte ich und bekam für die Idee einen Kuss auf den Hals gedrückt.

„Der kommt aber erst später. Zeichne bitte noch eine Garage ein. Der dicke Max muss ja auch ein Dach überm Kopf haben", schmunzelte Alice und nahm danach die Zeichnung. Wir waren uns mit den Farben für die Wände noch nicht sicher und wollten warten, bis wir uns das Haus angesehen hatten. Ich grinste doof durch die Gegend und freute mich auf die Besichtigung. Projekt *Unsere gemeinsame Zukunft* war gestartet.

Mutti kam mit Marco zur Tür herein und begrüßte uns mit ihrer munteren, fröhlichen Art. „Na, habt ihr was angestellt? Ich wollte Thea mitnehmen, aber sie meinte, sie sei nicht erwünscht“, fragte sie skeptisch und setzte sich auf das freie Bett. Marco hockte sich auf einen Stuhl und spielte mit seinem Handy rum.

„Sie hat wieder Sarah schlechtgemacht und ich konnte es einfach nicht mehr hören, also habe ich sie rausgeschickt und ihr gesagt, dass ich sie hier im Krankenhaus nicht mehr sehen will“, erläuterte Alice die aktuelle Lage.

Mutti nahm sie vorsichtig in den Arm und herzte sie. „Du machst Sachen, aber wenn es sein muss, ist es nun mal so. Du bist alt genug, um für deine Entscheidungen einzustehen.“ Mutti war wieder so unglaublich einfühlsam und verständnisvoll, dass Alice die Tränen kamen.

Ich räusperte mich, um Marcos Aufmerksamkeit zu erhalten, und winkte ihn raus.

„Was ist los?“, fragte er mich stutzig, als er mit mir über den Flur schlenderte.

„Na ja, ich wollte mal wissen, wie es bei dir so läuft. Meine Probleme kennst du ja. Ich möchte halt auch für dich da sein. Du hast dich so um mich gekümmert, als es mir scheiße ging“, gab ich zu.

Er sah mich prüfend an und grinste. „Schule halt. Ansonsten ist es jetzt etwas stressig wegen des Umzugs, den Mutti so übers Knie gebrochen hat. Mein Zimmer steht voll mit Kisten, aber ich freue mich voll auf meine eigene Etage.“ Er lehnte sich an eine Wand und grinste mich an. „Mann, Sarah, mach dir doch nicht so viele Sorgen um Alice und dich. Das wird wieder – und Thea wird dir auch wieder verzeihen. Sie kann nicht ewig auf euch böse sein, das weißt du auch.“

Ich fühlte mich ertappt und strich mir durch die Haare. Schmunzelnd schüttelte ich den Kopf und atmete durch. Mein Bruder hatte mich durchschaut und grinste mich triumphierend an. „Danke Marco, aber ich habe halt Angst, dass sie diese Wunde immer wieder aufreißt und das tut mir halt verdammt weh.“ Ich zeigte auf mein Herz und sah ihn zweifelnd an. Er hatte schon einen leichten Bartwuchs und war bereits einen Kopf größer als ich. Der kleine Hipster wurde langsam erwachsen.

Er boxte mir sanft auf die Schulter und lächelte mich an. „Lass den Kopf nicht hängen, Große“, murmelte er, bevor wir wieder in Alice’ Zimmer gingen.

Ich schob Alice, die im Rollstuhl saß, vor mir her zum Fahrstuhl. Sie hatte Kati angebettelt, sich bewegen zu dürfen, die ihr daraufhin prompt einen neuen Verband angelegt, ein Shirt übergezogen und sie dann in den Rollstuhl gesteckt hatte. „Versuche, still zu sitzen, sonst kann es passieren, dass die Wunde aufreißt und dann bist du noch länger hier“, warnte sie Alice mit einem spielerischen Grinsen auf den Lippen.

„Dann fahren wir mal mit Omi in die Cafeteria und holen ihr ein Stück Kuchen“, lachte ich und Alice fluchte vor sich hin.

„Miststück. Ich bin froh, dass ich überhaupt aus dem Zimmer darf“, grummelte sie mich an.

Ich grinste schäbig und Mutti stieß mir ihren Ellenbogen in die Rippen. „Sei nicht so gemein zu deiner Verlobten!“, krächzte sie empört.

Marco trabte hinter uns her und tippte wie wild auf seinem Handy herum. Ich beugte mich zu Mutti rüber, damit er uns nicht hörte. „Hat der eine neue Freundin?“, murmelte ich.

Sie grinste mich an. „Ja, aber sie scheint ein bisschen mehr als Knete und Murmeln im Kopf zu haben. Emma ist eine liebe Nette. Sie hat ihm beim Kistenpacken geholfen ... und ich habe die beiden beim Knutschen erwischt“, kicherte sie kindlich.

Ich schmunzelte, während Alice ungeduldig auf den Armstützen herumtrommelte. „Ich will endlich meinen dicken Max abholen!“, maulte sie rum.

„Du wirst ihn erst nächste Woche holen können. Du bist noch nicht hundertprozentig fit und ich will nicht, dass du einen Unfall baust. Wir können ja zunächst das Haus besichtigen“, schlichtete ich und wusste bereits, dass Alice es so oder so kaufen würde, egal wie hoch der Preis sein würde. Wir hatten ja schließlich schon vor unserem inneren Auge alles eingerichtet.

Alice stopfte sich den Kuchen nur so in sich hinein und stöhnte dabei herum. „Wer diesen Kuchen gemacht hat, verdient einen Orden. Der ist richtig gut geworden“, schmatzte sie, während ich meinen Kaffee trank.

„Ich kann ja Samstagabend, wenn du wieder zu Hause bist, für dich kochen. Möchtest du eigentlich wieder in unsere Wohnung? Ich meine, es ist nun mal dort passiert und ...“ Ich biss mir auf die Lippe und sah aus dem Glaspavillon in den kleinen Vorgarten, der im Winterschlaf lag.

Alice nahm meine Hand und küsste meine Fingerknöchel. „Weglaufen bringt nichts. Bis wir unser Haus haben, werden wir dortbleiben. Sonst haben wir ja auch keine Möglichkeit, außer wir checken in einem Hotel ein – und darauf habe ich nun wirklich keine Lust, abgesehen davon, dass es sündhaft teuer ist.“

Langsam drehte ich meinen Kopf Alice zu und lächelte zaghaft. „Vielleicht geht auch alles schneller, als wir denken, und pünktlich zu meinem Geburtstag ziehen wir schon in das Haus ein. Das wäre echt klasse", grübelte ich laut.

„Oh nein! Ich muss noch ein Geschenk für dich finden", krächzte Alice mit aufgerissenen Augen.

„Ich will kein Geschenk", entgegnete ich, doch ich ahnte, dass sie schon angestrengt überlegte, was sie mir schenken könnte.

„Sarah, wir könnten dich beim Umzug gebrauchen. Wir haben über die Jahre so viel angesammelt, das Wohnzimmer ist voll mit Kartons", warf Mutti bettelnd ein.

„Klar. Alice kann ja im Sessel sitzen und uns überall hin scheuchen. Muss denn noch gestrichen werden?", fragte ich mit der Kaffeetasse an den Lippen.

Mutti grinste mich an und meine Frage hatte sich erübrigt. Wäre Alice fit gewesen, hätten wir gleich wieder einen Wettkampf daraus gemacht, so wie vor gut zwei Jahren, als wir ihre Wohnung hergerichtet hatten.

„Martin und ich sind ja auch noch da. Vielleicht helfen Sam und Tim auch noch, wenn sie aus den Flitterwochen zurück sind, dann geht es bestimmt schnell", meldete sich Marco zu Wort, der ununterbrochen mit seinem Handy beschäftigt war.

„Wenn deine Freundin dich lässt", warf ich schulterzuckend ein.

Er grinste in sein Telefon hinein. „Frauen. Hat Mutti wieder gepetzt?", antwortete er höhnisch.

„Hey!" Mutti kniff ihn in die Wange und lachte, als er leise fluchte. Ich fühlte mich glücklich über diese fast schon unbeschwerte Leichtigkeit, die uns umgab. Alice lächelte mich an und küsste meine Hand, die sie immer noch festhielt.

Ich tauchte den Lappen in die Wasserschüssel vor mir und wusch Alice. Kati freute sich über meine Fürsorglichkeit, dabei nahm ich ihr ja auch etwas Arbeit ab. Alice jedoch fühlte sich wie ein Pflegefall und maulte nur herum. „Ich stecke dir gleich den Lappen in den Mund, wenn du jetzt nicht aufhörst, zu meckern! Du kannst mit dem Verband halt nicht duschen und richtig bewegen ist auch noch nicht drin", knurrte ich sie an. Sie steckte mir die Zunge aus, während ich um sie herumging und vorsichtig ihren Rücken abtupfte. Sie zuckte zusammen, als ich in die Nähe ihrer Wunde kam. Ich hielt kurz inne und legte ihre Haare zu einer Seite herüber. „Das werde ich ihr niemals verzeihen", flüsterte ich und kräuselte die Stirn. Dann fiel mir ein: „Ich muss noch zur Polizei und meine Aussage machen." Ich hatte es so gut verdrängt und plötzlich schwappte alles wieder hoch. Der Sex mit Lara, die Nachrichten von ihr, ihr plötzliches Auftauchen beim Autohaus und auf der Hochzeit. Ich schürzte die Lippen und ging wieder zur Schale Wasser. „Sie hätte dich umbringen können, Engel." Ich kämpfte mit den Tränen und vermied jeglichen Blickkontakt mit Alice.

„Hat sie aber nicht. Ich bin bei dir und nur das zählt. Sie wird dafür verurteilt werden und das ist gut so", gab sie mir kalt zurück.

Ich setzte mich auf den Boden und starrte den Lappen in meiner Hand an. Diese verdammten Vorwürfe lagen mir auf der Zunge und drohten, über meine Lippen zu huschen.

„Wollen wir für Montag einen Termin bei Doktor Grebe machen?", sagte Alice plötzlich und streichelte mir über den Kopf. Ich nickte stumm und wusch sie weiter. Diese Stille war so unangenehm, doch ich wollte mich nicht mit ihr streiten, weil ich mir immer wieder die Schuld an allem gab.

Endlich war es Samstag und ich räumte Alice' Tasche ein. Sie konnte nur langsam gehen und benötigte noch ein paar Pausen zwischendurch, doch sie biss die Zähne zusammen. Der Arzt gab mir einen Zettel mit den Medikamenten und Verbänden, die wir benötigten, und eine Überweisung für den Hausarzt, um die Wunde zu kontrollieren. „Wenn es sich entzündet, kommen Sie sofort ins Krankenhaus", fügte er noch hinzu, bevor er sich von uns verabschiedete und aus dem Zimmer verschwand.

Ich wandte mich Alice zu, die gerade ihren iPod und das Buch in die Tasche legte und den Reißverschluss schloss. „Dann können wir jetzt los. Mutti wartet sicherlich schon auf uns", lächelte ich und nahm ihr die Tasche ab. Ich bot ihr meinen Arm an und sie hakte sich ein.

„Üben wir jetzt schon für unsere Hochzeit?", grinste sie mich an, als wir langsam über den Flur spazierten.

Ich lachte und wurde ganz rot. „Es soll alles perfekt werden. Ich will, dass dieser Tag wundervoll wird, ohne Zwischenfälle." Ich stellte mir Alice in einem langen weißen Kleid vor und grinste dämlich vor mich hin. Wer sie wohl zu mir führen würde? Ich überlegte eine Weile und war mir nicht sicher, ob Tim es machen würde ... oder ihre Mutter.

„Du wirst bestimmt wunderschön aussehen", raunte sie mir zu, als wir am Fahrstuhl ankamen. Ich legte meinen Arm um ihre Hüfte, als die Fahrstuhltür aufging und wir hineingingen.

Kapitel 29

Mutti trug die Tasche und die Einkäufe hoch, während ich mit Alice langsam hinterherging. Ich hätte sie am liebsten getragen, doch ich hatte Angst, ihr wehzutun. So kämpften wir uns in den dritten Stock. In unserer Wohnung angekommen, kehrte Mutti die Scherben und die zerrissenen Bilder auf, die immer noch dalagen. Sie sah mich einfühlsam an und ich bugsierte Alice aufs Sofa.

„Leg dich hin. Ich mache dir einen Kaffee“, bat ich sie, doch der Sturkopf blieb einfach sitzen und verschränkte die Arme.

„Es ist komisch, hier zu sein“, flüsterte sie, als ich schon fast in der Küche war.

Mutti räumte die Einkäufe ein, während ich uns Kaffee kochte. „Ich nehme den Müll nachher mit herunter und drucke euch die Bilder neu aus.“ Sie sah mich mit besorgter Miene an.

„Danke. Ich komme morgen vorbei und räume mein Zimmer aus“, lächelte ich gequält. Ich drehte mich von ihr weg und holte schnell drei Tassen aus dem Schrank, während der Wasserkocher vor sich hin blubberte. So richtig konnte ich mich in diesen Räumen nicht mehr wohlfühlen.

Ich sah dabei zu, wie Alice ihre Haare wusch, und überlegte, was ich für sie kochen könnte. Beim Einkaufen hatte ich wahllos irgendwas in den Einkaufswagen geworfen, doch eine Idee hatte ich nicht. Ein Salat wäre definitiv möglich gewesen, vielleicht könnte ich noch aus dem Hack was Schönes machen, bis mir eine Idee kam. „Was hältst du davon, wenn ich uns Burger mache?“, fragte ich Alice, die gerade das Wasser ausstellte.

„Die hatten wir schon lange nicht mehr. Ich kann dir ein wenig helfen.“

Ich reichte ihr ein Handtuch und sie richtete sich langsam auf. Sie beobachtete mich im Spiegel, während ich mir im Kopf bereits die Zutaten zusammensuchte. „Du schonst dich. Ich koche für uns. Verstanden?“, grummelte ich ihr zu und ging in die Küche. Ich holte das Hack und das Gemüse aus dem Kühlschrank, als sich langsam Alice’ Arme um meine Hüfte schlangen.

„Tanzt du mit mir?“, fragte sie leise, als ich mich zu ihr umdrehte.

Ich hatte gar nicht bemerkt, dass sie Musik eingeschaltet hatte. Leise und herzzerreißend sang *Boy Epic* aus den Lautsprechern und ich legte ihre Arme um meinen Hals. Langsam tanzen wir in der Küche und ich fühlte, wie Alice mein Nacken streichelte. „Wir lassen das alles jetzt hinter uns. Dieses ganze Drama und was bisher passiert ist und fangen noch einmal ganz von vorne an, okay? Ich spüre, wie es dich bedrückt", flüsterte sie, als sie ihre Stirn auf meiner legte.

„Hmhm", machte ich nur und genoss diesen besonderen Augenblick mit ihr. Wir tanzten wieder unseren Stehblues, der sich trotz der zahllosen Ereignisse so vertraut und wunderschön anfühlte. Ich konnte Alice' Lächeln sehen, als ich ihre Wange küsste, was mir mehr bedeutete, als es Worte hätten beschreiben können.

„Du bist meine zukünftige Ehefrau, mit der ich eine Familie gründen will."

Ich schmunzelte verlegen und strich mir durch die Haare. „Bist du sicher, dass du noch so eine chaotische und verkorkste Person in deinen Leben haben willst? Unser Kind wird bestimmt nicht einfach."

Alice sah mich liebevoll an. „Damit komme ich schon zurecht. Schlimmer als du, kann kein Kind werden."

Entrüstet öffnete ich den Mund, doch mir fiel keine schlagfertige Antwort ein.

Alice legte ihren Finger auf meine Lippen und zeichnete die Konturen nach. „Ich liebe dich und kann mir nichts Schöneres vorstellen, als mit dir den Rest meines Lebens zu verbringen. Wir haben schon so viel durchgemacht und ich bin stolz, dass ich immer noch an deiner Seite bin. Als du mein Herz gestohlen hast, hätte ich niemals gedacht, dass mich ein Mensch so glücklich machen kann, wie du es machst."

Ich schloss die Augen und atmete tief ein. Ich war gerührt von ihrer Liebeserklärung und hätte ihr gerne eine ebenso schöne gemacht, doch mir fehlten einfach die Worte. Nach all den Höhen und Tiefen, die wir durchgemacht hatten, fühlte ich mich in meinem Glauben an die wahre Liebe, die gerade mit mir tanzte, bestärkt. Mein Bauch kribbelte, als ich mich von Alice löste und sie mit wässrigen Augen ansah. „Du bist eine so wundervolle Frau, die mit mir durch die Hölle geht. Ich kann dir nicht sagen, was ich für dich empfinde und wie du immer wieder mit Kleinigkeiten mein Herz berührst. Ich wünsche mir, dass unser Glück niemals enden wird", flüsterte ich mit tränenerstickter Stimme, nahm Alice in meine Arme und streichelte ihr sanft über den Rücken, während ich mein Gesicht in ihre nassen Haare vergrub.

„Hey, nicht weinen", flüsterte sie, als mir ein Schluchzer entwich.

Ich versuchte, mich etwas zu beruhigen, doch es wollte mir einfach nicht gelingen.

Alice löste unsere Umarmung auf und schenkte mir ein süßes Lächeln, während sie meine Tränen wegwischte. „Als ich dich damals das erste Mal sah, dachte ich, du bist härter als Granit, dabei hast du ein so weiches Herz und bist so sensibel. Ich liebe diese Seite an dir und könnte mir nicht vorstellen, mit einem Menschen zusammen zu sein, der nicht vor seinem Partner weinen kann“, schmunzelte sie, während sie meinen Kopf kraulte. Ich lachte schnaufend und nahm mir ein Stück Küchenpapier. „Lass uns Burger machen. Ich habe voll Hunger“, schlug Alice vor und packte das Hack aus. Ich lachte erneut und wusch das Gemüse ab. Ihren Appetit würde sie wohl nie verlieren.

Alice lag im Bett und streichelte meinen Bauch, der vom Essen etwas aufgebläht war. „Wie würdest du unser Kind nennen, wenn es ein Junge wird?“, fragte sie mich neugierig.

„Definitiv nicht Kevin“, lachte ich. Alice zog eine Augenbraue hoch und musterte mich. Ich überlegte einen Moment. Über so etwas hatte ich noch nie nachgedacht. Ich ratterte durch diverse Filme und Bücher, die ich gesehen und gelesen hatte. „Ich weiß nicht so recht. Ich mag alte Namen gerne.“

„Wir nennen unseren Sohn nicht Horst oder Günther“, grinste Alice schelmisch, was ich nur mit einem Augenrollen kommentierte.

„Noch älter. Tristan finde ich ganz schön“, schlug ich vor und drehte mich auf die Seite, um Alice’ Reaktion abzuwarten.

„Hm, ganz okay. Ich würde gerne wollen, dass er den Zweitnamen vom Paten bekommt.“ Erwartungsvoll starrte Alice mich an.

Paten? Ich war nicht getauft und konnte somit nur symbolische Paten benennen. „Sam sollte mein Pate für das Kind sein, auch wenn es auf keinem Papier stehen würde. Ich bin ja nicht in der Kirche und habe auch nicht vor, einzutreten“, seufzte ich grübelnd.

„Also haben wir schon mal einen Zweitnamen“, schlussfolgerte Alice, die meine Hand gedankenverloren streichelte. „Ich würde Elias vorschlagen“, fügte sie hinzu.

„So heißt doch schon jedes zweite Kind. Ich will etwas, was es nicht so oft gibt. Was ist mit Seth?“

„Abgelehnt“, schmetterte sie meinen Vorschlag trocken ab.

Mir kam eine Idee. „Ich möchte, dass das Kind, das ich bekomme, einen Namen mit S haben wird, und wenn du eins bekommst, fängt es mit A an, was hältst du davon?“, brachte ich ein.

Alice sah mich verdutzt an. „Das ist total bescheuert, aber zeitgleich auch genial. So eine Idee kann auch nur von dir kommen. Also ein Jungenname mit S. Sascha?“ Sie wartete gespannt auf meine Reaktion, die nur ein Kopfschütteln war. Alice seufzte und zog mein Handy aus der Tasche. Sie öffnete den Browser und gemeinsam suchten wir nach einem passenden Namen.

„Silas! Der ist toll und nicht so häufig. Silas Samuel Fischer. Passt“, jubelte ich und Alice drückte mir einen Kuss auf die Lippen.

„SSF?“, hakte sie nach.

„Das steht für supersüßer Fratz“, grinste ich breit. Alice brach in Gelächter aus und rollte sich auf den Bauch. Ich grinste zufrieden in mich hinein. Wir gingen jetzt also schon in die Namenssuche über. Das konnten wir keinem erzählen. „Also fehlt uns noch ein Mädchenname mit S“, grübelte ich laut.

Alice strich sich eine Strähne aus dem Gesicht. „Wie findest du Samira?“, schlug sie vor.

Ich zog eine Augenbraue hoch. „Na ja, ganz in Ordnung. Ich bin für Sari“, gab ich ihr zurück und rückte näher an sie heran. Es machte mir Spaß, mit ihr die Namen auszusuchen.

Alice schmunzelte und drückte mir einen Kuss auf die Wange. „Sarah und Sari. Klingt wie der Titel eines Kinderbuches. Warum eigentlich nicht? Es sind ja nur Pläne, wer weiß, ob wir uns an die Vorschläge halten werden.“

Später überlegten wir, wen wir zu unserer Hochzeit einladen wollten, und erstellten eine sporadische Gästeliste. „Meine Tante wird definitiv kommen, ich sollte mich mal wieder bei ihr melden. Seitdem ich hier lebe, habe ich mich nicht mehr gemeldet“, warf Alice ein und knetete nervös ihre Hände.

„Sie wird sich bestimmt freuen, zu hören, dass du eine erfolgreiche Geschäftsfrau geworden bist“, bestärkte ich sie.

„Ansonsten habe ich keine Verwandtschaft, die ich einladen möchte. Meine Großeltern sind zu alt, um die lange Reise auf sich zu nehmen und würden sicherlich umkippen, wenn sie sehen, dass ich eine Frau heirate. Mein Vater war Einzelkind, also bleibt meine Seite sehr klein.“

Ich rieb meine Nase an ihrer, was mich immer an Eskimoküsse erinnerte. „Du bist so wunderschön, wenn du lächelst“, flüsterte ich.

„So charmant, Frau Fischer“, wisperte sie mir verführerisch zu. Alice streichelte mir über die Brüste und ich verfolgte ihre Bewegungen.

„Engel, du sollst dich schonen“, stöhnte ich leise, als sie ihren Daumen um meine Brustwarzen kreisen ließ.

„Mache ich doch! Oder siehst du, dass ich mich körperlich anstrenge?“, säuselte sie, während sie mein Oberteil hochschob.

Ich nahm ihre Hand und küsste ihre Finger. „Wenn du wieder fit bist und deine Wunde verheilt ist, darfst du mit mir anstellen, was du willst“, schlug ich ihr vor.

Sie lachte lauthals und grinste mich frech an. „Ich nehme dich beim Wort“, drohte sie mir.

Ich ahnte, dass es eine sehr lange Nacht werden würde und grinste in mich hinein. „Komm, lass uns noch deinen Verband wechseln und dann will ich schlafen“, forderte ich sie auf und holte die nötigen Utensilien aus dem Wohnzimmer.

Ich zog Alice das T-Shirt über den Kopf und öffnete ihren BH. Ich schnitt den Verband auf und löste vorsichtig die Kompresse. Entlang der Einstichstelle hatte sich Schorf gebildet, der die Wunde verschloss. Die Fäden waren nicht mehr zu sehen und ich hoffte, dass es ihr bald besser gehen würde und sie keine Narben behielt. Ich schmierte behutsam eine Salbe auf die Wunde und legte eine neue Kompresse rauf.

„Autsch!“, fluchte Alice leise.

„Gleich geschafft, nur noch der Verband“, tröstete ich sie. Ich küsste ihre Schulter und wickelte die Mullbinde um sie herum. Dann legte ich das Verbandszeug weg und begutachtete mein Werk. „Ist es so in Ordnung oder ist er zu fest?“, fragte ich vorsichtig nach.

„Perfekt. Dann jetzt schnell ins Bett. Kuscheln.“

Kapitel 30

Es war Montagmorgen und wir saßen bei Herrn Doktor Grebe. „Alice, wie geht es dir?“, fragte er und lehnte sich ein wenig vor.

„Es geht schon besser, die Wunde verheilt gut und ich bin froh, wenn ich wieder fechten kann“, gab sie zurück und streichelte meine Hand. Ich rieb mir müde die Augen. Die Nacht war kurz gewesen, Alice hatte nicht gut schlafen können und sich durchs Bett gewälzt, wodurch ich immer wieder wach geworden war.

„Ich mag deinen Enthusiasmus. Wie kann ich euch beiden helfen?“, fragte der Arzt und sein Gesicht wurde ernster.

„Ich gebe mir die Schuld an dem, was Alice passiert ist. Letzten Endes habe ich ja mit Lara geschlafen und, na ja, ich bin die Ursache dafür, dass sie im Krankenhaus lag und sich mit ihrer Mutter verkracht hat. Das macht mir echt zu schaffen, weil ich dieses Gefühl nicht abstellen kann.“ Ich versuchte, ihm meine Gefühle, so gut es mir möglich war, zu schildern. Doktor Grebe kritzelte etwas auf seinen Block und sah kurz zu mir auf.

„Liebling, wir hatten das Thema doch schon. Du kannst nichts dafür“, seufzte Alice und lehnte sich vorsichtig zurück.

„Das stimmt. Man kann vieles beeinflussen, aber so etwas nicht“, meldete sich der Therapeut zu Wort.

Ich verdrehte die Augen. „Es ist nicht einfach, damit abzuschließen, und mir ist klar, dass ich damit auch unsere Beziehung gefährden kann. Ich gebe mir schon die größte Mühe“, seufzte ich nachdenklich.

„Sarah, es ist vorbei. Lara wird nicht mehr in euer Leben treten. Du musst lernen, dass du die Vergangenheit nicht verändern kannst. Es wird schwer, aber ich bin bereit, dir dabei zu helfen.“ Herr Grebe sah mich aufmunternd an, sodass ich ein wenig grinste.

„Wir haben noch einiges auf dem Plan, Liebling“, fügte Alice hinzu.

Ich nahm ihre Hand und küsste diese. „Stimmt. Ich will es ja nicht vergessen, was passiert ist, ich will damit umgehen können, ohne dass ich wieder in Selbstzweifel verfalle“, warf ich ein. Meine Stimme war voller Selbstüberzeugung und ich war einen Moment lang stolz auf mich.

„Ihr beide seid sehr starke Persönlichkeiten, die schon einige schwierige Situationen durchgemacht haben. Da ist die aktuell doch nur ein Klacks.

Alice zeigt dir einfach, wie es geht, sie hat damit schon abgeschlossen. Gib dir ein wenig Zeit und lass dir helfen. Wenn ihr beide hier sitzt, sprüht ihr regelrecht vor Liebe und Zuneigung zueinander."

Alice und ich schauten uns an. Ich verstand langsam, dass wir eigentlich gar keinen Therapeuten brauchten. Wir halfen uns gegenseitig, damit umzugehen. „Darf ich Sie zum Kaffee einladen, wenn wir unser Traumhaus gefunden haben?", platzte es aus Alice heraus.

Doktor Grebe lachte und legte seinen Notizblock beiseite. „Liebend gerne", antwortete er. Ich drückte Alice' Hand und fühlte mich selbstsicherer als vorher. Wir würden es gemeinsam schaffen, so wie alles andere auch. „Du grinst so, Sarah, was geht gerade in deinem Kopf vor?", fragte Herr Grebe.

Ich überlegte kurz und atmete tief durch. „Ich glaube, Sie und Alice haben mir den richtigen Denkanstoß gegeben. Ich werde damit abschließen und freue mich auf eine schöne Zukunft mit der Frau, die ich sehr liebe. Danke", flüsterte ich mit tränenerstickter Stimme.

Alice nahm mich in den Arm und tröstete mich liebevoll. „Du bist so ein Sensibelchen, das liebe ich an dir", grinste sie in mein Ohr. Sie wischte meine Tränen weg und küsste meine Stirn.

„Solltet ihr mich brauchen, ruft mich einfach an. Ansonsten freue ich mich auf die Einladung zum Kaffee trinken", unterbrach der Therapeut unsere Zweisamkeit und erhob sich. Wir taten es ihm gleich und bedankten uns für seine Zeit. „Dafür bin ich da. Alles Gute euch beiden", verabschiedete er uns.

Wir gingen Hand in Hand aus der Praxis und stiegen ins Auto. Alice sah mich an. „Du willst damit also wirklich abschließen?", hakte sie nach.

Ich nickte nur. „Es geht um uns und ich glaube, mir ist nichts wichtiger als deine Liebe." Alice startete den Motor und fuhr uns zur Arbeit.

„Alice! Schön, dich wiederzusehen, geht es dir besser?", begrüßte Herr Bachmann sie und kam auf uns zu, als wir das Büro betraten.

Ich küsste Alice sanft und ging in mein Büro. Sam hatte uns eine Karte geschickt, die auf meinem Schreibtisch lag. Die Strände der Karibik waren auf der Karte abgebildet und Sams fein säuberliche Handschrift war auf der Rückseite zu sehen.

Hey zusammen, viele Grüße aus der warmen Karibik! Wir wollen hier am liebsten gar nicht mehr weg, Tim ist nur noch am Tauchen und macht tausende Bilder. Wir hoffen, euch geht es gut.
Beste Grüße Sam und Tim

Ich freute mich und startete meinen Computer. Dann holte ich mir einen Kaffee und ging dabei an Alice vorbei, die immer noch mit Herrn Bachmann sprach. Als ich zurückging, zuckte der zusammen, und als ich mich auch noch an dem Gespräch über Sams Flitterwochen beteiligte, sah er mich völlig entgeistert an.

„Ich freue mich sehr für Sam, er hat es sich verdient", warf ich ein.

Alice nahm mir meinen Kaffee ab und trank einen Schluck. „Definitiv. Er leistet stets sehr gute Arbeit und so etwas darf auch gerne mal belohnt werden", brachte sich Alice ein, die immer noch meine Kaffeetasse in Händen hielt. Meinem Bauchgefühl nach zu urteilen, würde ich die Tasse sowieso nicht mehr wiederbekommen. Ich seufzte, holte mir einen neuen Kaffee und ging direkt in mein Büro.

Bald darauf kam Mutti und fragte, wie unsere Sitzung beim Therapeuten gelaufen sei.

„Gut, wir werden wohl nicht mehr hinmüssen. Alice und ich schaffen es auch zusammen. Ich werde mit dem, was war, abschließen und dann können wir den nächsten Schritt gehen", erzählte ich ihr zufrieden.

„Fühlst du dich denn besser?", hakte sie nach. Ich nickte. Sie strahlte mich an und nahm mich im Arm. „Ich bin stolz auf dich, mein Kind. Was ist denn euer nächster Schritt, wenn ich fragen darf?", fragte sie zaghaft, doch in ihren Augen war die reine Neugierde zu sehen.

„Frag Alice selbst", zwinkerte ich ihr zu.

„Nun spann deine Mutter nicht so auf die Folter, du kannst es mir doch auch sagen", maulte sie mit verschränkten Armen.

Ich zeigte auf Alice, die gerade in mein Büro kam, und widmete mich meinen Aufgaben.

„Was habt ihr beide als Nächstes vor?" Mutti bäumte sich vor Alice auf und warf ihr eindringliche Blicke zu.

Verwirrt sah die zu mir herüber. Ich biss mir auf die Lippe und wendete den Blick nicht von meinem Monitor. Ich tippte etwas in mein Schreibprogramm und drehte den Monitor zu ihr. *Spann sie auf die Folter!*, stand dort und ich drehte den Bildschirm zurück.

„Wir wollen noch etwas warten, bevor wir es offiziell machen, du wirst es aber als Erste erfahren", grinste Alice meine Mutter an und ging an ihr vorbei, um mir einen Kuss zu geben. Meine Mutter würde uns sicherlich den Hals umdrehen, wenn sie herausfand, dass wir gar keine großen Planungen hatten, sondern eigentlich nur unsere gemeinsame Zukunft etwas detaillierter planen wollten als bisher. Doch den Spaß wollten wir uns nicht nehmen lassen, das hatten wir schon so auf der Fahrt zum Bürokomplex so ausgemacht. Mutti seufzte und ging aus meinem Büro.

„Warum willst du sie so auf die Folter spannen? Du weißt schon, dass ich ihre Assistentin bin und ich den ganzen Tag keine Ruhe haben werde, bis sie weiß, was wir vorhaben.“ Meine Verlobte setzte sich auf meinen Tisch.

„Dann wird es wohl ein harter Tag für dich werden. Schone deinen Rücken noch etwas. Die Wunde heilt zwar gut, aber ich will dich nicht wieder im Krankenhaus besuchen. Nicht schwer heben, okay?“, belehrte ich sie mit zusammengezogenen Augenbrauen.

„Ja, ist schon gut. Mir geht es besser und bald muss ich bestimmt keinen Verband mehr tragen, obwohl der mir ein echt schönes Dekolleté macht.“

Ich grinste in ihren Ausschnitt und gab ihr noch einen Kuss, bevor ich sie aus meinem Büro scheuchte. „Wenn du mich brauchst, sag Bescheid“, rief ich ihr noch hinterher.

Alice und ich saßen mit Mutti in der Cafeteria. Herr Bachmann gesellte sich zu uns und hielt immer noch etwas Abstand von mir. Ich grinste Alice an, die sich das Lachen verkneifen musste. Herr Bachmann sah uns verwirrt an und widmete sich dann seinem Essen. „Senta, meine Liebe, wie läuft es mit Martin? Können wir bald mit einer Fusion der Unternehmen rechnen?“, fragte er aufgeregt nach, während er sich ein Stück Steak im Mund schob. Mutti lächelte ihn an, antwortete aber nicht.

„Ich denke, dass es rechtzeitig bekannt gemacht wird, wenn es dazu kommen sollte“, warf Alice ein, die ihre Serviette zusammenknüllte und auf den Teller warf. Sie lächelte ihr Gegenüber verschmitzt an.

Mutti seufzte und streckte sich etwas. „Du bist ganz schön neugierig, Sascha. Suchst du etwa einen neuen Posten, den du besetzen kannst?“ Sie warf ihm einen vielsagenden Blick zu und nahm einen Schluck von ihrer Cola.

„Ich würde mich tatsächlich freuen, wenn du mich für eine höhere Position berücksichtigen würdest, Senta“, antwortete er.

Ich erschauderte und stopfte mir das letzte Stück Fleisch in den Mund. Der brauchte nur eine höhere Position, damit er noch mehr Frauen aufreißen konnte.

„Sascha. Du bist in deiner Position gut. Da wirst du auch vorerst bleiben“, schnarrte Mutti ihn an.

Ich stand auf und brachte mein Tablett weg. Alice kam mir hinterher und zog mich in die Toilette. „Soll ich den Makler anrufen und für heute Abend einen Besichtigungstermin ausmachen? Ich kann es kaum noch erwarten“, bettelte sie mich an.

„Ich muss heute Abend mein Zimmer ausräumen, Engelchen. Morgen wäre schon besser", schlug ich vor. Sie seufzte und legte ihre Arme um meinen Hals. „Kann ich dich nicht irgendwie davon überzeugen, dass wir das schon heute machen?", flüsterte sie in mein Ohr und knabberte an meinem Ohrläppchen.

Ich versuchte, stur zu bleiben, aber sie machte es mir mit ihren zärtlichen Berührungen absolut nicht einfach. „Engel, ich habe es meiner Mutter versprochen. Ich sollte das eigentlich schon am Wochenende machen." Sie kniff mir in den Po und zog mich an sich. Ich grinste dämlich vor mich hin. „Hast du jetzt einen Fetisch für Sex auf dem Klo entwickelt?", feixte ich sie an.

„Nein, aber ich habe einfach eine wundervolle Frau vor mir stehen, die ich sehr liebe." Ich wollte sie küssen, doch sie zog grinsend ihren Kopf weg. „Den musst du dir verdienen."

Ich zog einen Schmollmund und ging in mein Büro zurück. Alice liebte es, mich in den Wahnsinn zu treiben, doch so gemein war sie noch nie gewesen. Die Küsse waren für mich fast schon etwas wie ein Grundnahrungsmittel, von dem ich einfach nicht genug bekommen konnte. Ich versuchte, meine Gedanken voll auf die Arbeit zu lenken, und wäre froh, wenn Sam jetzt hier sein würde. Die triste Ruhe ohne ihn war einfach nur schrecklich und ich vermisste es, mit ihm über Gott und die Welt zu reden.

Später am Nachmittag räumte ich meine Sachen aus den Schränken und verstaute diese in den Kartons. Alice hielt meinen alten Gameboy in der Hand. „Hast du sie alle gefangen?", staunte sie, als sie meine blaue Edition von Pokémon reinsteckte und einschaltete.

„Klaro! Ich war auf dem Schulhof gefürchtet für mein überstarkes Turtok!", lachte ich, während ich alte Zeichnungen von mir durchblätterte. Damals hatte ich noch viel gemalt und es hatte mir viel Spaß gemacht. Seit Weihnachten hatte ich meine neuen Stifte nicht mehr angefasst, was mich ein wenig missmutig stimmte. Ich hätte ja Alice zeichnen können, die jetzt auf das Display des Gameboys starrte.

Sie schaltete mein Stück Kindheit aus und schaute mir über die Schulter. „Du hast echt Talent." Sie nahm sich ein Stillleben und betrachtete es eine Weile.

„Ich kann ja versuchen, im Wohnzimmer etwas Schönes an die Wand zu zeichnen. Erwarte aber kein Kunstwerk", schlug ich vor, nahm ihr die Zeichnung aus der Hand und legte sie zurück in die Mappe. Ich hatte schon fast alles weggeräumt und saß nun vor einem alten Schuhkarton voller Briefe alter Freunde. Ich rang mit mir, ob ich diese behalten sollte oder nicht. Ein ganz besonderer Brief steckte dort mit drin. „Engel?"

Alice, die auf meinem alten Sofa saß, sah zu mir herüber. „Ich hatte dir versprochen, immer ehrlich mit dir zu sein. Ich möchte dir etwas zeigen." Langsam zog ich einen Umschlag heraus, der an mich adressiert war. Neugierig kam Alice zu mir herüber und ich gab ihr den Brief. Sie zog das Blatt Papier heraus und las es sich durch. Der Brief war von Ashlyn, nachdem sie nach Neuseeland gezogen war. Angespannt wartete ich, bis Alice zu Ende gelesen hatte.

„War Ashlyn so etwas wie deine erste Liebe?", fragte mich Alice und faltete den Brief zusammen.

„Irgendwie ja. Es war vielleicht nur ein Schwärmen für sie, aber durch sie habe ich herausgefunden, dass ich wohl auf Frauen stehe. Ich habe ihr nie auf den Brief geantwortet. Ich weiß nicht, was ich darauf hätte antworten sollen", seufzte ich und trug den Schuhkarton zu den Kisten.

Alice legte ihre Arme um mich und küsste meinen Nacken. „Du solltest ihr antworten. Es wäre nur fair ihr gegenüber, wenn du es machst", meinte sie, während sie meinen Bauch streichelte.

„Ich habe Angst, dass alles wieder hochkommt. Außerdem bin ich nicht so gut im Ausdrücken von Gefühlen."

Leise lachte mir meine Liebste in den Nacken. „Du bist besser geworden. Versuch's. Ich kann dir sonst auch helfen, wenn du es möchtest."

Ich drehte mich zu ihr um und sah in ihr liebevolles Gesicht. „Das wäre echt nett von dir."

Mutti kam in mein Zimmer und holte uns zum Abendessen. Sie hatte einen Auflauf gemacht, der fantastisch schmeckte. „Was habt ihr denn jetzt als Nächstes vor?", fragte sie mit einem gewissen Nachdruck. Sie spielte wieder darauf an, was wir bereits in meinem Büro besprochen hatten.

„Nun warte doch ab, die Mädels werden es dir schon sagen, wenn es so weit ist", beschwichtigte Martin sie, während er seinen Teller befüllte. Alice und ich grinsten uns an. Meine Verlobte hatte für den nächsten Tag einen Termin mit dem Makler vereinbart und freute sich schon tierisch darauf.

Marco sah uns fragend an, während er aß. „Ist eine von euch schwanger?", fragte er unverblümt. Klirrend fiel Muttis Besteck auf den Teller und sie sah uns fassungslos an.

„Nein. So weit sind wir nun doch nicht", wich ich aus, worauf meine Mutter nur einen Schmollmund zog.

„Ich dachte, ich werde endlich Oma“, seufzte sie betrübt und widmete sich wieder ihrem Essen. Alice flüsterte mir zu, dass sie müde sei und nach dem Essen gleich nach Hause wolle. Ich nickte kurz und leerte meinen Teller.

Alice und ich fielen geschafft ins Bett und kuschelten uns aneinander. „Erzähl mir von Ashlyn“, forderte Alice.

Ich schloss die Augen und atmete durch. Ich wusste nicht, ob es eine so gute Idee war, alte Wunden aufzureißen, doch es nagte an mir. Mir war es wichtig, ehrlich zu Alice zu sein. „Ich habe sie damals auf dem Gnadenhof kennengelernt, bevor ich die Ausbildung angefangen hatte. Das war noch zu dem Zeitpunkt, wo ich mich total verschlossen habe“, flüsterte ich, die Augen immer noch geschlossen. Ich spürte, wie Alice sich näherte und meinen Bauch streichelte.

„Weiter?“, fragte sie neugierig.

„Wir haben zusammen gearbeitet und nach und nach konnte ich diese innere Mauer, die ich aufgebaut hatte, bei ihr einfach abreißen und ich selbst sein. Wir waren im Sommer viel am Strand und haben rumgealbert. Irgendwann hatte ich gemerkt, dass ich eine gewisse Zuneigung zu Ashlyn entwickelt hatte, die über eine einfache Freundschaft hinausging.“ Ich öffnete langsam die Augen und sah Alice an, die mich gespannt anblickte.

„Hast du ihr gesagt, dass du in sie verliebt bist?“, fragte sie wissbegierig.

Ich schüttelte den Kopf. „Ich konnte damals noch nicht wirklich definieren, was das war. Sie hat einige meiner Ex-Freunde miterlebt und sie bemitleidet, dass ich so kühl zu denen war. Immer wieder hat sie mich gefragt, warum ich so war. Ich habe ihr nie eine Antwort darauf gegeben“, antwortete ich ruhig.

Alice legte ihren Arm um meinen Hals und seufzte leise.

„Ich wollte es ihr sagen und wir trafen uns am Strand. Doch dort erzählte sie mir, dass sie nach Neuseeland geht“, berichtete ich weiter und drehte Alice meinen Rücken zu. „Mein Herz zerbrach daran. Dann kamst du. Ich hatte Angst, das Gleiche nochmals durchzumachen, obwohl ich so verliebt in dich war. Ich habe erst da richtig realisiert, dass ich lesbisch bin.“

Alice schmiegte sich an mich und sah über meine Schulter. „Unerwiderte Liebe kann was Grausames sein. Jetzt verstehe ich auch, warum du ihr nie geantwortet hast.“ Liebevoll drehte sie mich auf den Rücken, setzte sich auf meinen Schoß und lehnte sich vor.

„Es ist vorbei. Ich kann nur noch nicht wirklich damit abschließen. Ich habe doch jetzt die Frau meiner Träume, und die sitzt gerade auf mir und schenkt mir ihr süßes Lächeln, das ich so sehr liebe."

Alice schmunzelte und küsste mich liebevoll. Ganz sanft legte sie ihre Lippen auf meine und knabberte an meiner Unterlippe. „Ich bin glücklich, dass du so ehrlich zu mir bist. Es bestätigt mich darin, dass ich das Richtige getan habe, als ich mich entschied, uns noch eine Chance zugeben. Wir kriegen das gemeinsam hin." Sie nahm mein Gesicht in ihre Hände.

Ich setzte mich aufrecht hin und schob Alice von meinem Schoß. „Ich sehe jetzt bestimmt aus wie ein dickes Kind. Bin ich wenigstens ein bisschen niedlich?", witzelte ich nuschelnd.

„Spinnerin", lachte Alice und schubste mich zurück in mein Kissen.

„Wenn du eine Superkraft haben könntest, welche wäre es?", fragte ich Alice, als sie ihren Kopf auf meinem Bauch gelegt hatte.

Alice legte ihre Stirn in Falten und tippte ihren Zeigefinger an ihr Kinn. „Fliegen. Dann könnte ich endlich die Orte besuchen, wo ich schon immer mal hinwollte. Welche würdest du wollen?", antwortete sie schließlich.

„Die Gedanken der anderen lesen zu können. Manchmal bist du noch ein Buch mit sieben Siegeln für mich", antwortete ich ihr wahrheitsgetreu. Alice zog eine Augenbraue hoch. „Wenn du mit einem Kunden verhandelst, erkenne ich dich kaum wieder. Es ist, als würdest du sämtliche Emotionen ausschalten", brachte ich zu meiner Verteidigung hervor. Ich war bei einer Verhandlung dabei und ziemlich vor ihrer kühlen und analytischen Art erschrocken gewesen. Sobald der Kunde das Haus verlassen hatte, hatte sie wieder ihr Lächeln auf den Lippen gehabt, so, als wäre nie etwas gewesen.

„Welchen Moment würdest du gerne noch einmal erleben?" Alice streichelte meinen Arm und träumte ein wenig vor sich hin.

Ich empfand die Frage als äußerst schwierig. „Es gibt so viele Momente, die ich gerne noch einmal erleben wollen würde, aber ich glaube, ich würde tatsächlich gerne deinen Antrag ein zweites Mal erleben wollen. Es war einfach ein so wunderschöner und intimer Moment, der mein Herz berührt hatte."

Alice küsste zärtlich meinen Ringfinger. „Ich würde es jederzeit wieder tun, auch wenn meine Mutter mich zum Teufel jagen würde", lachte Alice und verstummte danach wieder.

Wir hatten keinen Kontakt mehr zu Thea gehabt seit der Sache im Krankenhaus, doch ich merkte, dass es Alice damit nicht gut ging. Immer wieder schrieb Alice ihr eine Nachricht und löschte danach wieder den

Text. „Wir sollten mit ihr reden, wir können nicht ewig den Kontakt auf Eis legen. Sie ist deine Mutter, ohne sie würde ich dich nicht haben", schlug ich vorsichtig vor.

Alice stand auf und sah mich betrübt an. „Sie wird wieder versuchen, mich von dir fernzuhalten. Das will ich nicht. Ich will dich", stammelte sie unsicher.

Ich setzte mich auf und suchte ihren Blick. „Warum?", fragte ich knapp.

„Was?" Alice sah mich verwirrt an.

„Warum willst du mich?", fragte ich sie noch einmal.

„Liebling, was ist das für eine blöde Frage? Du gibst mir so viel Liebe und Zuneigung und machst mich einfach glücklich, wie keine andere Person in meinem Leben, und daran kann niemand etwas ändern", antwortete sie und riss die Augen auf.

Ich grinste zufrieden und ließ mich ins Kissen fallen. „Merkst du, was ich mit der Frage bezwecken wollte? Du entscheidest über dein Leben und das musst du deiner Mutter verständlich machen."

Alice setzte sich aufs Bett. „Es kommt auf den Versuch an. Wir gehen morgen zu ihr, danach hole ich mein Auto und wir schauen uns das Haus an", plante sie den Tag durch.

Ich schnaufte und klopfte auf die leere Bettseite neben mir. „Lass uns schlafen, das klingt, als würde der Tag verdammt anstrengend werden", seufzte ich.

Alice krabbelte zu mir und küsste meine Nase. „Danke, mein Liebling. Schlaf schön", seufzte sie leise und kuschelte sich an meine Brust.

Ich gab ihr einen sanften Kuss auf ihre Haare und grinste zufrieden in die Nacht. Vielleicht konnten wir auch unser letztes Problem endlich lösen und uns auf das Wesentliche im Leben konzentrieren. Auf uns.

Kapitel 31

Wir saßen auf Theas Sofa und schwiegen uns an. Man hätte eine Nadel fallen lassen können, sie wäre so laut wie ein Helikopter gewesen, der genau neben jemanden startete. Die Anspannung lag tonnenschwer im Raum.

Alice sah mich an und griff nach meiner Hand. „Zum Anschweigen bin ich eigentlich nicht hergekommen", murmelte sie mir zu.

Thea räusperte sich und richtete sich in ihrem Sessel auf. Sie lächelte nicht wie sonst immer, doch ich konnte auch nicht sagen, dass sie grimmige oder böse Blicke in unsere Richtung warf. „Warum seid ihr hier? Du hast, seitdem du mich aus deinem Zimmer im Krankenhaus rausgeschmissen hast, nichts mehr von dir hören lassen." Sie sah Alice vorwurfsvoll an und presste die Lippen aufeinander.

Alice verkniff sich wohl ihre bissigen Anspielungen und wollte das endlich klären, damit auch sie wieder in Ruhe leben konnte. Mehrmals hat sie mir erzählt, wie es sie belastete, dass ihre Mutter sie nicht so leben ließ, wie sie es wollte.

Ich rutschte nervös auf meinen Platz hin und her und hoffte, dass Alice endlich antworten würde. Die atmete schließlich durch und ich war gespannt, was sie hervorbringen würde. In meinem Inneren stellte ich mir schon die totale Eskalation vor.

„Warum ich *das* gemacht hatte, ist dir aber klar, oder?", fragte sie schnippisch.

„Oh man, Engel, bleib bitte ruhig", ich schickte Stoßgebete gen Himmel, dass es nicht zum Streit kommen würde, und machte mich ganz klein.

„Ich hatte ja genug Zeit, um über dich und dein Verhalten nachzudenken", zischte Thea zurück.

„Gott, wenn es dich tatsächlich gibt, dann mach, dass die beiden sich nicht an die Gurgel springen!", betete ich weiter.

Alice lehnte sich vor, was mich zusammenzucken ließ. „Dann sag mir mal, zu welcher Erkenntnis du gekommen bist", forderte sie eindringlich.

Thea faltete ihre Hände. „Du liebst Sarah und es ist egal, was ich mache oder wie sehr ich versuche, euch beide auseinanderzuhalten, es wird niemals klappen. Dein Herz gehört ihr." Sie zeigte auf mich.

Mein Herz rutschte mir in die Hose und ich hielt Alice' Hand noch fester in meiner.

„Dagegen kann ich nichts machen. Wenn du dein Leben mit ihr verbringen willst, bitte. Wenn sie die Frau ist, die dich glücklich macht, wünsche ich euch alles Gute." Thea stand auf und bedeutete uns, zu gehen, doch Alice blieb sitzen und schnaufte grinsend.

„Du wirst Sarah nie verzeihen, oder? Wir wollen heiraten und wir schauen uns nachher ein Haus an, das wir kaufen möchten. Ich hatte gehofft, dass wir uns aussprechen und versöhnen können, doch du bist stur. Denkst du auch bitte daran, dass ich deine Tochter bin?", knurrte sie ihre Mutter an, die starr verharrte.

„Sie lässt sich doch nur von dir aushalten, seitdem du deinen Anteil vom Anwesen bekommen hast", brummte Thea und rümpfte die Nase.

„Ich möchte wieder normal mit dir auskommen können. Ich liebe Alice mehr als alles andere und ich habe aus meinem Fehler gelernt. Wenn du schon nicht mit mir reden willst, dann baue wieder den Kontakt zu deiner Tochter auf. Sie ist das Einzige, was du noch hast. Außerdem lasse ich mich nicht von ihr aushalten. Ich habe ihr gesagt, dass ich meinen Teil zusteuern werde, aber du weißt ja, wie stur sie ist", murmelte ich leise. Ich konnte es nicht ertragen, dass sich meine Liebste und Thea so stritten, und hatte das Wort ergriffen.

Alice streichelte meine Hand, während Thea mich anstarrte. Langsam formte sich ihr Mund zu einem freundlichen Lächeln. Ich lächelte zögerlich zurück und war überrascht, wie sie meine simplen Worte erweicht hatten. „Sarah, das ist sehr edel von dir. Ich wünsche mir auch nichts lieber, als mit meiner Tochter wieder Kontakt zu haben, aber ich möchte es nicht überstürzen. Wir können uns langsam wieder annähern, das wäre mein Vorschlag." Sie sah zu Alice, die meine Hand losgelassen hatte und aufstand.

„Dann möchte ich deinen Vorschlag annehmen. Du fehlst mir, aber ich konnte dir einfach nicht klarmachen, dass ich Sarah über alles liebe. Gib ihr eine Chance, mir zuliebe." Ihre Bitte war voller Sehnsucht nach Frieden und Versöhnung, sodass mein Herz fast dahinschmolz. Langsam stand ich auf und stellte mich neben Alice. Thea zog uns beide in ihre Arme und weinte bitterlich. „Es war falsch von mir, euch auseinanderbringen zu wollen. Ich hoffe, ihr könnt mir verzeihen", schluchzte sie leise.

Unbeholfen tätschelte ich ihren Rücken. Ich konnte mit solchen emotionalen Momenten immer noch nicht richtig umgehen, obwohl ich mich darauf vorbereitet hatte und eigentlich überzeugt gewesen war, ich käme damit klar. Wir lösten uns langsam aus der Umarmung und Alice legte ihre Hand an meine Hüfte. „Langsam. Wir müssen uns auch erst wieder daran gewöhnen. Ich freue mich aber, dass wir das endlich regeln konnten. Danke Mama. Ich hab dich lieb, auch wenn ich es dir in der letzten Zeit nicht leicht gemacht habe. Du kannst nun mal nicht mein Leben bestimmen. Du kannst mir Ratschläge geben, die ich auch sehr schätze, aber entscheiden werde ich schlussendlich selbst", tröstete Alice ihre aufgelöste Mutter.

Die nickte eifrig und wischte sich die Tränen von den Wangen. „Danke, mein Kind. Danke", flüsterte sie mit heiserer Stimme und drückte Alice wieder an sich. Ich seufzte erleichtert und kratzte mich am Kopf. Jetzt ging es aufwärts. Ich spürte es.

Nach der Fahrt mit dem Bus und nach dem langen Fußmarsch, den wir hinter uns hatten, grinste sie nur noch. „Ich glaube, sie hat es endlich verstanden", seufzte sie, als wir kurz vor dem Autohaus waren und unsere kleinen Finger ineinander verhakt waren.

„Ich bin echt froh darum, du hast darunter gelitten, auch wenn du dachtest, dass ich das nicht merke", antwortete ich ihr.

„Frau Henndriks, Sie sind ja schon da. Ich habe Sie noch gar nicht erwartet", begrüßte uns Herr Reichert, der wieder wie aus dem Ei gepellt vor uns stand, einen Moment später.

Alice grinste und ging schnurstracks zu ihrem neuen Baby. „Sie haben den tatsächlich gewaschen", lachte sie und begutachtete ihr neues Auto. Herr Reichert gab ihr die Schlüssel und die Fahrzeugpapiere. Ich gab Alice den Beutel mit den Kennzeichen, die sie mir vorher absolut nicht hatte zeigen wollen. Nun aber wickelte sie die Nummernschilder aus und steckte sie an die Vorrichtungen. Ich grinste breit, als ich es las: *HRO-AS-94.*

Meine Liebste strahlte mich glücklich an. Dezent zog sich Herr Reichert zurück und Alice küsste mich innig. „Du bist so unwiderstehlich süß", nuschelte ich zwischen den Küssen.

Wir stiegen ein und Alice startete den Motor. „Er schnurrt so schön", seufzte sie verträumt.

„Er?", fragte ich mit hochgezogener Augenbraue.

„Der Q5. Der dicke Max", schmunzelte Alice, als wir vom Gelände fuhren.

„Du gibst dem Auto wirklich einen Namen?", fragte ich verwirrt und schnallte mich schnell an.

„Warum nicht? Dann zeig mir mal, was du wirklich kannst, Mäxchen.

An die Probefahrt kann ich mich schon gar nicht mehr erinnern", grinste Alice und fuhr gleich auf die nahe Autobahnauffahrt. Der Motor heulte auf und wir rasten über die linke Spur.

Ich war zufrieden, als Alice ihre Hand auf meinen Oberschenkel legte. „Diesmal bist du das Spielkind", murmelte ich, während wir einige Lkw überholten. Da hatten sich zwei Spielkinder gefunden.

Der Makler, Herr Mendel, begrüßte uns und staunte nicht schlecht, als er unseren Audi sah. Er war ein wenig größer als ich und trug einen grauen knielangen Mantel. Seine langen Haare hatte er sich zum Zopf gebunden, was ihn irgendwie hübsch aussehen ließ. Und es war wirklich selten, dass ich einen Mann als hübsch empfand. „Freut mich, dass Sie da sind. Schöner Wagen", lächelte er uns freundlich an. Sein Mercedes war zwar ganz schick, sah aber neben dem dicken Max ein wenig mickrig aus. Er schloss die anthrazitfarbene Eingangstür auf und wir standen gleich in einem großen geräumigen Flur, der sehr einladend wirkte. Man konnte von hier aus schon den Garten sehen, der brach dalag.

Alice sah sich um, während sie ihren Mantel öffnete. „Das sieht doch schon mal ganz gut aus", warf sie ein.

„Darf man fragen, warum das Haus verkauft wird?", hakte ich sogleich nach.

„Die Familie, der das Haus gehört, ist ins Ausland gegangen und braucht es somit nicht mehr", antwortete er hastig.

Ich ging weiter ins Badezimmer und bekam meinen Mund nicht mehr zu. Schwarze Bodenfliesen. Mein kleiner Traum wurde wahr, innerlich freute ich mich wie ein Schneekönig. In der einen Ecke war eine Duschkabine – komplett aus Glas. Die Wandfliesen waren in warmen Brauntönen gehalten, die mir recht gut gefielen.

„Wow, das gefällt mir." Alice schien wie ausgewechselt.

Wie ein kleines Mädchen staunte sie über das Bad, das von der Ausstattung her sehr edel wirkte. Das Waschbecken war kein schnödes Standardteil aus dem Baumarkt, sondern war wohl maßgeschneidert mit einem ansprechenden Design.

„Grundsätzlich ist in diesem Haus alles eher der gehobene Standard, aber ich merke, es sagt Ihnen zu", lächelte der Makler zufrieden.

Vom Bad aus gingen wir ins Schlafzimmer, das großzügig geschnitten war. Ich konnte in Alice' Augen erkennen, dass sie bereits die Aufstellung der Möbel plante, doch irgendwas in ihrem Blick verriet mir, dass sie noch eine weitere Idee hatte. Sie zwinkerte mir zu und grinste schelmisch. „Sehr schön", flüsterte sie verträumt.

Im Wohnzimmer hätte man problemlos Squash spielen können. Es war riesig. Ein Kamin stand neben der Tür, der mir in diesem tristen Schwarz nicht wirklich gefiel und – Alice' Blicken nach zu urteilen – ihr scheinbar auch nicht. Sie beäugte ihn kritisch, bevor sie in die offene Küche ging. „Ich hätte hier gerne eine Kochinsel drin, denken Sie, dass solch ein Umbau möglich wäre?", fragte sie mit gerunzelter Stirn nach.

„Das sollte kein Problem darstellen, ich kann Ihnen gerne eine Firma empfehlen." Er zog aus seiner Aktentasche eine Visitenkarte und gab sie Alice, die sie in ihre Manteltasche versenkte. Sie schenkte ihm ein freundliches Lächeln und kam zu mir rüber. „Ich denke, wir brauchen doch ein neues Sofa, das alte würde hier total verloren aussehen", seufzte sie betrübt und zeigte auf die Fläche, wo sie es stehen haben wollte.

„Kommen wir wohl nicht drum herum", antwortete ich knapp. Das würde doch wieder in einer Shopping-Orgie enden, die unsere Ersparnisse verschlang.

Wir gingen die Wendeltreppe aus Buchenholz hoch und standen in einem langen Flur. Ich ging in den ersten Raum und meine Kinnlade fiel herunter. Das Badezimmer war groß und am Fenster stand eine riesige Eckbadewanne. Die Düsen an den Seiten der Wanne verrieten mir, dass es wohl auch ein Whirlpool war.

„In der Wanne kann man sich bestimmt viele schöne Abende machen", meldete sich Herr Mendel zu Wort, der uns wie eine Katze hinterherschlich.

Alice und ich sahen uns an und ich konnte ihre Gedanken regelrecht hören: Sie wollte Sex mit mir in genau dieser Wanne. Mein Unterleib zog sich zusammen und ich seufzte leise. Allein der Gedanke reichte schon, um meine Fantasie auf Hochtouren laufen zu lassen. Alice wanderte weiter durch das riesige Bad und strich gedankenverloren über das Waschbecken.

Dann wurden wir in zwei weitere Zimmer geführt, die ungefähr gleich groß waren. „Das wären dann die Kinderzimmer – oder für Sie vielleicht eher die Arbeitszimmer", verkündete der Makler überschwänglich. Er fing an, die Fakten und Zahlen zum Haus zu erzählen, während ich auf den überdachten Balkon ging. Der Blick war einmalig: Ein paar Hundert Meter von uns entfernt war ein Waldstück, davor ein brachliegendes Feld. Eine Idylle genau vor der Tür.

Alice strich mir durch die Haare und lehnte sich ans Geländer. „Es ist echt eine schöne Ecke hier und angenehm ruhig. Das Einzige, was mir noch fehlt, wäre ein Carport für Mäxchen. Er soll ja keinen Schnupfen bekommen."

„Den kann ich dir mit Marco und Martin bauen", schlug ich prompt vor und bekam dafür einen dankbaren Kuss auf die Wange.

„Ich würde mich sehr darüber freuen."

Herr Mendel unterbrach unsere Zweisamkeit, er wollte uns den Garten zeigen und ratterte weiter die Fakten herunter. „Das sind knapp 1500 Quadratmeter, inklusive Schuppen. Ein Golfrasen wird das hier leider nicht mehr, aber ich denke, dass es Sie nicht weiter stören wird", brabbelte er, während ich zwischen zwei alten Apfelbäumen stand.

„Hier kommt eine Hängematte hin", verkündete ich laut. Ich stellte mir vor, wie Alice und ich in einer XXL-Hängematte lagen und uns von unserem Tag erzählten oder Alice entspannt darin mit einem Buch lag, während ich irgendetwas am Haus machen würde. Mir gefiel die Vorstellung, doch als der Makler uns endlich den Preis für das Haus nannte, wurde alles zunichtegemacht.

Ich wandte meinen Blick Alice zu, die vor Entschlossenheit sprühte. „Ich denke, wir werden es nehmen", sagte sie selbstsicher.

„Spinnst du? Das Haus und das Grundstück sind echt schön, doch der Preis ist viel zu hoch", platzte es aus mir heraus, als ich den ersten Schock verarbeitet hatte.

„Sie können mich ja morgen im Laufe des Tages anrufen, bedenken Sie aber, dass es noch einige Interessenten gibt", lenkte der Makler ein und lächelte uns freundlich an.

Dann verabschiedeten wir uns und stiegen in unseren Wagen. Ich schnallte mich an und stellte meinen Sitz ein. Als wir vom Grundstück fuhren, sprudelte alles aus mir heraus. „Engel, ich habe keine Ahnung, wie viel Geld euer Anwesen gebracht hat, aber ich will nicht, dass du 600.000 Euro auf den Tisch legst."

Alice grinste. „Dir hat das Haus doch gefallen, oder nicht? Ich fand es schön und kann mir sehr gut vorstellen, dort mit dir zu leben und unsere Kinder aufwachsen zu sehen." Sie nahm meine Hand und küsste jeden einzelnen Finger. „Außerdem musst du dir keine Sorgen machen. Ich habe dir gesagt, dass wir ausgesorgt haben. Ich überlege ja auch noch, ein kleines Haus in Schweden zu kaufen."

„Engel!", rief ich entsetzt und entriss ihr meine Hand. Ich strich mir durchs Gesicht und versuchte, mich zu beruhigen. „Ich will nicht, dass du so viel Geld ausgibst. Das Haus in Schweden kann doch noch warten. Können wir erst einmal eine Nacht schlafen, bis wir uns entscheiden?", schlug ich seufzend vor. Alice überlegte einen Moment und stimmte dann zu. Es wurde schon dunkel und ich war geschafft vom Tag. Müde lehnte ich mich ans Fenster und schloss die Augen.

„Liebling, wir sind zu Hause", flüsterte Alice wenig später in mein Ohr. Ich rieb mir müde die Augen und schnallte mich ab. Langsam und ein wenig benommen trabte ich die Treppen hoch und fiel ins Bett, als Alice endlich aufgeschlossen hatte.

„Müde", nuschelte ich vor mich hin. Ich zog mich beschwerlich aus, als sich meine Liebste auf mich legte und ihr Becken an meinem Hintern presste.

„Ich will das Schlafzimmer so haben, das ich dich überall fesseln kann. Allein die Vorstellung macht mich wahnsinnig", hauchte sie mir zu.

Ich grinste in mein Kissen. „Man konnte deine Gedanken im Haus hören. Das Badezimmer oben gefiel dir auch, vor allem die Wanne. Lass mich raten. Da willst du auch Sex mit mir?", fragte ich sie erschöpft, obwohl ich die Antwort schon kannte. Sie lachte mir leise ins Ohr und deckte mich zu.

Kapitel 32

Es war der 19. März und ich stellte die letzten Kisten in das Haus meiner Mutter. Es war ähnlich geschnitten wie das Haus, welches Alice und ich im Mai beziehen würden, mit der Ausnahme, dass sie ein Badezimmer en Suite hatten, was Alice neidisch machte. „Können wir das nicht umbauen? Ich würde das echt schön finden", bettelte sie mich schon das fünfte Mal an.

Genervt atmete ich aus und streckte mich. „Das ist teuer und ich habe dir gesagt, dass man das immer noch machen kann, wenn wir erst eingezogen sind."

Marco polterte die Treppe runter und holte seine Kisten, die ich gerade reingetragen hatte, während Martin im Wohnzimmer die neuen Möbel aufbaute.

Alice ging zum Auto und holte die letzten Kisten heraus. „Es wäre doch total schön und praktisch. Wir müssten die Dusche umsetzen, aber da habe ich ja schon eine Firma, die das machen kann. Du musst nur Ja sagen", säuselte sie mir zu.

Sie zog einen Schmollmund und schwor mir, standhaft zu bleiben. „Engel. Ich liebe dich. Wir wollen auch noch heiraten und ich möchte auch irgendwann einziehen. So ein Umbau hält nur auf", argumentierte ich, doch sie ließ nicht locker. „Wir können doch die erste Zeit oben schlafen. Und wenn alles fertig ist, ziehen wir wieder runter", schlug sie hoffnungsvoll vor und stellte die Kisten vor meine Füße. Sie küsste meinen Hals und knabberte mir am Ohrläppchen. „Bitte", flüsterte sie, doch ich ging an ihr vorbei und trug Marcos Kartons hoch. Leise fluchte Alice und verschwand zu Martin ins Wohnzimmer.

„Mensch, du bist ja fast fertig!", lobte ich Marco, der gerade seinen Fernseher anschloss. Er drehte sich zu mir um und grinste breit. „Ich will euch ja auch noch helfen, deswegen habe ich mich beeilt. Wann wollt ihr denn den Carport bauen?", erkundigte er sich neugierig, während er das Antennenkabel in die vorgesehene Stelle am Fernseher friemelte.

„Sobald wir die Schlüssel haben und der ganze Papierkram durch ist, da solltest du aber besser mit Alice reden, sie macht das, ich halte mich da raus. Ich bin nur die, die alles schön macht", antwortete ich ihn.

Alice und ich haben lange diskutiert, überlegt und dann beschlossen, das Haus zu nehmen, doch nun wurde ich mit diversen Umbauwünschen bombardiert, die einen Umzug nur in die Länge ziehen würde. Der neue Kamin musste eingebaut werden, den wir uns nach stundenlangen Diskussionen im Baumarkt gekauft hatten, dazu noch ihren Traum vom Badezimmer en Suite und der Carport, den sie auch noch wollte. Ich wusste gar nicht, welche Baustelle ich zuerst bedienen sollte. Ich stellte die Kisten in eine Ecke und ließ mich ins neue Ledersofa fallen, dass wir hier hochgewuchtet hatten.

„Ich geh dann mal zu Alice und rede mit ihr", sagte Marco und verschwand aus seinem Zimmer.

Ich ließ meinen Blick durch sein Zimmer wandern. Die Maler waren im Eiltempo fertig geworden und hatten Marcos Zimmer in einem dezenten Grauton gestrichen, so wie er es vorgegeben hatte. Auf einem Regal standen Bilder, unter anderem auch ein Familienfoto von Papa, Mutti ihm und mir. Ich ging zum Regal und nahm das Bild herunter. Lächelnd strich ich den Staub vom Bild. Wenigstens das hätte er machen können, die faule Socke.

„Sarah?"

Ich drehte mich zu der Stimme um und Mutti kam mit einem liebevollen Lächeln auf mich zu. „Hier bist du. Alice ist maulig mit dir." Sie verstummte, als sie das Bild in meinen Händen sah, und legte ihre Hände auf meine Schulter. „Dein Vater wäre sehr stolz auf dich. Du ziehst bald mit Alice in euer Haus und ihr plant schon eure Hochzeit. Dabei bist du erst Anfang 20 und hast fast alles, was du dir erträumt hast." Muttis Stimme zitterte etwas, doch ich konnte es ihr nicht verübeln, sie hatte ja auch recht mit dem, was sie sagte.

„Ich habe die Frau meiner Träume, eine tolle Familie und bald ein Haus, wo ich mich mit dem von Vati Gelernten beweisen kann. Der Rest sollte ein Kinderspiel werden." Ich zuckte mit den Schultern und stellte das Bild zurück an seinem Platz. Dann nahm ich Mutti in den Arm, die den Tränen nahe war. „Du hast Martin, keiner sagt, dass du Papa vergessen sollst. Beide sind sehr tolle Männer. Papa würde dir das absolut nicht verübeln. Wie sagte er immer? *Mach, was du willst, aber werde dabei glücklich.* Ich muss gleich mal weg und komme wohl erst morgen wieder her. Ich habe noch etwas zu erledigen."

Mutti küsste meine Wange und schubste mich lächelnd raus. „Ich möchte gerne mal wissen, was du vorhast. Ich halte Alice in Schach, bis Tim kommt", zwinkerte sie mir zu und ich schlich die Treppen runter.

Schnell rief ich Tim an, fragte, wo er stehen würde, und rannte dann zu seinem Auto.

„Na Puppe, bereit?", fragte er grinsend und trat das Gaspedal durch. Sam zerstrubbelte meine Haare und ich grinste verlegen in mich hinein. „Habt ihr alles bekommen?", fragte ich verunsichert. Tim nickte und fuhr mich zu unserer Wohnung.

Ich zog mir ein weißes Hemd an und warf mir meinen schwarzen Blazer über, während Tim Alice anrief. „Na Hübsche, ich will mit dir in die Stadt, da hat ein neuer Laden aufgemacht, den müssen wir unbedingt unter die Lupe nehmen", flunkerte er ins Telefon und zwinkerte mir zu, während ich mich in meine Anzughose zwängte.

Wann hatte ich so zugenommen? Ächzend schloss ich den Reißverschluss und den Knopf und betrachtete mich im Spiegel. Presswurst. So konnte ich Alice nicht gegenübertreten. Genervt schälte ich mich aus der Hose und nahm mir eine andere schwarze aus dem Schrank, die Gott sei Dank nicht an allen Ecken kniff und mir etwas wegdrückte.

„Ach komm, Martin und Senta schaffen es auch so. Ich hol dich in einer halben Stunde ab, okay? Bis später und keine Widerworte!" Er legte auf und seufzte leise. „Operation Liebeserklärung ist offiziell angelaufen und die Zielperson wird für die nächsten drei Stunden abgelenkt sein." Er konnte sein schelmisches Grinsen nicht verbergen, während Sam meinen Hemdkragen zurechtzupfte. „Woher hast du eigentlich die Idee? Sie ist ja fast so ähnlich, wie der Antrag von Tim", hakte er nach und musterte mich.

„Das wird mein Geheimnis bleiben", wich ich aus und warf mir meinen Mantel über. Der Winter war vorbei und es sollte bis heute Abend nicht ein einziger Regentropfen vom Himmel fallen. Trotzdem wollte ich nicht unbedingt wieder mit einer Grippe im Bett liegen. Ich hatte viel vor in nächster Zeit und meine Liebste wollte schnellstmöglich ins Haus einziehen. Sam und ich hatten während der Arbeitszeit alles geplant und ich hatte das Gefühl, dass jetzt genau der richtige Zeitpunkt war.

Tim schickte uns eine Sprachnachricht. „Der Adler ist gelandet, ich wiederhole, der Adler ist gelandet", tönte es aus meinem Handy. Ich lachte lauthals los und bekam vom Sam einen Hieb in die Rippen.

„Stell die Fackeln auf, ich schau, ob die Boxen was taugen, sonst haben wir ein Problem!", murrte er und zog einen länglichen schmalen Lautsprecher aus seiner Manteltasche. Ich steckte den Weg mit den Fackeln ab, den Alice beschreiten würde. Dämlich grinsend drehte ich die Fackeln in den Boden und war gespannt, was sie dazu sagen würde. Sie wusste absolut nichts davon und ich wusste, dass ihr so etwas gefallen würde. Sie würde sicherlich wieder seufzend die Augen verdrehen, weil ich die wohl hoffnungsloseste Romantikerin auf diesem Planeten war.

Ich holte die Umschläge aus dem Beutel und drapierte sie an den Fackeln, dann ging ich zu dem Punkt, an dem ich stehen würde, wenn Alice kam, und korrigierte noch einmal die Positionen der Fackeln, bis ich endlich zufrieden war.

Nervös wippte ich schließlich von einem Bein auf das andere und drehte die Rose, die Sam noch besorgt hatte, in meiner Hand hin und her. Selbst mein Gewissen wurde ganz unruhig und rannte im Kreis. Tim hatte Alice in Schach gehalten und würde jeden Moment mit ihr hier eintreffen. Ich hatte lange überlegt, ob ich meine geheime Ecke am Strand preisgeben sollte.

„Es sieht echt toll aus, Sarah. Es wird ihr gefallen“, munterte mich Sam auf, als ich skeptisch die Fackeln erneut richtete und umstellte. An jeder Fackel lag ein Briefumschlag mit einer kleinen Liebeserklärung an meine Verlobte, die ich während der Arbeitszeit geschrieben hatte. Ich wollte mich bei ihr für ihre Liebe bedanken und sie fragen, ob sie mich immer noch heiraten wollte.

Mein Herz pumpte wie verrückt, als Sams Telefon klingelte. „Du schaffst das“, sprach er mir Mut zu und verschwand in die Büsche.

Ich zupfte unterdessen mein Hemd zurecht und atmete tief durch. Es dämmerte schon etwas, Alice stand oben auf dem Hügel und lächelte mich an. Langsam ging sie den Weg, den ihr die lodernden Fackeln wiesen, entlang und nahm den ersten Umschlag an sich.

„Du bist mein Ruhepol, der mich erdet, wenn ich abhebe“, las sie vor und ging langsam zur nächsten Fackel. Mein Herz schlug bis zum Hals und pumpte mein Blut in Rekordtempo durch meine Adern. Niemand hätte mich jetzt noch beruhigen können, außer der Frau, die sich quälend langsam dem zweiten Umschlag näherte. Sie löste ihren Zopf und schüttelte sich die Haare zurecht. Mein Grinsen, das sich auf meinen Lippen formte, konnte mir keiner nehmen. Ich liebte es, wenn sie ihre Haare offen trug. Ich beobachtete sie und versuchte, jede Bewegung zu deuten, die sie machte. Sie hob den nächsten Umschlag auf und lächelte mir zu. Ich wurde immer aufgeregter, je näher sie mir kam. *Dein Lächeln räumt jeden meiner Zweifel und Ängste aus dem Weg*, stand auf der weißen Karte, die sie in der Hand hielt. Ihr Blick suchte meinen und Bruchteile von Sekunden später wischte sie sich eine Träne aus dem Augenwinkel. Scheinbar konnten meine Worte ihr Herz berühren, was ich mir niemals zugetraut hätte.

Meine Gefühle in kurzen, prägnanten Sätzen zu Papier zu bringen, war für mich eine Herkulesaufgabe. Sie ging zum letzten Umschlag und ihre Augen füllten sich mit Tränen. „Du bist verrückt", flüsterte sie mir zu, als sie den Umschlag öffnete. „Dir gehört mein Herz", las sie vor und wischte sich die Tränen weg. Leise ertönte Phil Collins und sang die besagten Zeilen, während hinter mir die Sonne langsam unterging.

Alice stand vor mir und mein Herz wollte aus der Brust springen. „Deswegen war Tim so aufgeregt und hat mich von einem Laden in den nächsten geschliffen", schmunzelte sie, als ich ihr eine Strähne hinter ihr Ohr strich.

„Anders hätte ich es nicht geschafft", wisperte ich. Ich räusperte mich kurz und atmete tief durch. Jetzt oder nie. „Wir haben in den fast zwei Jahren so viel durchgemacht. Wir stolperten in unsere Beziehung hinein. Eigentlich kannten wir uns kaum und jetzt kannst du mich lesen wie ein Buch. Ich hatte Angst, dass unsere Beziehung daran zerbrechen könnte, doch wir haben jedes Hindernis gemeistert. Wir haben zusammen gelacht und geweint, und wenn ich mich entscheiden müsste, würde ich immer dein Lächeln vorziehen. Dieses Lächeln, welches ansteckend ist und mein Herz berührt, das mich in eine angenehme Wärme hüllt, die ich nie mehr missen will. Deine wunderschönen Augen, die mich jeden Tag so verliebt ansehen und in denen ich mich schon tausendfach verloren habe." Meine Stimme zitterte etwas und Alice war so gerührt, dass sie immer wieder die Tränen auf ihren Wangen wegwischen musste. „Du machst mich jeden Tag aufs Neue glücklich. Du bist so unwiderstehlich süß, wenn du durch das Büro stapfst und fluchst, wenn etwas nicht so klappt, wie du es willst. Ich liebe es, wenn du beim Autofahren deine Hand auf mein Bein legst und mich streichelst. Ich liebe die langen banalen Gespräche mit dir und wie wir dann über dämliche Dinge lachen. Ich bin so dankbar, dass ich dich an meiner Seite habe, und dafür, dass du mich so unterstützt und meine Fehler verzeihst. Ich kann mir keine tollere, verständnisvollere Frau wünschen als dich." Dann wischte ich mir eine Träne von der Wange und ging auf die Knie. Alice atmete erschrocken ein. „Alice Henndriks, ich liebe dich und auch, wenn du schneller warst als ich, will ich dich fragen, ob du meine Frau werden willst." Mein Körper war angespannt, mein Bauch war voller Schmetterlinge und Alice' wunderschönes Lächeln ruhte auf mir.

Sie nahm die Rose, die inzwischen schon ein wenig mitgenommen aussah, und atmete tief durch. „Sarah Fischer, du bist die hoffnungsloseste Romantikerin auf der Welt. Ja, ich will deine Frau werden und mit dir den Rest meines Lebens verbringen. Ich will mit dir eine Zukunft aufbauen, das Haus beziehen und mit dir eine Familie gründen. Ich will an deiner Seite sein. Für immer."

Ich stand langsam auf und drückte ihr meine Lippen auf den Mund. Sie legte ihre Arme um meinen Hals und ich hob sie hoch. Meine Glücksgefühle erschlugen mich regelrecht. Ich hätte mir keine schönere Antwort von ihr erträumen können. Meine Alice, die mich jeden Tag ein Stück glücklicher machte, wollte mich heiraten und ich war mehr als bereit dafür. „Danke", flüsterte ich zwischen den zärtlichen Küssen, die meine Seele berührten.

Tim und Sam kamen aus den Büschen gesprungen und grinsten uns an. „Das war so wunderschön und ich habe alles aufgenommen", seufzte Sam theatralisch und steckte sein Handy in die Manteltasche.

Ich setzte Alice ab, die sich in meine Arme schmiegte und ihren Blick über die unzähligen Fackeln wandern ließ. „Das ist echt wunderschön, du hast dir wirklich sehr viel Mühe gegeben. Das werde ich niemals vergessen." Sanft drückte ich ihr einen Kuss auf die Schläfe.

Ich hatte alles richtig gemacht. Stolz wie Oskar grinste ich meinen besten Freund an, der eine Sektflasche öffnete. Tim brachte uns zwei Gläser, die Sam vorsichtig befüllte und uns reichte. Alice löste sich von mir und sprang Tim in die Arme, der sie lachend beglückwünschte.

„Sarah hat sich echt Mühe gegeben", zwinkerte er ihr zu, als er sie wieder absetzte.

„Ich wäre auch schön blöd, wenn ich Nein gesagt hätte. So etwas Romantisches bekommt man auch nicht alle Tage", gab Alice ihm lachend zurück.

Tim drückte seine beste Freundin erneut an sich. Sam, der sich ein Schluck aus der Flasche genehmigte, stieß mit mir an. „Wehe, ich bin nicht dein Trauzeuge, dann darfst du die unbequemen Arbeiten im Büro machen", drohte er mir spielerisch.

Ich grinste breit und war überglücklich.

Epilog

Ich stieg aus meinem Auto aus und Sarah begrüßte mich, während sie vor sich eine Schubkarre voll mit Kies schob: „Herr Doktor Grebe, schön, dass Sie sich die Zeit genommen haben. Alice ist im Haus, der Schlüssel steckt, Sie können einfach reingehen. Ich komme gleich nach!“, rief sie mir zu und schüttete den Kies in die ausgehobene Mulde. Ich ging ins Haus, aus dem laute Musik dröhnte.

Alice kam lächelnd auf mich zu und begrüßte mich. „Wir gehen gleich auf die Terrasse, nehmen Sie schon mal Platz, ich bringe den Kaffee nach draußen.“ Ich ging aus durch die Terrassentür und setzte mich in einen Strandsessel. Die beiden Frauen hatten es sich hier wirklich sehr gemütlich gemacht. Zwischen zwei Apfelbäumen hing eine Hängematte und überall waren Lilien gepflanzt, die farbenprächtig blühten. Ein kleiner Kirschbaum stand mittig auf der Rasenfläche. Weiter hinten waren kleine Beete gezogen worden, wo Gemüse wuchs. Sie hatten sich eine kleine Wohlfühloase gebaut, die mir persönlich sehr gefiel.

Sarah ging zum Schuppen, als Alice das Tablett mit Kaffee und Kuchen rausbrachte. „Ihr habt es euch echt schön gemacht“, lächelte ich sie an und nahm mir eine Tasse.

„Sarah hat wie ein Tier gearbeitet, sie macht ja auch noch die Buchhaltung ihrer Mutter und arbeitet auf dem Gnadenhof. Aber ihr kleiner Bruder hat ihr bei dem Carport geholfen und in Rekordzeit den Schuppen neu gemacht. Sie ist durch die Arbeit hier viel ausgeglichener und ruhiger geworden. Ich glaube, das hat sie gebraucht“, erzählte Alice mir, während sie mir Kaffee einschenkte.

Sarah kam zu uns herüber und drückte Alice einen Kuss auf die Wange. „Für Kaffee unterbreche ich gerne meine Arbeit. Ich will nachher noch den Weg pflastern, dann meckerst du nicht mehr, dass er so uneben ist.“ Sarah setzte sich und schaute zufrieden in Alice’ Richtung, die sie liebevoll ansah.

„Du musst mal eine Pause machen, mein Liebling“, seufzte Alice, die sich in den Stuhl fallen ließ. Sarah winkte ab und nahm sich ein Stück Sahnetorte. „Wie geht es Ihnen, Herr Doktor? Wir haben uns ja schon ewig nicht mehr gesehen“, fragte Alice, die mir ein Stück Kuchen auf den Teller legte.

„Gut so weit, ich kann nicht klagen. Wie geht es euch?", fragte ich zurück.

Sarah lachte auf. „Mir geht es super, ich habe Spaß daran, das Haus herauszuputzen. Alice kann es Ihnen nachher gerne mal zeigen. Ich muss leider weitermachen, sonst werde ich heute nicht mehr fertig", schmatzte sie.

Ich schmunzelte und aß meinen Kuchen. Sie hatte sich gemacht und wirkte auch nicht mehr so verspannt, wie in unserer ersten Sitzung, die ja schon eine ganze Weile zurücklag. „Das freut mich zu hören und ich nehme gerne dein Angebot an. Du wirkst sehr ausgeglichen, so kenne ich dich gar nicht."

„Wir haben unsere Probleme aus dem Weg geschafft und Sarah hat ihre Ängste im Griff. Wir planen momentan unsere Hochzeit und waren im Urlaub in Schweden. Es ist ein so wunderschönes Land", schwärmte Alice, die verliebt ihre Verlobte ansah.

„Hochzeit? Also wollt ihr Nägel mit Köpfen machen?", hakte ich nach, während ich meinen Kaffee umrührte.

Sarah nickte eifrig und erzählte mir von ihren Plänen. „Wir wollen eine freie Trauung zusätzlich zu der standesamtlichen. Da plant Alice schon mit Tim, ihrem Trauzeugen, und ich werde da total außen vor gelassen, aber sie hat einen guten Geschmack, ich vertraue den beiden voll und ganz." Sarah lächelte mich an und ich freute mich, zu sehen, welche Erfolge sie erzielt hatte. Sie hatte gelernt, sich zu öffnen und ihrer Verlobten zu vertrauen. Es war bemerkenswert, wie schnell sie so große Erfolge erzielt hatte.

Anerkennend streichelte Alice ihr über den Arm. „Es wird dir gefallen. Senta unterstützt uns, sie wartet ja nur darauf, dass wir endlich in die Familienplanung übergehen. Das kommt aber erst später."

Die beiden Damen wollten also auch Kinder, was mich sehr freute. Sie würden bestimmt gute Mütter für die Kinder werden, da war ich mir absolut sicher. Alice' Einfühlungsvermögen und Sarahs Durchhaltevermögen würden die Kinder sicherlich in die Wiege gelegt bekommen. „Habt ihr euch da schon Gedanken gemacht? Auf natürlichem Wege wird es ja leider nicht funktionieren", forschte ich vorsichtig nach, während ich meinen Kuchen aß, der außerordentlich gut schmeckte. Alice schien eine gute Köchin zu sein. Ich hatte Bedenken gehabt, diese Frage zu stellen, doch die beiden schauten mich offen an, während Alice mir diverse Alternativen zur Erfüllung ihres Kinderwunsches eröffnete.

Sarah stapelte die Pflastersteine in die Schubkarre und schob sie vor das Haus. Es war für Juni schon angenehm warm und Alice führte mich durchs Haus. An einer Wand war der Strand mit seinen Wellen und Wellenbrechern gezeichnet. Am Himmel ging die Sonne blutrot unter. „Das hat Sarah gemacht, aus der Erinnerung heraus. Sie hat ein riesiges zeichnerisches Talent", lächelte Alice stolz, als sie mir das Wohnzimmer zeigte.

Ich bestaunte das Werk einen Moment und ging mit Alice die Wendeltreppe hoch. Sie zeigte mir das Bad, das mit vielen kleinen Mosaiksteinen gefliest war. „Das hat alles Sarah gemacht?", fragte ich ungläubig. Alice nickte nur. Das Mädchen hatte handwerkliches Geschick, das wusste ich bereits, aber dass sie so etwas zustande bekam, ohne eine Lehre dafür abgeschlossen zu haben, wunderte mich doch.

„Ihr Vater hat ihr das alles beigebracht. Sie glauben nicht, wie schön es ist, ihr bei der Arbeit zuzusehen. Sie macht es mit so viel Hingabe und Liebe fürs Detail, es ist absolut beeindruckend."

Ich ließ den Raum auf mich wirken und war hellauf begeistert, wie die unzähligen Steine im Sonnenlicht glänzten. „Ich glaube, ich muss mit Sarah sprechen. Meine Frau wünscht sich schon lange etwas in der Art", lachte ich verlegen.

„Das würde sie bestimmt machen", lächelte mich Alice breit an.

Wir gingen in die beiden anderen Räume, die noch leer standen. „Das werden die Kinderzimmer. Sarah hat da schon Pläne, je nachdem, was es wird. Für einen Jungen will sie einen Wald mit Gips und Modelliermasse nachbauen und an die Wände bringen. Die Möbel will sie auch selbst bauen, die im Laden findet sie nicht schön. Bei einem Mädchen wird es etwas anderes, da ist sie aber noch am Überlegen. Vermutlich wird es eine Unterwasserwelt, sie hat sich da aber noch nicht festgelegt."

Ich kam aus dem Staunen nicht mehr heraus und insgeheim beneidete ich Sarah um ihre Gabe. Ich konnte gerade einmal einen Nagel in die Wand schlagen, zu mehr war ich nicht nutze.

Wir gingen auf den Balkon, auf dem zwei Liegen standen. „Hatte Sarah große Probleme, ihre Gewissensbisse und die Ängste zu überwinden? Ich hatte ein wenig Bedenken, als ihr das letzte Mal bei mir wart", hakte ich beiläufig nach und genoss die Aussicht auf den angrenzenden Wald und das schier unendliche Rapsfeld.

Alice sah auf ihre Hände, die auf dem Geländer ruhten. „Anfangs war es ein wenig schwer, doch nach und nach wurde es immer besser. Sie ist in die Klinik zu Lara gefahren und hat mit ihr gesprochen. Ich bin hier im Achteck gelaufen und hatte schon etwas Angst, doch die war vollkommen unbegründet. Sie hat mir erzählt, dass Lara sich bei mir entschuldigen will, ich habe sogar einen Brief von ihr bekommen. Soweit ich weiß, wird sie wieder zurück nach Berlin gehen, sofern sie ihre Therapie erfolgreich beendet hat." Alice seufzte und machte eine kurze Pause.

„Das war ein sehr guter Schritt von Sarah, sehr lobenswert", bestätigte ich und lehnte mich ans Geländer. Gemeinsam beobachteten wir Sarah, die gerade die Pflastersteine festklopfte.

„Ich will nie wieder ohne sie sein. Sie ist nur noch am Arbeiten, damit es uns gut geht und wir alles schön haben. Ich kann mir keine bessere Frau an meiner Seite vorstellen. Sie ist alles, was ich immer wollte. Letztens kam sie mit einem riesigen Strauß Rosen in mein Büro und führte mich ganz schick zum Essen aus, obwohl sie Restaurants gar nicht mag. An dem Wochenende waren wir im Spa und haben uns erholt", träumte Alice und strahlte mit der Sonne um die Wette.

Ich nickte stumm und wir gingen zurück auf die Terrasse, wo wir uns noch eine Weile unterhielten, während Sarah den Weg pflasterte. Zwischendurch kam sie zu uns und holte sich einen obligatorischen Kuss von ihrer Verlobten ab. Ich hatte selten so ein glückliches Paar gesehen.

Die Damen waren glücklich und lebten ein wunderschönes Leben. Ich fuhr spät heim und hielt kurz nach meinem Besuch eine Einladung zur Hochzeit in der Hand ...

Danksagung

Liebe lesende Person,

erst einmal: Danke, dass du bis hierher gelesen hast! Und ich würde mich freuen, wenn du dir noch ein paar Minuten Zeit nehmen würdest, um auch diese Zeilen zu lesen. Die Meer-Reihe ist nun – fast – beendet. Du hast miterleben dürfen, wie Sarah und Alice zueinanderfanden (wenn du den ersten Band gelesen hast), wie sie sich verloren haben und wieder zueinanderfanden, und hast beim Lesen auch einen Teil von mir gefunden. Ja, es ist tatsächlich mehr in den beiden Bänden von meiner Wenigkeit drin, als ich es eigentlich wahrhaben wollte.

Vielleicht hast du sogar ganz aufgeregt auf die Erscheinung dieses zweiten Bandes gewartet und bist nun ganz gespannt, wie es mit den beiden Protagonisten weitergeht. Das überlasse ich ganz dir. Du kannst dir die wildesten Szenarien ausmalen, sie aufschreiben und vielleicht sogar jemanden zeigen. Das entscheidest allein du.

Doch ich möchte mich auch bei dir bedanken. Danke, dass du dieses Buch in den Händen hältst und diese Geschichte gelesen hast. Ich möchte mich auch bei anderen Menschen bedanken, ohne die ich vielleicht gar nicht den Mut gehabt hätte, ein Buch zu veröffentlichen. Die Liste wäre zu lang, um alle aufzuzählen, die sich die Nächte damit versüßt haben, kritisch mit mir waren und mir auch den nötigen Arschtritt gaben, damit ich endlich weiterschrieb.

Die mir kommentarlos nachts um drei einen Kaffee auf den Tisch stellten, während ich auf die Tastatur einhämmerte. Die mich begleitet haben und Momente festhielten, die ich niemals vergessen werde. Die Sarah in mir sahen, aber auch Senta, Alice, Sam, Martin und Marco.

Die mich nicht für völlig irre hielten, als ich gleich im Anschluss von „Das Meer mit dir“ weiterschrieb und ruhig blieben, als ich jammerte wie ein einsamer Schlosshund, wenn mein Notebook abstürzte, wenn ich drei Stunden geschrieben ... und nicht gespeichert hatte.

Mein Dank geht auch an die Verlegerin, die ich des Öfteren mit Mails überhäuft habe. Und ich ständig fürchterlich hibbelig war. Ich hoffe, Sie können darüber hinwegsehen, Frau Meier!

Last but not least: die Cover. Danke Dajana und Peppi, dass ich eure Werke benutzen darf, die die Schönheit meiner Heimat widerspiegeln. Danke euch. Danke dir. Ich schätze diese Kleinigkeiten so sehr und hoffe, dass wir uns vielleicht noch einmal lesen werden.

Lisa Radtke

Autorin

Lisa Radtke, 1990 an der wunderschönen Ostseeküste geboren, die sie niemals mehr missen möchte, schrieb „Das Meer mit dir“ aus einer Schnapsidee heraus, die eigentlich nur eine Gutenachtgeschichte für eine Freundin sein sollte. Inspiriert durch ihr eigenes Coming Out und von ihren Freunden ermutigt, schrieb sie die Geschichte von Sarah und Alice auf. Aktuell lebt sie in ihrer neuen Wahlheimat Österreich.

Mehr Informationen zu der Autorin gibt es auf facebook.de/LisaRadtke-Autorin oder auf Instagram: lisaradtkeautorin

LGBT-Buchtipp

Lisa Radtke
Das Meer mit dir
Eine junge Frau entdeckt sich selbst ...
und die Liebe zu einer Frau

ISBN: 978-3-96074-020-9
Taschenbuch, 272 Seiten

Sarah weiß schon lange, dass sie anders ist als andere Frauen in ihrem Alter. Nicht nur der frühe Tod ihres Vaters und ihre Probleme damit, Gefühle zu zeigen und Vertrauen aufzubauen, machen ihr zu schaffen, vor allem die Tatsache, dass sie Frauen liebt und niemand davon weiß, verunsichert sie.

Bis sie Alice begegnet.

Die junge Frau zieht Sarah magisch in ihren Bann und führt sie in eine völlig neue, faszinierende Welt ein. Sarah ist zum ersten Mal in ihrem Leben wirklich glücklich, doch die ersten Wolken ziehen bereits am Horizont auf ...

Auch als Kindle eBook erhältlich.